最新公用文
用字用語ハンドブック

■間違いやすい用字用語の解説■

瀬口　至　著

元・市町村アカデミー客員教授

夢の友出版

はじめに――

　お役所は、「文書で始まり、文書で終わる所」です。つまり、お役所は文書で仕事をするのが原則（文書主義）です。そして、その文書は「公文書」として国民・住民の共有財産となって、民主主義の礎になるのです。

　そのような公文書がいいかげんに書かれ、扱われていいはずがありません。そのため、公用文においては、その表記の仕方に一定の原則があるのです。

　まず第1が、理解しやすくするための原則です。なぜなら、公用文は、国民住民の誰もが読むことができ、かつ、分かりやすくなければならないからです。

　第2が、その統一を図るための原則です。正確性や厳密性が要求される公用文の性質上、表記の仕方に不統一があることは好ましいことではありません。

　一つの地方公共団体ではもちろんのことですが、大きな視野で見れば、国と地方の行政機関でも公用文の表記の原則は統一を図るべきものと言えます。

　なぜなら、その公用文を読むのは、国のものであろうが、地方公共団体のものであろうが、同じ国民であり、市民であるからです。

　そこで、国から公用文における漢字使用等の基準が種々出されており、大方の地方公共団体が国の示している基準を自分たちの団体の基準として採用し、活用しているのは、当然の成り行きなのです。

　本書は、このような観点から、特に間違いやすい漢字表記の原則などを精選して取り上げて解説しました。

　是非、日常の公務における公文書作成の手引書として役立てていただき、また、公務員としての常識を養うための読み物の一つとして御利用いただきたいと思います。

　行政に携わる皆さんにとっては公用文表記の原則に基づく用字用語をマスターすることは必須であり、その熟達が行政職員としての自信にもつながっていくものと思われます。

　本書は、そのような自信を高めていくための一助となるものと確信しています。

　　平成31年1月1日

　　　　　　　　　　　　　　　　　　　　　　　　著者　瀬口　至

凡　　　例

1　本書理解の一助として

　ここで、本書理解の一助となるように、本書の全体を通じて最も重要な原則である「公用文における漢字使用の原則」を掲げておきます。
　すなわち、公用文における「漢字使用の原則」は、「常用漢字表（※）による」こととされています。そこで、その「常用漢字表による」という原則とは、どのようなことでしょうか。
　それは、具体的に言えば、次の3原則を遵守するということです。
① 　常用漢字表にない漢字（以下本書において**「表外字」**といいます。）は用いない。
　　ただし、これには例外があり、地名・人名などの固有名詞は、この限りではありません。
② 　常用漢字表にある漢字（以下本書において**「常用漢字」**といいます。）は用いる。
　　一般には漢字使用の目安とされているのが「常用漢字」ですが、公用文作成上では単なる目安ではなく、常用漢字であればこれを使用するのが原則です。したがって、常用漢字である言葉を理由もなく平仮名書きすることは原則に反します。ただし、これにも言葉の品詞によっては、平仮名書きにするという例外があります。
③ 　常用漢字表が示す音訓以外の音訓（以下本書において**「表外音訓」**といいます。）では用いない。
　　つまり、常用漢字であっても、その漢字を表外音訓で用いることはできないということです。この原則には例外はありません。
　※「常用漢字表」は、法令、公用文書、新聞、雑誌、放送など、一般の社会生活において、現代の国語を書き表す場合の漢字使用の目安を示すものとして、内閣告示として発せられたものです。平成22年11月30日に旧「常用漢字表」（昭和56年内閣告示第1号。以下本書において**「旧常用漢字表」**といいます。）を廃止し、新たに現行の「常用漢字表」（平成22年内閣告示第2号。以下本書において**「現行常用漢字表」**といいます。）が発せられました。

　本書では、「表外字」、「常用漢字」、「表外音訓」、「旧常用漢字表」、「現行常用漢字表」という表現が随所に出てきますので、上記の意味をよく

理解してお読みください。

　また、漢字にはそれ自体で一定の意味を表すという特性があって、似たような音訓の漢字でも用途がかなり異なる場合がありますので、その使い分けに注意する必要があります。特に、ワード・プロセッサーで文書を作成する現代においては、同音異義語の使い分けに十分注意すべきでしょう。

　また、ワード・プロセッサーの辞書ファイルは万人向きに作成してあり、俗字・俗用など「何でもあり」ですので、しっかりと選択する必要があります。

2　本書の構成
(1) 質問形式の表題について
　本書は、解説すべき用字用語を五十音順に掲げ、各音単位で番号を付けて質問形式で表題を掲げました。
　その質問形式の表題は、次の2種類です。
　　① 「○○、○○は、どちらで書くのか？」
　　　これは、表記の仕方を問うているものです。
　　　　常用漢字表に従って、漢字で書くのか平仮名で書くのか、また、どちらの漢字を用いるべきかを問うています。
　　② 「○○、○○は、どう使い分けるのか？」
　　　これは、同音異義語等を並べて、その意味の違いを理解した上で、どう使い分けるのかを問うています。
(2) 各項目に掲げた用例について
　各項目に、できるだけ多数の**用例**を掲げ、理解を深めていただくようにしました。
(3) 必要な項目に掲げた[コメント]について
　更に理解を深めていただくよう、必要な項目に[コメント]を掲げて関連事項を詳細に解説しました。

3　参考文献
　・最新公用文用字用語例集（ぎょうせい）
　・広辞苑（岩波書店）
　・角川新国語辞典（角川書店）
　・日本語大辞典（講談社）
　・その他種々の国語辞典

── 目　　次 ──

はじめに
凡　例

用字用語の解説

【あ】

[1] 「あいさつ」、「挨拶」は、どちらで書くのか ……………………… 3
[2] 「合う」、「会う」、「遭う」は、どう使い分けるのか ……………… 4
[3] 「空く」、「明く」、「開く」は、どう使い分けるのか ……………… 5
[4] 「上げる」、「挙げる」、「揚げる」は、どう使い分けるのか …… 6
[5] 「足」、「脚」は、どう使い分けるのか？ ……………………………… 9
[6] 「預かる」、「あずかる」は、どちらで書くのか …………………… 10
[7] 「価」、「値」は、どう使い分けるのか ………………………………… 11
[8] 「暖かい」、「温かい」は、どう使い分けるのか …………………… 11
[9] 「当たる」、「あたる」は、どちらで書くのか？ …………………… 13
[10] 「後」、「跡」、「痕」は、どう使い分けるのか？ …………………… 13
[11] 「油」、「脂」は、どう使い分けるのか？ …………………………… 15
[12] 「荒い」、「粗い」は、どう使い分けるのか？ ……………………… 16
[13] 「表す」、「現す」は、どう使い分けるのか？ ……………………… 16
[14] 「在る」、「有る」、「ある」は、どう使い分けるのか？ ………… 17
[15] 「合わせる」、「併せる」は、どう使い分けるのか？ …………… 19

【い】

[1] 「言う」、「いう」は、どちらで書くのか？ ………………………… 21
[2] 「生かす」、「いかす」は、どちらで書くのか ……………………… 22
[3] 「意思」、「意志」は、どう使い分けるのか？ ……………………… 23
[4] 「委譲」、「移譲」は、どう使い分けるのか？ ……………………… 24
[5] 「異常」、「異状」は、どう使い分けるのか？ ……………………… 24
[6] 「致す」、「いたす」は、どちらで書くのか？ ……………………… 25
[7] 「頂く」、「いただく」は、どちらで書くのか？ …………………… 26
[8] 「異動」、「移動」は、どう使い分けるのか？ ……………………… 27
[9] 「居る」、「いる」は、どちらで書くのか？ ………………………… 28

目次

【う】

［1］「……の上」、「……のうえ」は、どちらで書くのか？ ……… 29
［2］「窺う」、「うかがう」は、どちらで書くのか？ ……… 29
［3］「受ける」、「請ける」は、どう使い分けるのか？ ……… 30
［4］「後ろ」、「後」は、どちらで書くのか？ ……… 31
［5］「歌」、「唄」は、どう使い分けるのか？ ……… 31
［6］「内」、「うち」は、どちらで書くのか？ ……… 32
［7］「打つ」、「討つ」、「撃つ」は、どう使い分けるのか？ ……… 33
［8］「写す」、「映す」は、どう使い分けるのか？ ……… 34
［9］「生む」、「産む」は、どう使い分けるのか？ ……… 34
［10］「憂える」、「愁える」は、どう使い分けるのか？ ……… 35

【え】

［1］「英気」、「鋭気」は、どう使い分けるのか？ ……… 36
［2］「映像」、「影像」は、どう使い分けるのか？ ……… 36

【お】

［1］「応じる」、「応ずる」は、どちらで書くのか？ ……… 37
［2］「概ね」、「おおむね」は、どちらで書くのか？ ……… 37
［3］「犯す」、「侵す」、「冒す」は、どう使い分けるのか？ ……… 37
［4］「臆説」、「憶説」は、どちらで書くのか？
　　　　　また、「臆測」、「憶測」は、どうか？ ……… 38
［5］「送る」、「贈る」は、どう使い分けるのか？ ……… 39
［6］「後れる」、「遅れる」は、どう使い分けるのか？ ……… 39
［7］「起こす」、「興す」は、どう使い分けるのか？ ……… 40
［8］「押さえる」、「抑える」は、どう使い分けるのか？ ……… 41
［9］「収まる」、「納まる」は、どう使い分けるのか？ ……… 42
［10］「押し進める」、「推し進める」は、どう使い分けるのか？ ……… 43
［11］「恐れ」、「虞」、「畏れ」、「おそれ」は、どう使い分けるのか？ ……… 44
［12］「追って」、「おって」は、どちらで書くのか？ ……… 45
［13］「踊る」、「躍る」は、どう使い分けるのか？ ……… 45

目　次

［14］「下りる」、「降りる」は、どう使い分けるのか? ……………… 46
［15］「御礼」、「お礼」は、どちらで書くのか? ……………………… 47

【か】

［１］「箇」、「か」は、どちらで書くのか? ………………………… 48
［２］「改定」、「改訂」は、どう使い分けるのか? ………………… 48
［３］「代える」、「変える」、「替える」、「換える」は、どう使
　　　い分けるのか? ……………………………………………………… 49
［４］「香り」、「薫り」は、どう使い分けるのか? ………………… 50
［５］「係る」、「掛かる」、「架かる」、「懸かる」は、どう使い
　　　分けるのか? ……………………………………………………… 50
［６］「陰」、「影」は、どう使い分けるのか? ……………………… 51
［７］「過小」、「過少」は、どう使い分けるのか? ………………… 52
［８］「科する」、「課する」は、どう使い分けるのか? …………… 52
［９］「形」、「型」は、どう使い分けるのか? ……………………… 53
［10］「固い」、「堅い」、「硬い」は、どう使い分けるのか? ……… 54
［11］「片寄る」、「偏る」は、どう使い分けるのか? ……………… 55
［12］「……から」、「……より」は、どう使い分けるのか? ……… 56
［13］「皮」、「革」は、どう使い分けるのか? ……………………… 57
［14］「乾く」、「渇く」は、どう使い分けるのか? ………………… 57
［15］「○○観」、「○○感」は、どう使い分けるのか? …………… 58
［16］「肝腎」、「肝心」は、どう使い分けるのか? ………………… 58

【き】

［１］「器」、「機」は、どう使い分けるのか? ……………………… 60
［２］「気運」、「機運」は、どう使い分けるのか? ………………… 61
［３］「聞く」、「聴く」は、どう使い分けるのか? ………………… 61
［４］「効く」、「利く」は、どう使い分けるのか? ………………… 62
［５］「基準」、「規準」は、どう使い分けるのか? ………………… 63
［６］「規制」、「規正」、「規整」は、どう使い分けるのか? ……… 63
［７］「規定」、「規程」は、どう使い分けるのか? ………………… 64
［８］「起点」、「基点」は、どう使い分けるのか? ………………… 64
［９］「寄付」、「寄附」は、どちらで書くのか? …………………… 65

目次

［10］「究明」、「糾明」は、どう使い分けるのか？ 65
［11］「強行」、「強硬」は、どう使い分けるのか？ 66
［12］「共同」、「協同」は、どう使い分けるのか？ 66
［13］「局限」、「極限」は、どう使い分けるのか？ 66
［14］「切る」、「斬る」は、どう使い分けるのか？ 67
［15］「極める」、「窮める」、「究める」は、どう使い分けるのか？ 67
［16］「禁固」、「禁錮」は、どちらで書くのか？ 68

【く】

［1］「区切り」、「句切り」は、どう使い分けるのか？ 69
［2］「下さい」、「ください」は、どちらで書くのか？ 69
［3］「酌む」、「くむ」は、どちらで書くのか？ 70
［4］「来る」、「くる」は、どちらで書くのか？ 70
［5］「訓示」、「訓辞」は、どう使い分けるのか？ 71
［6］「群衆」、「群集」は、どう使い分けるのか？ 71

【け】

［1］「軽率」、「軽卒」は、どう使い分けるのか？ 73
［2］「決裁」、「決済」は、どう使い分けるのか？ 73
［3］「決着」、「結着」は、どちらで書くのか？ 74
［4］「研鑽」、「研さん」は、どちらで書くのか？ 74
［5］「謙遜」、「謙そん」は、どちらで書くのか？ 74

【こ】

［1］「御……」、「ご……」は、どちらで書くのか？ 76
［2］「請う」、「乞う」は、どう使い分けるのか？ 76
［3］「更正」、「更生」、「厚生」は、どう使い分けるのか？ 77
［4］「交替」、「交代」は、どう使い分けるのか？ 78
［5］「広報」、「公報」は、どう使い分けるのか？ 78
［6］「越える」、「超える」は、どう使い分けるのか？ 79
［7］「御存じ」、「御存知」は、どちらで書くのか？ 80
［8］「答える」、「応える」は、どう使い分けるのか？ 80

目 次

［9］ 「事」、「こと」は、どちらで書くのか？ ……………………………… 81
［10］ 「毎」、「ごと」は、どちらで書くのか？ ……………………………… 81
［11］ 「子供」、「子ども」は、どちらで書くのか？ ………………………… 82
［12］ 「御無沙汰」、「ごぶさた」は、どちらで書くのか？ ………………… 82
［13］ 「込む」、「混む」は、どう使い分けるのか？ ………………………… 82
［14］ 「頃」、「ころ」は、どちらで書くのか？ ……………………………… 83

【さ】

［1］ 「歳」、「才」は、どちらで書くのか？ ………………………………… 84
［2］ 「最小限」、「最少限」は、どちらで書くのか？ ……………………… 84
［3］ 「探す」、「捜す」は、どう使い分けるのか？ ………………………… 85
［4］ 「先に」、「さきに」は、どちらで書くのか？ ………………………… 85
［5］ 「裂く」、「割く」は、どう使い分けるのか？ ………………………… 86
［6］ 「作成」、「作製」は、どう使い分けるのか？ ………………………… 87
［7］ 「刺す」、「差す」、「指す」、「挿す」は、どう使い分けるのか？ …… 87
［8］ 「寂しい」、「淋しい」は、どちらで書くのか？ ……………………… 88
［9］ 「様々に」、「さまざまに」は、どちらで書くのか？ ………………… 89
［10］ 「冷ます」、「覚ます」、「さます」は、どう使い分けるのか？ ……… 89
［11］ 「更に」、「さらに」は、どちらで書くのか？ ………………………… 90

【し】

［1］ 「試合」、「仕合」は、どう使い分けるのか？ ………………………… 91
［2］ 「時期」、「時機」は、どう使い分けるのか？ ………………………… 91
［3］ 「指向」、「志向」は、どう使い分けるのか？ ………………………… 92
［4］ 「静まる」、「鎮まる」は、どう使い分けるのか？ …………………… 92
［5］ 「従って」、「したがって」は、どちらで書くのか？ ………………… 93
［6］ 「実情」、「実状」は、どう使い分けるのか？ ………………………… 93
［7］ 「実態」、「実体」は、どう使い分けるのか？ ………………………… 94
［8］ 「自任」、「自認」は、どう使い分けるのか？ ………………………… 94
［9］ 「事務引継ぎ」、「事務引継」は、どちらで書くのか？ ……………… 95
［10］ 「締める」、「絞める」は、どう使い分けるのか？ …………………… 95
［11］ 「重体」、「重態」は、どちらで書くのか？ …………………………… 96
［12］ 「周知」、「衆知」は、どう使い分けるのか？ ………………………… 96

目 次

［13］「修得」、「習得」は、どう使い分けるのか？ ……… 97
［14］「収用」、「収容」は、どう使い分けるのか？ ……… 97
［15］「修了」、「終了」は、どう使い分けるのか？ ……… 98
［16］「修行」、「修業」は、どう使い分けるのか？ ……… 98
［17］「主催」、「主宰」は、どう使い分けるのか？ ……… 99
［18］「趣旨」、「主旨」は、どう使い分けるのか？ ……… 99
［19］「受章」、「受賞」は、どう使い分けるのか？ ……… 99
［20］「需要」、「需用」は、どう使い分けるのか？ ……… 100
［21］「準」、「准」は、どう使い分けるのか？ ……… 101
［22］「遵守」、「順守」は、どちらで書くのか？ ……… 101
［23］「状況」、「情況」は、どう使い分けるのか？ ……… 102
［24］「召集」、「招集」は、どう使い分けるのか？ ……… 102
［25］「上手」、「じょうず」は、どちらで書くのか？ ……… 103
［26］「食料」、「食糧」は、どう使い分けるのか？ ……… 103
［27］「所帯」、「世帯」は、どう使い分けるのか？ ……… 104
［28］「処置」、「措置」は、どう使い分けるのか？ ……… 104
［29］「所用」、「所要」は、どう使い分けるのか？ ……… 105
［30］「仕分」、「仕訳」は、どう使い分けるのか？ ……… 105
［31］「斟酌」、「しんしゃく」は、どちらで書くのか？ ……… 106
［32］「侵食」、「浸食」は、どう使い分けるのか？ ……… 106
［33］「心身」、「身心」は、どちらで書くのか？ ……… 106
［34］「申達」、「進達」は、どう使い分けるのか？ ……… 107
［35］「進捗」、「進ちょく」は、どちらで書くのか？ ……… 107
［36］「伸展」、「進展」は、どう使い分けるのか？ ……… 107
［37］「親睦」、「親ぼく」は、どちらで書くのか？ ……… 108

【す】

［1］「推奨」、「推賞」、「推称」は、どう使い分けるのか？ ……… 109
［2］「隙間」、「透き間」は、どちらで書くのか？ ……… 109
［3］「素性」、「素姓」は、どちらで書くのか？ ……… 110
［4］「勧める」、「進める」、「薦める」は、どう使い分けるのか？ ……… 110
［5］「……すべき」、「……するべき」は、どちらで書くのか？ ……… 111
［6］「全て」、「すべて」は、どちらで書くのか？ ……… 112
［7］「座る」、「据わる」は、どう使い分けるのか？ ……… 112

目 次

【せ】

［1］「制作」、「製作」は、どう使い分けるのか？ ……………… 113
［2］「清算」、「精算」は、どう使い分けるのか？ ……………… 113
［3］「生体」、「生態」は、どう使い分けるのか？ ……………… 114
［4］「整頓」、「整とん」は、どちらで書くのか？ ……………… 114
［5］「折衝」、「交渉」は、どう使い分けるのか？ ……………… 114
［6］「善後策」、「前後策」は、どちらで書くのか？ …………… 115
［7］「詮索」、「せん索」は、どちらで書くのか？ ……………… 115
［8］「餞別」、「せんべつ」は、どちらで書くのか？ …………… 116

【そ】

［1］「沿う」、「添う」は、どう使い分けるのか？ ……………… 117
［2］「率先」、「卒先」は、どちらで書くのか？ ………………… 118
［3］「側」、「そば」は、どちらで書くのか？ …………………… 118
［4］「反らす」、「そらす」は、どちらで書くのか？ …………… 118

【た】

［1］「代」、「台」は、どう使い分けるのか？ …………………… 120
［2］「対称」、「対象」、「対照」は、どう使い分けるのか？ … 120
［3］「体制」、「態勢」、「体勢」は、どう使い分けるのか？ … 121
［4］「堪える」、「耐える」は、どう使い分けるのか？ ………… 122
［5］「炊く」、「たく」は、どちらで書くのか？ ………………… 122
［6］「類い」、「たぐい」は、どちらで書くのか？ ……………… 123
［7］「尋ねる」、「訪ねる」は、どう使い分けるのか？ ………… 123
［8］「戦う」、「闘う」は、どう使い分けるのか？ ……………… 124
［9］「正す」、「ただす」は、どちらで書くのか？ ……………… 124
［10］「断つ」、「絶つ」は、どう使い分けるのか？ ……………… 125
［11］「経つ」、「たつ」は、どちらで書くのか？ ………………… 126
［12］「尊い」、「貴い」は、どう使い分けるのか？ ……………… 126
［13］「立てる」、「建てる」は、どう使い分けるのか？ ………… 126
［14］「度」、「たび」は、どちらで書くのか？ …………………… 127

目　次

［15］「賜物」、「賜」、「たまもの」は、どちらで書くのか？ ……… 128
［16］「為」、「ため」は、どちらで書くのか？ ……… 128
［17］「誰」、「だれ」は、どちらで書くのか？ ……… 129
［18］「鍛錬」、「鍛練」は、どちらで書くのか？ ……… 129

【ち】

［１］「緻密」、「ち密」は、どちらで書くのか？ ……… 131
［２］「貼付」、「ちょう付」は、どちらで書くのか？ ……… 131

【つ】

［１］「追及」、「追求」、「追究」は、どう使い分けるのか？ ……… 132
［２］「遂に」、「ついに」は、どちらで書くのか？ ……… 132
［３］「使う」、「遣う」は、どう使い分けるのか？ ……… 133
［４］「付く」、「着く」、「就く」は、どう使い分けるのか？ ……… 133
［５］「作る」、「造る」、「創る」は、どう使い分けるのか？ ……… 134
［６］「謹む」、「慎む」は、どう使い分けるのか？ ……… 135
［７］「綴る」、「つづる」は、どちらで書くのか？ ……… 136
［８］「都度」、「つど」は、どちらで書くのか？ ……… 136
［９］「勤める」、「務める」、「努める」は、どう使い分けるのか？ ……… 136
［10］「潰す」、「つぶす」は、どちらで書くのか？ ……… 137

【て】

［１］「手当」、「手当て」は、どちらで書くのか？ ……… 138
［２］「呈示」、「提示」は、どちらで書くのか？ ……… 139
［３］「呈する」、「ていする」は、どちらで書くのか？ ……… 139
［４］「手遅れ」、「手後れ」は、どちらで書くのか？ ……… 139
［５］「手掛かり」、「手懸かり」は、どちらで書くのか？ ……… 140
［６］「的確」、「適確」、「適格」は、どう使い分けるのか？ ……… 140
［７］「出来る」、「できる」は、どちらで書くのか？ ……… 141
［８］「手頃」、「手ごろ」は、どちらで書くのか？ ……… 142
［９］「徹する」、「撤する」は、どう使い分けるのか？ ……… 142
［10］「手続」、「手続き」は、どちらで書くのか？ ……… 143

目　次

[11]　「手引」、「手引き」は、どちらで書くのか？ ……………………… 143
[12]　「転化」、「転嫁」は、どう使い分けるのか？ ……………………… 144
[13]　「顛末」、「てん末」、「てんまつ」は、どちらで書くのか？ …… 144

【と】

[1]　「問い合わせ」、「問合せ」は、どちらで書くのか？ ……………… 146
[2]　「統括」、「統轄」は、どう使い分けるのか？ ……………………… 146
[3]　「同志」、「同士」は、どう使い分けるのか？ ……………………… 147
[4]　「貴い」、「尊い」は、どう使い分けるのか？ ……………………… 147
[5]　「通り」、「とおり」は、どちらで書くのか？ ……………………… 147
[6]　「時」、「とき」は、どちらで書くのか？ …………………………… 148
[7]　「特長」、「特徴」は、どう使い分けるのか？ ……………………… 149
[8]　「解ける」、「溶ける」は、どう使い分けるのか？ ………………… 150
[9]　「所」、「ところ」は、どちらで書くのか？ ………………………… 150
[10]　「図書（としょ）」、「図書（ずしょ）」は、どう使い分けるのか？ … 151
[11]　「整える」、「調える」は、どう使い分けるのか？ ………………… 151
[12]　「留まる」、「とどまる」は、どちらで書くのか？ ………………… 152
[13]　「と共に」、「とともに」は、どちらで書くのか？ ………………… 152
[14]　「賭博」、「とばく」は、どちらで書くのか？ ……………………… 153
[15]　「飛び越える」、「跳び越える」は、どう使い分けるのか？ ……… 153
[16]　「止まる」、「留まる」は、どう使い分けるのか？ ………………… 153
[17]　「捕らえる」、「捉える」は、どう使い分けるのか？ ……………… 154
[18]　「取る」、「執る」、「採る」は、どう使い分けるのか？ ………… 155

【な】

[1]　「直す」、「治す」は、どう使い分けるのか？ ……………………… 157
[2]　「永い」、「長い」は、どう使い分けるのか？ ……………………… 157
[3]　「泣く」、「鳴く」は、どう使い分けるのか？ ……………………… 158
[4]　「情」、「情け」は、どちらで書くのか？ …………………………… 158
[5]　「成す」、「なす」は、どちらで書くのか？ ………………………… 159
[6]　「並」、「並み」は、どちらで書くのか？ …………………………… 159

目　次

【に】

[1]　「匂い」、「臭い」は、どう使い分けるのか？ ……… 161

【ね】

[1]　「願い」、「願」は、どちらで書くのか？ ……… 162
[2]　「狙う」、「ねらう」は、どちらで書くのか？ ……… 162
[3]　「捻出」、「ねん出」は、どちらで書くのか？ ……… 162

【の】

[1]　「乗せる」、「載せる」は、どう使い分けるのか？ ……… 164
[2]　「望む」、「臨む」は、どう使い分けるのか？ ……… 164
[3]　「則る」、「のっとる」は、どちらで書くのか？ ……… 165
[4]　「伸びる」、「延びる」は、どう使い分けるのか？ ……… 165
[5]　「上る」、「登る」、「昇る」は、どう使い分けるのか？ ……… 166

【は】

[1]　「配布」、「配付」は、どちらで書くのか？ ……… 167
[2]　「排列」、「配列」は、どちらで書くのか？ ……… 167
[3]　「計る」、「測る」、「量る」は、どう使い分けるのか？ ……… 168
[4]　「図る」、「謀る」、「諮る」は、どう使い分けるのか？ ……… 168
[5]　「初め」、「始め」は、どう使い分けるのか？ ……… 169
[6]　「破綻」、「破たん」は、どちらで書くのか？ ……… 170
[7]　「花」、「華」は、どう使い分けるのか？ ……… 170
[8]　「早い」、「速い」は、どう使い分けるのか？ ……… 171
[9]　「貼る」、「はる」は、どちらで書くのか？ ……… 171
[10]　「煩雑」、「繁雑」は、どう使い分けるのか？ ……… 172
[11]　「半面」、「反面」は、どう使い分けるのか？ ……… 173

目 次

【ひ】

[1]「日陰」、「日影」は、どう使い分けるのか？ …… 174
[2]「引き伸ばす」、「引き延ばす」は、どう使い分けるのか？ …… 174
[3]「火攻め」、「火責め」は、どう使い分けるのか？ …… 175
[4]「日付」、「日付け」は、どちらで書くのか？ …… 175
[5]「必死」、「必至」は、どう使い分けるのか？ …… 176
[6]「必須」、「必す」は、どちらで書くのか？ …… 176
[7]「人混み」、「人込み」は、どう使い分けるのか？ …… 177
[8]「一通り」、「一とおり」は、どちらで書くのか？ …… 177
[9]「一人」、「独り」は、どう使い分けるのか？ …… 178
[10]「一人一人」、「一人ひとり」は、どちらで書くのか？ …… 179
[11]「表記」、「標記」は、どう使い分けるのか？ …… 179
[12]「表示」、「標示」は、どう使い分けるのか？ …… 180
[13]「表題」、「標題」は、どう使い分けるのか？ …… 180
[14]「平屋建て」、「平家建て」は、どちらで書くのか？ …… 181
[15]「拡がる」、「広がる」は、どちらで書くのか？ …… 181

【ふ】

[1]「増える」、「殖える」は、どう使い分けるのか？ …… 182
[2]「吹く」、「噴く」は、どう使い分けるのか？ …… 182
[3]「副本」、「複本」は、どう使い分けるのか？ …… 183
[4]「附則」、「付則」は、どちらで書くのか？ …… 184
[5]「払拭」、「払しょく」は、どちらで書くのか？ …… 184
[6]「舟」、「船」は、どう使い分けるのか？ …… 185
[7]「奮う」、「震う」、「振るう」は、どう使い分けるのか？ …… 185

【へ】

[1]「別状」、「別条」は、どう使い分けるのか？ …… 187
[2]「偏」、「遍」、「編」は、どう使い分けるのか？ …… 187
[3]「編成」、「編制」、「編製」は、どう使い分けるのか？ …… 188
[4]「変体」、「変態」は、どう使い分けるのか？ …… 188

目次

【ほ】

[１]「……の方」、「……のほう」は、どちらで書くのか？ …… 190
[２]「外」、「他」、「ほか」は、どう使い分けるのか？ …… 191
[３]「欲しい」、「ほしい」は、どう使い分けるのか？ …… 192
[４]「保障」、「保証」は、どう使い分けるのか？ …… 193
[５]「捕捉」、「捕そく」は、どちらで書くのか？ …… 193
[６]「補填」、「補てん」は、どちらで書くのか？ …… 194
[７]「程」、「ほど」は、どちらで書くのか？ …… 194
[８]「保留」、「留保」は、どう使い分けるのか？ …… 196

【ま】

[１]「参る」、「まいる」は、どちらで書くのか？ …… 197
[２]「真面目」、「まじめ」は、どちらで書くのか？ …… 198
[３]「交じる」、「混じる」は、どう使い分けるのか？ …… 198
[４]「町」、「街」は、どう使い分けるのか？ …… 199
[５]「丸い」、「円い」は、どう使い分けるのか？ …… 200
[６]「回り」、「周り」は、どう使い分けるのか？ …… 200
[７]「慢」、「漫」は、どう使い分けるのか？ …… 201

【み】

[１]（接尾語）「……み」、「……味」は、どちらで書くのか？ …… 202
[２]「未到」、「未踏」は、どう使い分けるのか？ …… 202
[３]「見做す」、「みなす」は、どちらで書くのか？ …… 202
[４]「見る」、「みる」は、どちらで書くのか？ …… 203
[５]「皆」、「みんな」は、どちらで書くのか？ …… 204

【む】

[１]「貪る」、「むさぼる」は、どちらで書くのか？ …… 205
[２]「無暗に」、「むやみに」は、どちらで書くのか？ …… 205
[３]「無論」、「むろん」は、どちらで書くのか？ …… 205

目 次

【め】

[1]（接尾語）「……め」、「……目」は、どちらで書くのか？ ……… 207
[2]「目」、「眼」は、どう使い分けるのか？ ……… 207
[3]（助数詞）「名」、「人」は、どう使い分けるのか？ ……… 208
[4]「明快」、「明解」は、どう使い分けるのか？ ……… 208
[5]「明瞭」、「明りょう」は、どちらで書くのか？ ……… 209
[6]「眼鏡」、「めがね」は、どちらで書くのか？ ……… 210
[7]「巡る」、「めぐる」は、どちらで書くのか？ ……… 210
[8]「目処」、「めど」、「目途」は、どちらで書くのか？ ……… 211

【も】

[1]「儲ける」、「もうける」は、どちらで書くのか？ ……… 212
[2]「妄信」、「盲信」は、どう使い分けるのか？ ……… 212
[3]「勿論」、「もちろん」は、どちらで書くのか？ ……… 213
[4]「以て」、「もって」は、どちらで書くのか？ ……… 213
[5]「専ら」、「もっぱら」は、どちらで書くのか？ ……… 214
[6]「下」、「元」、「本」、「基」は、どう使い分けるのか？ ……… 214
[7]「元請」、「元請け」は、どちらで書くのか？ ……… 215
[8]「者」、「物」、「もの」は、どう使い分けるのか？ ……… 216
[9]「模様」、「もよう」は、どちらで書くのか？ ……… 217
[10]「貰う」、「もらう」は、どちらで書くのか？ ……… 218
[11]「漏れる」、「洩れる」は、どちらで書くのか？ ……… 218

【や】

[1]「易い」、「やすい」は、どちらで書くのか？ ……… 220
[2]「野生」、「野性」は、どう使い分けるのか？ ……… 220
[3]「止むを得ない」、「やむを得ない」は、どちらで書くのか？ ……… 221
[4]「柔らかい」、「軟らかい」は、どう使い分けるのか？ ……… 221

目　次

【ゆ】

[1]　「優生」、「優性」、「優勢」は、どう使い分けるのか？ ……… 223
[2]　「故」、「ゆえ」は、どちらで書くのか？ ……… 224
[3]　「浴衣」、「ゆかた」は、どちらで書くのか？ ……… 225
[4]　「行方」、「ゆくえ」は、どちらで書くのか？ ……… 225
[5]　「委ねる」、「ゆだねる」は、どちらで書くのか？ ……… 225

【よ】

[1]　「良い」、「善い」、「よい」は、どう使い分けるのか？ ……… 227
[2]　「用件」、「要件」は、どう使い分けるのか？ ……… 228
[3]　「要項」、「要綱」は、どう使い分けるのか？ ……… 228
[4]　「用談」、「要談」は、どう使い分けるのか？ ……… 229
[5]　「漸く」、「ようやく」は、どちらで書くのか？ ……… 229
[6]　「用量」、「容量」は、どう使い分けるのか？ ……… 229
[7]　「読む」、「詠む」は、どう使い分けるのか？ ……… 230
[8]　「……より」、「……から」は、どう使い分けるのか？ ……… 230
[9]　「喜び」、「慶び」は、どちらで書くのか？ ……… 230

【ら】

[1]　(接尾語)「……ら」、「……等」は、どちらで書くのか？ ……… 232
[2]　「拉致」、「ら致」は、どちらで書くのか？ ……… 232
[3]　「乱用」、「濫用」は、どちらで書くのか？ ……… 233

【り】

[1]　「領収証」、「領収書」は、どちらで書くのか？ ……… 234
[2]　「両用」、「両様」は、どう使い分けるのか？ ……… 234

【れ】

[1]　「齢」、「令」は、どちらで書くのか？ ……… 235

目　次

[２]　「劣性」、「劣勢」は、どう使い分けるのか？ ……………………… 235
[３]　「連携」、「連係」は、どう使い分けるのか？ ……………………… 236

【ろ】

[１]　「路地」、「露地」、「路次」は、どう使い分けるのか？ ………… 237
[２]　「漏洩」、「漏えい」は、どちらで書くのか？ ……………………… 237
[３]　「論じる」、「論ずる」は、どちらで書くのか？ …………………… 238

【わ】

[１]　「分かる」、「解る」、「判る」は、どちらで書くのか？ ………… 239
[２]　「我が……」、「わが……」は、どちらで書くのか？ …………… 239
[３]　「分かれる」、「別れる」は、どう使い分けるのか？ …………… 240
[４]　「弁える」、「わきまえる」は、どちらで書くのか？ …………… 240
[５]　「湧く」、「沸く」は、どう使い分けるのか？ ……………………… 241
[６]　「訳」、「わけ」は、どちらで書くのか？ …………………………… 242
[７]　「技（わざ）」、「業（わざ）」は、どう使い分けるのか？ …… 243
[８]　「僅か」、「わずか」は、どちらで書くのか？ ……………………… 243
[９]　「煩う」、「患う」は、どう使い分けるのか？ ……………………… 243
[10]　「……（に）亘り」、「……（に）わたり」は、どちらで書くのか？ … 244
[11]　「詫びる」、「わびる」は、どちらで書くのか？ …………………… 244
[12]　「割当て」、「割当」は、どちらで書くのか？ ……………………… 244
[13]　「割に……」、「わりに……」は、どちらで書くのか？ ………… 245

資　料　編

・公用文における漢字使用等について ……………………………………… 249
　　　（平成２２年１１月３０日内閣訓令第１号）
・法令における漢字使用等について ………………………………………… 254
　　　（平成２２年１１月３０日内閣法制局長官制定）
・常用漢字表 …………………………………………………………………… 264
　　　（平成２２年１１月３０日内閣告示第２号）
　　本表（抄）（漢字のみ掲載） ……………………………………………… 265
　　付表 …………………………………………………………………………… 277

用字用語の解説

【あ】

［1］「あいさつ」、「挨拶」は、どちらで書くのか？

　結論から言えば、公用文では「挨拶」と漢字で書きます。
　旧常用漢字表では「挨」、「拶」を表外字としていましたので、公用文では「あいさつ」と平仮名で書くのを原則としていました。しかし、現行常用漢字表で「挨」、「拶」を常用漢字として採用したのです。
　公用文においては、常用漢字は用いて書くのが原則ですので、「挨拶」と漢字で書くことになるのです。
　用例は、次のようになります。
　　【例】　御挨拶を申し上げます。これをもって私の挨拶と致します。
　　　　　　挨拶状。

［コメント］
　前記の用例にあるように、接頭語の「ゴ」を付けて「ゴアイサツ」と書く場合は、「御挨拶」というように、接頭語も含めて全部を漢字で書くのが原則です。
　「公用文における漢字使用等について」（平成22年11月30日内閣訓令第1号）において「次の接頭語は、その接頭語が付く語を漢字で書く場合は、原則として、漢字で書き、その接頭語が付く語を仮名で書く場合は、原則として、仮名で書く」という原則が掲げてあり、「御案内」、「御挨拶」、「ごもっとも」という用例が示されています。
　ただ、これは「内閣訓令」という国の内部規律で示されている原則であって、直ちに地方公共団体までを拘束するものではありませんが、この規律を自団体の公用文表記の原則としている地方公共団体においては、この原則に拘束されることになります。
　ところが、現実には、この原則によらずに、「ご挨拶」という表記をしている団体も見受けられます。その理由を聞いてみると、「御挨拶」という表記では硬い感じを人に与えるので、ソフトな感じを出すために「ご挨拶」を原則としたということです。どちらを採用するにしても、各原課あるいは職員によって「御挨拶」と書いたり、

「ご挨拶」と書いたりして庁内で公用文の表記にばらつきがでるようでは困るので、総務課などの指示で統一を図る必要があります。
　なお、**接頭語**とは、それだけで使われることはなく、他の語の前に付いて後の語の意味を強めたり、調子を整えたり、あるいは意味を添えたりする造語要素です。「御」のほかに、「亜熱帯」の「亜」、「不機嫌」の「不」など多数存在します。

[2]「合う」、「会う」、「遭う」は、どう使い分けるのか？

1　「合う」は、物と物がぴったりあうこと、事柄が一致すること、又は集まって一緒に同じ行動をすることを意味します。
　　用例は、次のようになります。
　　【例】　服が体に合う。計算が合う。気が合う。意見が合う。好みに合う。つじつまが合う。採算が合う。割に合わない仕事。公園で落ち合う。助け合う。

2　「会う」は、主として人に関して用いられる語で、人と人が会うこと、集まり会うこと、立ち会うことなどを意味します。
　　用例は、次のようになります。
　　【例】　友達に会う。子供と会う約束。人に会いに行く。祝賀会で会う。研修会で会う。立会人。検査に立ち会う。

［コメント］
　「合う」と「会う」の使い分けは、かなり微妙ですので、しっかり理解しておきましょう。物と物、人と物が「あう」のは「出合う」であり、人と人、人と動物とが「あう」のは「出会う」です。この場合の「動物」はかなり人格的に扱われています。
　ちなみに、川と川が合流する場所は「出合い」であり、電車の中で知人同士が打合せもなく顔をあわせるのは「出会い」です。

3　「遭う」は、予定しない者が出会うこと、巡り合うこと、出くわすことです。つまり、単純に「会う」ということではなく、思いがけなく偶然に出会う、好ましくないものや悪いものに出くわすなどの意味で用いられます。
　　用例は、次のようになります。

【例】 にわか雨に遭う。突然の大雨に遭う。災難に遭う。山中で熊に遭う。業者たちの反対に遭う。

[コメント]
　「逢う」も思いがけなく出会うことの意味を表す語ですが、表外字であるため、公用文ではこの漢字自体を使用できません。
　また、「遇う」も人と人が思いがけず出会う、思いがけない事柄に出会うことを意味しますが、「遭う」とは異なり、悪いことに遭遇するほか、幸運に遇う、大変な良い扱いに遇うなど、悪いことにも、良いことにも用いられてきました。しかし、「遇」は常用漢字ではありますが、この漢字には「グウ」の字音しかありませんので、公用文では「あう」という読み方では使用できません。
　「遇」の用例は、次のようになります。
　【例】 奇遇、厚遇、千載一遇、冷遇

[3]　「空く」、「明く」、「開く」は、どう使い分けるのか？

1　「空く（空ける）」は、そこに占めるものがなくなって、「から」になることです。
　　したがって、その意味から、まず次のような用例があります。
　【例】 席が空く。行間が空く。家を空ける。店を空ける。
　　また、官職や地位などが欠員になるという次のような用例も派生してきます。
　【例】 局長のポストが空く。審議員のポストが空く。
　　さらに、物がいらなくなること、使わなくなること、また、時間に空白ができることなどの次のような用例もあります。
　【例】 皿が空く。冷蔵庫が空く。空き箱。空き瓶。空き家。空き地。時間が空く。手が空く。

2　「明く（明ける）」は、明るくなること、明らかになること、隙間（透き間）ができること、一つの期間が過ぎることなどの意味で用いられます。
　　用例は、次のようになります。
　【例】 夜が明ける。気持ちを打ち明ける。家を明け渡す。胸の明いた服。年が明ける。年季明け。

3 「開く（開ける）」は、閉じていたものが開（ひら）くことの意味で用いられます。
　用例は、次のようになります。
【例】　幕が開く。かぎが開く。店を開ける。窓を開ける。

［コメント］
　「開く（開ける）」は、閉じていたものが開（ひら）く意で、「閉まる（閉める）」の対語ですので、特に難しいところはありません。
　例えば、「店をあける」には、「店を開ける」と「店を空ける」の書き方が考えられますが、前者は開店すること又はその日の商売を始めることであり、後者は店を留守にすることであって、その使い分けは明確です。
　ただし、「明く（明ける）」と「空く（空ける）」は、その用法に同じようなものがあり、その使い分けに難渋する場合があります。
　例えば、「明く（明ける）」にも空間や隙間（透き間）ができるという意味があり、これが「空く」の空っぽになる意味と重なります。
　ただ、前者の空間や隙間（透き間）は、僅かな隙間（透き間）であって、後者の空っぽになる意味とは若干のニュアンスの違いがあるように思われます。「胸の明いた服」など、あるべきはずの布が少し欠けているというほどの意味で、大々的に欠けて空になっているわけではありません。
　また、「家を明け渡す」などについても、この「明け渡す」の意味は、家を空っぽにするということよりも、「渡す」のほうに意味の主力があり、後々面倒がないように諸事を明らかにして他人に引き渡すというような「熟語」とも考えられます。

［４］　「上げる」、「挙げる」、「揚げる」は、どう使い分けるのか？

1 「上げる」は、下から上の方に移す、高い方へ移す、価値や程度を高めるなどの意味で用いられます。
　用例は、次のようになります。
【例】　地位を上げる。成績を上げる。効果を上げる。ロケットを打ち上げる。体温が上がる。家賃が上がる。腕前が上がる。

あげる

［コメント］
　「上げる」は、前記に示した意味のほかに、目上の人や敬意を払うべき人物に物を渡したり、ものを伝達したりする場合や事を成し遂げたり、終わらせたりする場合などに、動詞の連用形に付いて動作の対象を敬う気持ちを表したり、動作の完了を表したりします。この場合の「上げる」は、品詞としては動詞ではなく「補助動詞」といわれ、動詞としての性格と意味を失っているため**一般的に平仮名で書くこととされています**が、この場合の「上げる」は特例的に漢字で書くこととされています。多分、「申し上げる」というように熟語的に用いられているからでしょう。
　用例は、次のようになります。
【例】　本を差し上げます。御報告申し上げます。お礼申し上げます。原稿を仕上げる。広報誌が刷り上がる。

　補助動詞とは、もともと動詞である語が本来の意味と自主語である性質を失って、助動詞のように用いられるものをいいます。この補助動詞には、次のようなものがあり、原則として平仮名で書くことになっています。
　方法を説明して<u>あげる</u>。負担が増え<u>ていく</u>。結果を報告し<u>ていただく</u>。不許可を通知し<u>ておく</u>。問題点を話し<u>てください</u>。ここを汚さ<u>ないでください</u>。経費が少なくなっ<u>てくる</u>。役所に行っ<u>てくる</u>。
　前記のように、補助動詞は、「……て〜〜。」「……で〜〜。」というように「て」又は「で」を付けて表現されています。しかし、「御遠慮<u>ください</u>」のように「て」又は「で」を付けずに表現される場合もあります。この「ください」も補助動詞ですので、「御遠慮<u>下さい</u>」というように漢字で書くのは訳です。日本語は、接頭語の「御」や「お」が付くと、本来、「御遠慮してください」というべきところの「して」が省略され、隠れてしまうのです。

2　「挙げる」は、次のような多様な意味で用いられます。
① 　持ち上げて多くの人に知らせる、はっきり分かるように示すなどの意味で用いられます。
　　用例は、次のようになります。
　【例】　手を挙げる。勝ち星を挙げる。練習の成果を挙げる。

あげる

[コメント]
このケースでは、「上げる」にするか、「挙げる」にするか微妙な場合が少なくありません。特に、成果、成績、効果、実績などの「あげる」については、各種の国語辞典では「上げる」を例示しているか、あるいは両者の使い分けを明確に示さず、読者に選択を任せているような表記がされています。
そもそも、「挙げる」には、高く持ち上げて人目に付くようにする、目立つようにして広く知られるようにするという意味がありますので、単純に低調であったものを好調なものにする意味ではなく、そこに何か<u>特別な意味を込めたいような場合</u>は、「多大な実績を<u>挙げた</u>」としても誤りではないでしょう。

② 執り行う意味で用いられます。
用例は、次のようになります。
【例】 結婚式を挙げる。
③ 取り上げて並べる意味で用いられます。
用例は、次のようになります。
【例】 事例を挙げる。証拠を挙げる。関係者の名を挙げる。欠点を挙げる。条件を挙げる。
④ 犯人を捕まえる意味で用いられます。
用例は、次のようになります。
【例】 犯人を挙げる。検挙する。
⑤ 振る舞いの意味で用いられます。
用例は、次のようになります。
【例】 兵を挙げる。挙動不審
⑥ こぞって、力を出し尽くすなどの意味で用いられます。
用例は、次のようになります。
【例】 国を挙げて。町を挙げて。全力を挙げる。
⑦ 子供をもうける意味で用いられます。
用例は、次のようになります。
【例】 一男三女を挙げる

3 「揚げる」も、次のような多様な意味で用いられます。
① 物が高い所へ行く、空中に高くあがる意味で用いられます。
用例は、次のようになります。

【例】 夜空に花火を揚げる。青空にたこを揚げる。祝日に国旗を揚げる。
② 水の中や水の上から船や陸上に移される意味で用いられます。用例は、次のようになります。
【例】 沈没船を引き揚げる。船荷を陸揚げする。荷揚げ労働。

［コメント］
　これらの用例と通ずるものに、「てんぷらを揚げる」があります。この用例は、てんぷらを鍋の油の中から引きあげるというイメージから、水の中から「沈没船を引き揚げる」などと同様の用い方と言えるでしょう。

③ 大きな声を出して怒る、又は喜ぶ意味で用いられます。用例は、次のようになります。
【例】 声を張り揚げて怒る。群衆が歓声を揚げる。
④ なお、特殊な用例として、ある場所から他の場所に移る意味で用いられます。この場合は、低い所から高い所に移動するというような意味合いは既に失われています。
　用例は、次のようになります。
【例】 運動場から全員引き揚げる。満州から引き揚げてきた。

［コメント］
　「揚がる」にするか、「上がる」にするか微妙な場合も少なくありません。「揚がる」も「上がる」も、共に空中に高くあがる意味で用いられますので、「太陽があがる、気球があがる」などは特にどちらとも言い切れない面があります。これらは、一般的には「上がる」を用いても問題ないでしょう。ちなみに、「太陽」の場合は、「太陽が昇る」のほうが一般的です。

［5］「足」、「脚」は、どう使い分けるのか？

1　「足」は、足首から先の部分を意味し、一般に、人間・動物のあしを指します。また、この「足」を使った動きやある場所まで行く意味を表す場合に用いられています。さらに、比喩的な用い方も多様にわたっています。

用例は、次のようになります。
【例】 手足。足並み。足を運ぶ。足しげく通う。足を洗う。足を引っ張る。事故で足を奪われる。客足。

2 「脚」は、骨盤と足首との間を意味しますが、一般に、物の下に付いてそれを支える用をなすもの、人間・動物以外のものの進行や移動する状態をいう場合に用いられています。
用例は、次のようになります。
【例】 膝から下の脚を切断する。机の脚。日脚。雨脚。襟脚。船脚。追い込み脚。

[6] 「預かる」、「あずかる」は、どちらで書くのか？

「アズかる」を漢字で書くのか平仮名で書くのかという問題です。これらはどちらでもいいわけではなく、その意味するところの違いから明確に使い分ける必要があります。

1 「預かる」は、責任をもって保管する、担保としてとる、任せてもらう、保留するなどの意味で用いられており、このような意味の場合は、「預かる」というように漢字で書くことになります。
用例は、次のようになります。
【例】 荷物を預かる。質屋が物を預かる。編集部を預かる。勝負を預かる。決定を預かる。

2 「あずかる」には、関与する、相手の好意などを受けるという意味があり、このような意味の場合は、本来、「与る」が用いられました。しかし、現在、「与」は常用漢字ではありますが「あずかる」という字訓はなく、「与」については表外音訓となります。
したがって、このような意味での「あずかる」は、原則として平仮名で書くことになります。
用例は、次のようになります。
【例】 基本条例の起草にあずかる。お招きにあずかる。大変なおもてなしにあずかる。

［コメント］
　ここに掲げた「預かる」と「あずかる」は、動詞の分類からすれば決定的な違いがあります。前者は他動詞であり、後者は自動詞です。このようなことからも使い分けは明確と言えます。
　ちなみに、**他動詞**とは「○○を預かる」というように目的語がなければ意味が完結しない動詞をいい、**自動詞**とは「私は走る、早く歩く」のように目的語がなくても意味が完結する動詞をいいます。

［7］「価」、「値」は、どう使い分けるのか？

　常用漢字表において、「価」の音訓は「カ、あたい」、「値」の音訓は「チ、ね、あたい」であって、両者とも「あたい」という訓読みで用いる場合があり、併せて「価値」などという用例があります。しかし、その意味は同じではありません。そこで、単独で「あたい」という訓読みで用いる場合は、正しい使い分けが必要になってきます。

1　「価」は、価格、代金のことで、次のような用例があります。
　　【例】　価が高い。商品に価を付ける。価千金。物の価。

2　「値」は、抽象的に物事の値打ちのことを意味したり、数学的にそのものにちょうど当てはまる数値のことを意味したりするもので、次のような用例があります。
　　【例】　そのものの持つ値。一読に値する。一見に値する。称賛に値する。未知数 X の値を求める。

　［コメント］
　「値」を「ね」という訓読みで用いる場合は、「値」は「価格」の意味です。例えば、「値段」、「値が張る」、「高値で売れる」などの用例があります。

［8］「暖かい」、「温かい」は、どう使い分けるのか？

　「暖かい」は気温、「温かい」は物の温度について用いられ、「暖かい」の対語は「寒い」、「温かい」の対語は「冷たい」ということになりま

あたたかい

すが、それぞれ比喩的に用いられることもあって、その使い分けは必ずしも明確ではない場合があります。

1 「暖かい」は、気温がちょうどよい高さになって気持ちがよいなどの意味があり、比喩的に、思いやりがあって心地いいという意味でも用いられます。
　　用例は、次のようになります。
　【例】　暖かい冬。暖かい地方。暖かい部屋。部屋を暖める。暖かい御支援。懐が暖かい。暖かい布団。

2 「温かい」は、物の温度がちょうどよい高さになって気持ちがよいなどの意味があり、比喩的に、ぬくもりがあって心地いいという意味でも用いられます。
　　用例は、次のようになります。
　【例】　温かい風呂。温かい料理。水を温める。席が温まらない。温かい友情。温かい手を差し伸べる。温かく迎える。長い間温めていた原稿。構想を温める。旧交を温める。

［コメント］
　　前述のように、「暖かい」は、自然の気温や気象に関して体全体で感じるあたたかさで気持ちよく感じられることです。反面、「温かい」は人工的に物をあたためることについて用いられ、その物の温度が適当な高さになって気持ちよく感じられることです。
　　そこで、比喩的に用いる場合などは、その人が体全体で春のようなあたたかさを感じているか、又は物の温度がじわっとして心地よい高まりのようなあたたかさを感じているかによって使い分けがなされますので、両者の使い分けは必ずしも明確に割り切れない面があります。「暖かい御支援」や「温かい声援」などどちらでも誤用とは言えません。
　　また、「部屋を暖める」と「部屋を温める」も、どちらも誤用ではないでしょう。
　　ちなみに、「暖房」、「暖炉」は、かつては「煖房」、「煖炉」と表記されていましたが、現在、「煖」は表外字ですので用いることはできません。

［9］「当たる」、「あたる」は、どちらで書くのか？

　「当たる」は、他のものに触れること、物にぶつかることを意味します。このような意味から派生して、担当する・命中する・成功する・相当するなど多様な意味があります。このような意味であれば、全て「当たる」と漢字で表記します。

　ところで、「ある事態に際して」という意味で用いられる「……にあたり」や「……にあたって」は漢字で書くのか、平仮名で書くのかについては混乱が見受けられます。このことについては、「「異字同訓」の漢字の用法」（昭和４７年６月２８日国語審議会漢字部会）に「出発に当たって」という用例があり、また、「文部科学省用字用語例」（平成２３年３月）にも「…に当たり」、「…に当たって」という用例がありますので、漢字で書くほうで統一するのがよいことになります。

　ただし、中毒するなどの意味の場合は、同じ「あたる」でも、「ふぐにあたる」と平仮名で書くことになります。これなどは、漢字で書けば「中る」となり、「中」にとって「あたる」は表外音訓になるからです。

［１０］「後」、「跡」、「痕」は、どう使い分けるのか？

　いずれも、「あと」と読む場合の使い分けです。それぞれの意味と用例は、次のとおりです。

1　「後」は、うしろ、のち、事後、子孫、次などの意味で用いられます。
　用例は、次のようになります。
　【例】　後がない。後から後から事件が起こる。後にひ（退※）けない。後の祭り。後へ引く。後へ回す。後が絶える。後を引く。
　　　　（※「退」の音訓は「タイ、しりぞく、しりぞける」のみ）

2　「跡」は、あとかた、物のあった所、ある時までいた所、家の跡目、ゆくえ、先例などの意味で用いられます。
　用例は、次のようになります。
　【例】　跡が付く。跡を追う。跡を隠す。跡を絶つ。跡を継ぐ。跡を付ける。跡を取る。跡を守る。跡に倣う。

3 「痕」は、きずあと、あとかたなどの意味で用いられますが、「やまいだれ」の付いた漢字であることから、その用例は限られています。この漢字は旧常用漢字表にはなく、現行常用漢字表で常用漢字として新たに採用され、その音訓は「コン、あと」とされていますが、なぜか、これまでの国語辞典では「あと」の読みで単独の見出しを出しているものはほとんど見当たりません。

用例は、次のようになります。

【例】 傷痕。弾丸の痕。手術の痕。刀痕。血痕。

[コメント]

「後」と「跡」の意味の違いは上述のとおりですが、これらの語を用いたもので、少しややこしい使い分けがあり、微妙な意味の違いがありますので、注意が必要です。

また、「後」には副詞的な用法もありますので、その用法を示しておきます。

① 「後を絶たない」と「跡を絶たない」の使い分け

「後を絶たない」は、ある事柄や事件が後から後から発生して絶えないことであり、「跡を絶たない」は、ある事柄や事件の影響などがなかなか絶えて消えないことです。

例えば、犯罪などが次から次に起こるような場合は、「詐欺事件が後を絶たない」というように表現されるし、大事故の影響などが長引くような場合は、「大震災の影響が跡を絶たない」というように表現されるでしょう。

しかし、実際は、辞典や用語例集などでは、これらの用例は必ずしも明確ではありません。

明確に使い分けようとするならば、「後続」(時間的)の問題か、「あとかた」(痕跡)の問題かによって、使い分けることになると思われます。

② 「後継ぎ」と「跡継ぎ」の使い分け

ほとんどの国語辞典には「跡継ぎ」だけを掲載して、「後継ぎ」の見出しは見当たりません。しかし、「後」と「跡」の意味からすれば、単純に、ある地位の後任のことであれば「○○社長の後継ぎ」でいいし、家の跡目を継ぐ意味であれば「家業の跡

継ぎ」というように使い分けることになるでしょう（「最新公用文用字用語例集（ぎょうせい発行）」に、このような用例が明示されています。）。
③ 「後」には、空間的な後ろでもなく、また、時間的な後でもない用法があります。それは、副詞的に、「ある基準のところから更に、それから先に」という意味で用いる次のような用法です。このような「後」は、本来の意味が薄れていますので、例外的に「あと」と平仮名で書いてもいいのかもしれません。
　用例は、次のようになります。
　【例】　後（あと）5人乗れます。後（あと）5分で終わります。後（あと）2章で読み終わります。

［11］「油」、「脂」は、どう使い分けるのか？

　「油」、「脂」は訓読みで「あぶら」と読み、併せて「油脂」などと表記されますが、その意味は異なります。

1　「油」は、鉱物、植物から生成される水に溶けない透明な液体のことです。比喩的にもいろいろと用いられています。
　用例は、次のようになります。
　【例】　油絵。油揚げ。ごま油。油を流したような海面。火に油を注ぐ。油を搾る。油を売る。油が切れて元気が出ない。

2　「脂」は、人間、動物の脂肪のことで、液体ではなく、固体状をなしています。比喩的にもいろいろと用いられています。
　用例は、次のようになります。
　【例】　牛肉の脂。鯨の脂。脂汗。脂ぎった顔。脂が乗ってきた。

［コメント］
　それでは、比喩的に「あぶらっこい」はどう書くのでしょうか。
　それは、「あぶら」の由来によるべきで、人間に対する比喩の場合は「脂っこい」であって、一般的な食べ物の場合は「油っこい」となるでしょう。

[12]「荒い」、「粗い」は、どう使い分けるのか？

1　「荒い」は、勢いが激しい、乱暴である、すさむ、節度がないなどの意味で、行為、言動、動作、動きなどについて用いられます。
　　用例は、次のようになります。
　　【例】　波が荒い。気が荒い。荒海。荒い言葉を吐く。荒療治。怒りに荒れ狂う。人使いが荒い。金遣いが荒い。

2　「粗い」は、大ざっぱ、細やかでない、手が行き届いていない、粗末であるなどの意味で、状態、様子、やり方などについて用いられます。
　　用例は、次のようになります。
　　【例】　仕事が粗い。網の目が粗い。きめが粗い。粗い調査。粗い手触り。

［コメント］
　「荒・粗」には特殊な意味を持たせることがあります。それは、これから完成させるものについて、まだ大ざっぱにしている途上の状態を表す用い方です。
　用例は、「荒削り・粗削り」、「荒塗り・粗塗り」などで、このような場合は、接頭語としての「荒・粗」に使い分けの区別はありません。

[13]「表す」、「現す」は、どう使い分けるのか？

1　「表す」は、その人の考えや感情などを言語、音楽、絵画などの手段によって表現したり、記号、表象（しるし）として、その内容を表示したりする場合に用いられます。
　　用例は、次のようになります。
　　【例】　言葉に表す。文章に表す。喜びを態度で表す。敬意を表す。悲しみを音で表す。赤は危険を表す。喜びを表した絵。弔意を表す。成果を表す。名は体を表す。

2　「現す」は、今まで隠れていたもの、分からなかった事柄などがはっ

きり見える状態になる、隠れていたものがそのままの形で外に出てきて見えるようになることです。
　用例は、次のようになります。
　【例】　地上に姿を現す。馬脚を現す。手腕を現す。頭角を現す。才能を現す。成果が現れる。症状が現れる。本性が現れる。

［コメント］
　1　「表れてきた」と「現れてきた」などは、時折、紛らわしいことがあります。例えば、「好調さが打率に表れてきた」は打率が好調さの「表象」となっていることを意味しているので、これでよいし、「好調さの兆しが現れてきた」は、不調だったが好調さの兆しが姿を見せ始めたということを意味しているので、これはこれでいいということになります。
　2　「表す」と同じ意味で「表する」という語が用いられることがあります。
　　　例えば、「敬意を表する」、「尊敬の意を表する」というように用いられます。漢語表現ですから少し改まった表現になりますが、これはこれで差し支えありません。
　　　なお、「表す」を「ヒョウす」と読むのは、文語体の読み方です。
　3　「著す」も、「あらわす」という語ですが、こちらは文を書きつけることであって、書物を書いて出版するというような特別な意味で用いられます。
　　　「小説を著す」、「著者」、「著書」などの用例があります。

［14］「在る」、「有る」、「ある」は、どう使い分けるのか？

　「在る」、「有る」という表記は余り見受けませんが、常用漢字表は両者を「ある」という訓読みで認めており、厳然として意味の違いがあって、使い分けられています。一方、原則として、「ある」と平仮名で表記する場合があります。

　1　「在る」は、存在する、位置を占めるという意味で用いられます。
　　用例は、次のようになります。
　　【例】　日本はアジアの東に在る。本社は東京に在る。重責の職務に在る。逆境に在る。

ある

2 「有る」は、所有する、所持するという意味で用いられます。
　用例は、次のようになります。
　【例】　財源が有る。子が有る。妻子有る男。

3 平仮名書きの「ある」は、「在る」を用いて「存在する」という意味を強調したり、「有る」を用いて「所有する」という意味を強調したりする必要がない場合や「在る」とも「有る」とも明確に言い切れないような場合に用いられます。
　「公用文における漢字使用等について」（平成22年11月30日内閣訓令第1号）では、「次のような語句を、（　）の中に示した例のように用いるときは、原則として、仮名で書く。」として、次のような用例を掲げています。
　【例】　ある（その点に問題が<u>ある</u>。）

　この用例は、どちらかといえば、「在る」の意味と解されますが、このような語句の場合は「仮名」で書くという原則からすれば、公用文においては、ほとんどの場合「ある」と平仮名で書くことになり、特別な場合を除き、「在る」も「有る」も用いないこととなると思われます。一般公用文においては、これら両者を使い分ける実益が余りないからでしょう。
　なお、補助動詞の「書いて<u>ある</u>」や助動詞の「これは本<u>である</u>」は、当然、平仮名で書きます。

［コメント］
1 「在り方」か「あり方」か。
　物事のあるべき姿、あるいは理想像などを問う場合など「ありかた」と言いますが、これは「在り方」と漢字で表記すべきでしょう。
　用例は、次のようになります。
　【例】　地方自治の在り方。教育の在り方。議会の在り方。

2 「有り難う」か「ありがとう」か。
　「御親切は有り難い」というような場合の形容詞の「有り難い」は漢字で書きますが、「ありがとう」は形容詞の「有り難い」の

連用形「有り難く」の音便であって、感動詞に変化した単独語ですので、「ありがとう」「ありがとうございます」と仮名書きします。
3　**補助動詞**については、前掲［4］の1を参照してください。
　なお、**助動詞**とは常に他の語に付いて用いられる語のうち、活用する語であって話し手の判断などを表現するものをいい、**感動詞**とは感動や応答、呼び掛けを表す語であって活用がなく、単独で文となるものをいいます。

［15］「合わせる」、「併せる」は、どう使い分けるのか？

1　「合わせる」は、二つのものを一致させる、物事を同じようにそろえる、二つ以上の物を混ぜあわせるという意味で用いられます。
　用例は、次のようになります。
　【例】　手と手を合わせる。体形に合わせる。力を合わせる。答を合わせる。黒色と白色を合わせる。信州みそと西京みそを合わせる。合わせみそ。

2　「併せる」は、二つ以上のものを並べる、二つ以上の物事を一緒にする、両立させるという意味で用いられます。
　用例は、次のようになります。
　【例】　二つの町を併せて市となる。三つの会社を併せる。

［コメント］
1　「合わせる」と「併せる」は、二つ以上の物を一緒にするという意味では似通っていますが、このような意味の上で決定的に異なる点は、「合わせる」が混ぜあわせてぐちゃぐちゃにして別のものにしてしまうことであるのに対して、「併せる」はあわせたものを何らかの形骸を残して両立させるところにあると考えられます。
2　「合わせる」（他動詞）に送り仮名を活用しない「わ」から送るのは、「合う」（自動詞）との対応からです。ところが、「併せる」には、これに対応するような語はありませんので、「併せる」というように活用語尾のみを送ることになります。
　ちなみに、「変える」と「変わる」、「終える」と「終わる」など、他動詞と自動詞の関係がある動詞は、活用しない語も送る点で「合

あわせる

わせる」と同様です。

　なお、**他動詞・自動詞**については、前掲［6］を参照してください。

3　「併せて」と「あわせて」の使い分けをしなければならない場合があります。というのは、「公用文における漢字使用等について」（平成22年11月30日内閣訓令第1号）に、公用文においては副詞は原則として漢字で書き、接続詞は一部の例外を除き、平仮名で書くという原則が掲げられているからです。

　したがって、「アワせて」を副詞として用いる場合は、次のようになります。

　【例】　日当と交通費を併せて支給する。胃がんと肺がんの検査を併せて行う。

　一方、「アワせて」を接続詞として用いる場合は、次のようになります。

　【例】　（文の途中に置く場合）お二人の結婚を祝し、あわせて御両家の皆さまの御多幸を祈ります。
　　　　（文の冒頭に置く場合）あわせて、これからの日程をお知らせします。

【い】

［１］ 「言う」、「いう」は、どちらで書くのか？

　「イウ」を漢字で書くか、平仮名で書くかという問題です。迷うことがあるかもしれませんが、これらの使い分けは明白です。「言う」は、実質的に、人間（擬人化したものを含む。）が心に思うことを口に出して話す、述べる、しゃべる、告げる、口にする場合に用います。英語で言えば、"say""tell" というところでしょうか。そして、それ以外の場合は、慣例的表現（熟語）を除いて、全て「いう」と仮名書きを用いると考えてもあながち間違いではないでしょう。
　したがって、「言う」の用例をしっかり押さえておけば、迷うことはないと思われます。とは言え、誤用が散見されますので、特に、公用文の場合は、意識して使い分けるよう注意が必要です。

1　「言う」は、前述したように、言葉を口にして実質的に話す、述べる、しゃべる、告げる場合に用います。
　　用例は、次のようになります。
　① 　……と言う。
　　【例】　彼は、「頑張ります。」と言う。
　　　　　彼女は、「もう帰ります。」と言った。
　② 　……を言う。
　　【例】　彼は、いつも文句を言う。彼女は、反対の意見を言った。
　　　　　男は、行き先を言って出掛けた。
　③ 　ものの評価を表す形容詞に「言う」が付く場合
　　【例】　彼のことを悪く言う人がいる。
　　　　　この景色をとてもすばらしいと言う人が多い。
　　　　　あの人に品格があると言う人はいない。
　④ 　実際には発言していないが、仮に発言するとすれば、そのように発言できる、当を得ているという意味で用いる場合
　　【例】　それは誤りと言うことができる。それは正当と言える。
　⑤ 　「言う」に別の動詞等が付いた複合の熟語（慣例的表現）
　　【例】　言い争う。言い切る。言い残す。言い分。

2 「いう」は、実質的な「言う」の意味が失われている場合や「言う」という意味をとどめながらも動詞としての機能を半ば失っているような場合に用いられます。主に「称する」という意味などで用いられますが、この場合は、発声しているわけではないので、「○○という○○」というように書くことになります。
　用例は、次のように、多様にわたります。
① 人、物、事柄などを名前で呼ぶ、名付ける、称する場合や世間一般で口にされている場合
　【例】 彼の名を次郎という。この壁は杉という木の板で作られている。二つの動詞で出来上がった動詞を複合動詞という。彼のような人を奇人変人という。彼女は非常に真面目で、おとなしいという。
② 「言う」という実質的な意味を失い、慣用的な言い回しの中で用いられる場合
　【例】 係長というポストは、係員と課長との間に立って細かい配慮が必要だ。女性という女性はほとんど反対である。そういうことに私は賛成できない。手紙によると荷物が今日届くという。
③ 物事を定義する場合（特に、法令でよく用いられる。）
　【例】 この条例において、市民とは、この市に住所を有する者、通勤する者又は通学する者をいう。
④ 擬声語、擬態語について用いられる場合（人間以外の動物が声を出して鳴いても「言う」は用いない点に注意のこと。ただし、擬人化された動物などの場合は例外となる。）
　【例】 風がびゅうびゅういう。犬がきゃんきゃんいう。床がぎたびしいう。のらりくらりといった答弁。

［2］ 「生かす」、「いかす」は、どちらで書くのか？

1 「生かす」は、その反対語が「殺す」であって、生きさせる、よみがえらせる、殺さず生きながらえさせるという意味で用いられます。
　用例は、次のようになります。
　【例】 重篤の病人を生かす。生かしておけない人間だ。神に生か

されている。

2 「いかす」は、効き目のあるように使う、活用するという意味の場合の表記で、漢字で書けば「活かす」ということになるでしょうが、「活」の音訓は「カツ」のみで「イかす」はありませんので、常用漢字表上では「活かす」は表外音訓ということになります。
したがって、「活用する」などの意味で用いるときは、平仮名で書くしかありません。これには誤用が散見されますので、特に、公用文では注意が必要です。
用例は、次のようになります。
【例】 地域の特性をいかす。彼の持ち味をいかす。教育予算を適切にいかす。

[3] 「意思」、「意志」は、どう使い分けるのか？

「意思」は法律用語であり、「意志」は心理学用語であると一般的に言われていますが、これらは公用文の表記において特に注意すべき用語と言えます。しっかり意識して使い分けるようにしましょう。

1 「意思」は、法律的効果を発生させようとするような積極的な思いや考えであって、心の中に思い浮かべている内容一般を指します。
したがって、法令文や一般公用文においては、専ら「意思」のほうが用いられます。
用例は、次のようになります。
【例】 決定の意思を固める。本人の意思を尊重する。殺人の意思があった。意思表示。意思決定。意思能力。自由意思。

2 「意志」は、心の中で思っていることを実行しようとする、又は実行しまいとする心の動きをいいます。主に、心理学、哲学などで用いられますが、一般用語としても多用されています。
用例は、次のようになります。
【例】 意志が強い。意志を貫く。意志が通ずる。引退の意志を固める。意志強固。意志薄弱。

いじょう

[4] 「委譲」、「移譲」は、どう使い分けるのか？

「委譲」も「移譲」も他に譲り渡すことですが、「委譲」は「委」がその意味を支配しますから「譲って委ねる」という意味となり、「移譲」は「移」の意味から単に「譲り移す」意味となります。

したがって、この意味の違いをしっかり意識して用いる必要があります。

1 「委譲」は、前述したように、権限や権利などを他に譲って委ねる、任せるということで、本来、上級のものが行使すべき権限や権利を下級のものに譲って、それらを行使できるように委ねて任せる場合に用いられます。

　用例は、次のようになります。
　【例】　国の権限の一部を地方に委譲する。市長の権限の一部を副市長に委譲する。法律に規定すべき事項を政令に委譲する(法律事項の委任)。

2 「移譲」は、権限などを他に譲り渡すことですが、主に、対等・同権の関係にあるものに移す場合に用いられます。

　用例は、次のようになります。
　【例】　家屋の所有権を夫から妻に移譲する。部の管轄権を移譲する。税源を国から地方公共団体に移譲する(国と地方公共団体は上下関係にあるという考え方もあるが、この場合、単に「移す」という意味で用いている。)。

[5] 「異常」、「異状」は、どう使い分けるのか？

1 「異常」は、文字どおり「常」と「異なる」ことであって、「正常」の対語です。つまり、普通とは違う、普通とは変わっているという意味です。品詞としては形容動詞の語幹(活用しない部分)であって、これに対し「異状」が名詞である点でも両者は異なります。

　用例は、次のようになります。
　【例】　異常な物音。異常な心理。異常乾燥。精神的に異常である。異常に激しい音がする。今年の天気は異常だ。

2 「異状」は、文字どおり「異なる状態」のことであって、普通とは違った状態、ふだんとは変わった状態という意味で用いられます。品詞としては、名詞であって「異常な状態」そのものを指します。

したがって、警備巡回日誌などにその結果を記すような場合、「異常なし」ではなく、「異状なし」と記すのが正しいということになります。

用例は、次のようになります。
【例】 検査の結果、特に異状を認めない。全員異状なし。異状を発見した。

［コメント］
形容動詞とは、事物の性質・状態を表す語で、内容の面では形容詞に類似し、他の語の接続の面では動詞と同じ機能があるので、この名が付いています。口語での終止形は「……だ」であって、その活用は、「だろ・だっ（で・に）・だ・な・なら」となります。

［6］「致す」、「いたす」は、どちらで書くのか？

「イタす」を漢字で書くのか平仮名で書くのかという問題です。これらはどちらでもいいわけではなく、明確な使い分けの原則があります。世間の一般文書ではともかく、公用文では誤用は許されませんので、使い分けの原則をしっかり把握しておきましょう。

1 「致す」は、本来の動詞であって、及ぼす、もたらす、差し出す、捧げる、尽くすの意味で用いられます。また、動詞「する」の謙譲語としても用いられます。つまり、これらの場合の「イタす」は、漢字で書くということです。

用例は、次のようになります。
【例】 本来の動詞の例——私の不徳の致すところ。思いを致す。繁栄を致した原因。書を致す。深く信を致す。
「する」の謙譲語の例——私が今後の仕事として致したいこと。それは私が致します。

2 「いたす」は、本来の動詞ではなく、補助動詞として「する」の

謙譲語の意味で「いたします」という表現として用いられます。この場合、「お」＋動詞の連用形に付いて下に「ます」を伴っているか、又は「御」＋漢字の名詞（サ行変格活用動詞の語幹になる語）に付いて下に「ます」を伴っている形で用いられています。つまり、このような形で用いる場合は、必ず平仮名で書くというのが原則です。
　用例は、次のようになります。
　【例】　お願いいたします。お断りいたします。御案内いたします。
　　　　参加いたします。欠席いたします。

［コメント］
　前掲1の「する」の謙譲語として漢字で「致す」を用いる場合と前掲2の「する」の謙譲語として平仮名で「いたす」を用いる場合との区別は分かりにくいかもしれません。このことを逆に説明すると、前掲2の場合は、例えば、「願う」や「案内する」という動詞の連用形やサ行変格活用動詞の語幹に付いて、補助動詞として「○○いたします」とへりくだって表現するものです。一方、前掲1の場合は、一般的なサ行変格活用動詞の「する」を「致す」という動詞に言い換えることによって謙譲的表現にするという違いがあります。この場合の「致す」は飽くまでも**動詞であって補助動詞ではないので、漢字で書くことになるのです。**
　なお、**補助動詞**については、**【あ】の項の［4］を参照してください。**

［7］「頂く」、「いただく」は、どちらで書くのか？

「イタダく」を漢字で書くのか平仮名で書くのかという問題です。
　動詞の場合は漢字で「頂く」と書き、補助動詞の場合は平仮名で「……（て）いただく」と書くという明確な使い分けの原則があります。その使い分けの原則をしっかり把握しておきましょう。

1　「頂く」は、本来の動詞であり、「もらう」の謙譲語として、また、「食う」「飲む」の謙譲語・丁寧語として用いられます。
　用例は、次のようになります。
　【例】　お金を頂く。昼食を頂く。お酒を頂く。

2　「いただく」は、前掲1の「頂く」と異なり、実質的な意味を表

さない補助動詞として、動詞に付いて「……（て）いただく」という形で用いられ、丁寧さを表しています。動詞の附属品とも言える補助動詞は、原則として平仮名で書くことになっているということです。

　用例は、次のようになります。
　【例】　事件について教え<u>ていただく</u>。結果を報告し<u>ていただく</u>。
　　　　この図を参考にし<u>ていただき</u>たい。参加し<u>ていただき</u>たい。
　　　　遠慮し<u>ていただく</u>。御遠慮<u>いただく</u>。

［コメント］
1　「いただく」と平仮名で書く根拠は、「公用文における漢字使用等について」（平成２２年１１月３０日内閣訓令第１号）にあり、平仮名で書くものの例として「……ていただく（報告していただく。）」という用例が示されています。
2　かつて、「もらう、食べる、飲む」の意味で「戴く」がありましたが、現在、公用文ではこのような表記はできません。「戴」は常用漢字ではありますが、「タイ」という字音だけが許されていますので、公用文では「戴冠」、「頂戴」などのような表記だけが許されているということになります。
3　**補助動詞**については、【あ】の項の［4］を参照してください。

［8］「異動」、「移動」は、どう使い分けるのか？

1　「異動」は、一つの組織体の中で、地位や職務が変わるなど、人事の動きをいいます。
　　用例は、次のようになります。
　【例】　人事の異動が激しい。定期的な異動がある。突然の異動だった。

2　「移動」は、文字どおり、移り動くこと、動いて位置が変わることです。
　　用例は、次のようになります。
　【例】　民族の大移動。平行に移動する。移動性高気圧。

いる

［9］「居る」、「いる」は、どちらで書くのか？

　「居る」という表記は余り見受けませんが、常用漢字表はこれを「イる」という字訓で認めています。一方、原則として、「いる」と平仮名で表記する場合があります。

1　「居る」は、人や動物が存在する、住む、滞在するという意味で用いられます。
　　用例は、次のようになります。
　　【例】　部屋に居る。郷里に居る。居ても立ってもいられない。

2　「いる」は、「居る」を用いて「存在する、住む、滞在する」という意味を強調する必要がない場合や「存在する、住む、滞在する」とも明確に言い切れないような場合に用いるものと言えます。
　　「公用文における漢字使用等について」（平成22年11月30日内閣訓令第1号）では、「次のような語句を、（　）の中に示した例のように用いるときは、原則として、仮名で書く。」として、次のような用例を掲げています。
　　【例】　いる（ここに関係者が<u>いる</u>。）

　この用例は、どちらかといえば、「存在する」の意味と解されますが、このような語句の場合は「仮名」で書くという原則からすれば、一般公用文においては、ほとんどの場合「いる」と平仮名で書くことになり、特別な場合を除き、「居る」は用いないこととなると思われます。
　なお、**補助動詞**の「人が歩い<u>ている</u>、犬が騒い<u>でいる</u>」などは、当然、平仮名で書きます。この点につきましては、【**あ**】の項の［4］を参照してください。

【う】

［１］「……の上」、「……のうえ」は、どちらで書くのか？

　「審議のウエ……する」などの「ウエ」を漢字で書くのか平仮名で書くのかという問題です。この場合の「ウエ」は、「下」に対する「上」という本来の意味を失って、「……のあと」や「……したのち」などの他の意味に転じてしまっている、いわゆる形式名詞です。そこで、形式名詞は平仮名で書くという原則があることからすれば、「……のうえ」と書くべきです。しかし、文部省用字用語例（昭和５６年１２月）には「作成する上で参考にする」との用例があり、「最新公用文用字用語例集」（ぎょうせい発行）には次のような用例を示して漢字で書くこととしています。
　　【例】　決定の上。同意を得た上で。意見を聴取した上で。……を考慮した上で。

　そして、現に国の公用文の実際例からしても漢字が用いられています。このような実際例から見ると、漢字で表記することによって、その意味するところを強調することにしたものと考えられます。
　さらに、「……の上」の次に読点を付けるかどうかという問題がありますが、その文意を強調したり、はっきりさせたりする工夫として、読点は付けるべきものと考えられます。特に、「……上で」となっている場合はともかく、「上」の次の語が漢字を使用している場合などは、「上」と次の漢字の語が合体して一つの意味を持つことがありますので、誤読を避けるためにも読点を付けるべきでしょう。

［２］「窺う」、「うかがう」は、どちらで書くのか？

　「窺う」は、のぞき見すること、様子をそっと探ってみること、ひそかに時機の来るのを待つことです。公用文でもしばしば使われる語ですが、「窺」は表外字であるため、漢字では書けません。
　したがって、この意味で用いるときは、平仮名で書きます。
　用例は、次のようになります。

【例】 好機をうかがう。様子をうかがう。隙をうかがう。

［コメント］
　同じ「うかがう」でも、「聞く」「尋ねる」「訪ねる」「問う」の謙譲語としての「伺う」は漢字で書きます。この名詞形は「伺い」であって、公用文ではよく「お伺いします」「お伺いを立てる」というような表現をしますが、文書の標題などは「進退伺」「暑中伺」というように**慣例が固定していると認められるため**送り仮名の「い」は送りませんので、注意が必要です（「法令における漢字使用等について」（平成２２年１１月３０日内閣法制局長官制定）２－（２）－イを参照）。

［３］「受ける」、「請ける」は、どう使い分けるのか？

1　「受ける」は、他動詞として「受け取る、受け止める、身に加えられる、他から作用が及ぶ」などの意味があり、自動詞として「好評を得る、人の気に入られる」などの意味があって、多様な意味で用いられます（**他動詞・自動詞**については、【あ】の項の［６］を参照）。
　　用例は、次のようになります。
　　【例】　ボールを受ける。賞を受ける。試験を受ける。害を受ける。傷を受ける。大衆に受ける。女性に受ける。

2　「請ける」は、引き受ける、代金を払って引き取るなどの意味で用いられます。
　　用例は、次のようになります。
　　【例】　工事を請ける。請け負う。安請け合い。身請け。下請。

［コメント］
1　「下請」については、「け」の送り仮名を送らないという公用文表記上の原則があります（「公用文における漢字使用等について」（平成２２年１１月３０日内閣訓令第１号）２－（１）を参照）。
2　「天分の才を享ける」や「跡目を承け継ぐ」などの「享ける」や「承け」は表外音訓であって、現在、このような表記は公用文では許されません。このような場合、「受ける」を用いても差し支えないものと思われます。

［４］「後ろ」、「後」は、どちらで書くのか？

　「後」について、常用漢字表は「ゴ、コウ、のち、うしろ、あと、おくれる」の音訓を定めています。このうち、「後ろ」と「後れる」には送り仮名が必要です。落とさないよう注意したいものです。
　「後れる」という動詞に送り仮名を付けるのは当然ですが、「前」の反対語である「後ろ」という名詞に「ろ」を送ることは、「活用する語から転じて名詞になった語を除き、元来の名詞には送り仮名を付けない」という原則に対する例外として「送り仮名の付け方」（昭和４８年６月１８日内閣告示第２号）通則３「例外」（１）にうたわれています。
　これは推測ですが、「後」と表記しただけでは「あと」などとの誤読を避けられないとの配慮からでしょう。
　用例は、次のようになります。
　【例】　後ろ足。後ろ暗い。後ろ姿。後ろ盾。後ろ向き。後ろめたい。

［５］「歌」、「唄」は、どう使い分けるのか？

　一般に、声にメロディーを付けてうたう言葉、うたわれるものは「歌」であって、「鼻歌を歌う、鳥が歌う、歌を合唱する」などと表記して差し支えないでしょう。
　「唄」は、邦楽（民謡・俗曲）などについて、「小唄、長唄、馬子唄、子守唄」などと用いられ、これらの指導者は「唄の師匠」などと呼ばれています。ただし、「唄」は、「唄う」というように動詞としては用いることはできませんので、「小唄を<u>歌う</u>」というように書かなければなりません。

　［コメント］
　１　「唄」という漢字は、そもそも旧常用漢字表にはなく、現行常用漢字表で新たに採用されて常用漢字になりました。その後は振り仮名や注釈なしで公用文でも使用できるようになったのです。
　２　「うたう」には、「歌う」のほか、「謡う」と「謳う」があります。このうち、「謡う」は専ら謡曲・長唄などに用いられ、言葉というよりは節に重点を置いたうたい方を指します。

一方、「謳う」は、言いたてる、文章ではっきり述べるなどの意味ですが、この漢字は表外字ですので、公用文では用いることができません。
　したがって、例えば、「○○○○条例第３条で<u>うたう</u>○○○」「憲法で<u>うたって</u>ある○○○」というように平仮名で書くことになります。

［６］「内」、「うち」は、どちらで書くのか？

　「ウチ」を漢字で書くのか平仮名で書くのかという問題です。これらはどちらでもいいわけではなく、明確な使い分けの原則があります。
　「うち」は、「外」の反対語として、区切られた部分の中側を指す本来の意味の名詞（実質名詞）として用いる場合は、「内」と漢字で書きます。
　しかし、「ウチ」を「……の中」、「……のあいだ」、「以内、限度内、範囲内」の意味で用いるときは、「内」という漢字は用いません。この場合の「ウチ」は、本来の「内」の意味よりもむしろ「中」などの意味のほうに転じてしまっていて、いわゆる形式名詞になっています。
　このように、本来の意味を失って他の意味に転じてしまった名詞を形式名詞といい、形式名詞としての「ウチ」は、「うち」と平仮名で書くことになっています。
　用例は、次のようになります。
　　【例】　委員は学識経験者の<u>うち</u>から選任する。委員の<u>うち</u>６人は、使用者とする。次の事項に該当するものの<u>うち</u>、市長が必要と認めるもの。その<u>うち</u>に連絡する。明るい<u>うち</u>に処理する。二、三日の<u>うち</u>に伺う。

［コメント］
1　「<u>うち</u>を建てる、<u>うち</u>に帰る、私の<u>うち</u>」の「うち」は、本来、「家」と書くべきでしょうが、「家」には「うち」という字訓はありませんので、当然、平仮名で書くことになります。これなども、「内・中」の意味から由来しているものと考えられます。
2　**形式名詞**とは、名詞のうち、本来の意味を失って形式的に用いられ、修飾語がなければ独立した意味を持ち得ないものをいいます。我が国には形式名詞が多数あり、これらは原則として平仮名

で書くこととされているのです。
　形式名詞には、前記の用例の「委員は学識経験者の<u>うち</u>から選任する」の「うち」などのほかに、次のような事例があります。このような事例の場合は、必ず平仮名で書きます。
【例】　次の<u>とおり</u>である。　許可しない<u>こと</u>がある。事故の<u>とき</u>は連絡する。現在の<u>ところ</u>差し支えない。正しい<u>もの</u>と認める。

［7］「打つ」、「討つ」、「撃つ」は、どう使い分けるのか？

1　「打つ」は、第一義としては、物をたたくことです。
　その用例は、「太鼓を打つ、釘を打つ、碁を打つ」などということになります。
　このほかに、抽象的に「心を打たれる」というように使われたり、また、動詞の意味を強調するために、「雨が打ち続く、秘密を打ち明ける、波が打ち寄せる」などのように使われたりします。
　さらに、逆に、「軽く、ちらっと」というような意味で「打ち見る、打ち掛ける」というような用例もあります。

2　「討つ」は、武器を使って相手を殺すこと、相手を攻めることです。
　その用例は、「敵を討つ、相手を討ち取る、討ち入り、夜討ちを掛ける」などということになります。
　ところで、不意に相手を襲うことを意味する「ふいうち」は、「不意打ち」というように「打ち」を用いている用例を挙げている国語辞典が多いようですが、「不意打ち」、「不意討ち」のどちらでも文脈のニュアンスで選択して差し支えありません。

3　「撃つ」は、大砲や銃などの武器を用いて弾丸を勢いよく飛ばすことです。その用例は、「大砲を撃つ、かもを撃つ、狙い撃ち、早撃ち」などということになります。
　なお、「射撃」の「射」を使って、「短銃を射つ」などの表記を見受けることがありますが、「射」は「シャ」と「いる」という音訓しかありませんので、「射つ」は表外音訓による表記であって不適切です。

[コメント]
　「拍手」という語から「手を拍つ」、「脈搏」という語から「脈を搏つ」というような表記を見受けることがありますが、「拍つ」は表外音訓であり、「搏つ」はそもそも表外字であって、いずれも適切ではありません。正しくは、両方とも「打つ」でしょう。

[8] 「写す」、「映す」は、どう使い分けるのか？

1　「写す」は、元の物と同じになるように文字、絵、文章などを作ること、見聞きしたことを文章や絵に表すこと、写真をとること、撮影することです。
　　用例は、次のようになります。
　【例】　ノートを書き写す。写真を写す。紅葉の山を写す。風景を文章に写す。

2　「映す」は、例えば、光を当てて物の形などを他の物の上に現れるようにすること、映像をスクーリンやテレビ画面の上に現れるようにすることです。
　　用例は、次のようになります。
　【例】　影絵を映す。スクーリンに映す。鏡に映す。壁に映す。夜空に映す。

[9] 「生む」、「産む」は、どう使い分けるのか？

1　「生む(生まれる)」は、今までなかった物事や状態を新しくつくり出すこと、この世に命を得ることです。つまり、「生む(生まれる)」は、生物が生まれることのほか、世の中に何か新しい物事、状態を出現させることも意味する点を押さえておきましょう。
　　用例は、次のようになります。
　【例】　好結果を生む。傑作を生む。世界新記録が生まれる。赤字を生む。平成生まれ。埼玉に生まれる。生みの親より育ての親（※）。

2　「産む(産まれる)」は、母体が子や卵を体外に出すことです。つまり、出産のことであって、これにはこの意味しかありません。

用例は、次のようになります。
【例】 子牛を産む。卵を産む。産みの苦しみ。産み月になってもなかなか産まれない。産みの親より育ての親(※)。

[コメント]
※印の付いた「生みの親」と「産みの親」という表記は、どちらも、間違いではなく、その文脈のニュアンスにより使い分ければいいと思われます。実際に産んでくれた親を指すのであれば、「産みの親」でいいし、そうではなく、一般的な広い意味で、この世に新しく何かを生み出した人物を指すのであれば「生みの親」でいいと思われます。

[１０] 「憂える」、「愁える」は、どう使い分けるのか？

1　「憂える」は、何か悪いことが起こりはしないかと不安を抱いたり、心配したりすることです。
　用例は、次のようになります。
【例】 国の前途を憂える。この子の将来を憂える。将来の財政事情を憂える。後顧の憂い。災害を招く憂いがある。憂え顔。

2　「愁える」は、物事に対して嘆いたり、悲しんだり、悩んだりすることです。
　用例は、次のようになります。
【例】 身の孤独を愁える。妻の死を愁える。愁いを帯びた顔。春の愁い。愁いに沈む。

[コメント]
「愁える」が過去又は現在の事象に対する心理状態であるのに対し、「憂える」は将来の事象に対する心理状態である点で決定的に異なります。例えば、「後顧の憂い」は、立ち去った後の心配のこと、残された者への気遣いのことですが、結局は、残された状態や残された者の将来を心配する意で用いられているのです。

【え】

[1] 「英気」、「鋭気」は、どう使い分けるのか？

1 「英気」は、優れた気性、才気のこと、何かに立ち向かおうとする気力、活力のことです。
　用例は、次のようになります。
　【例】 天性の英気。英気の持ち主。英気を養う。

2 「鋭気」は、鋭く活発な気勢、気性のことです。「英気」が人の性質が「英＝優れている」ということに主意があるのに対し、こちらの「鋭気」は人の性質が「鋭い」ということに主意があって、それぞれ使い分けられています。
　用例は、次のようになります。
　【例】 鋭気ある行為。鋭気をくじく。鋭気ある若者。

[2] 「映像」、「影像」は、どう使い分けるのか？

1 「映像」は、光線によって他の物の表面に映し出された物体の形・姿、頭の中に浮かぶ物の姿・イメージ、映画やテレビの画像のことをいいます。
　用例は、次のようになります。
　【例】 テレビの映像。美しいふるさとの映像。映画で激しい戦争の映像を見た。

2 「影像」は、写真や絵画に表した神仏や人の姿・肖像のことをいいます。
　用例は、次のようになります。
　【例】 雪山の影像。彫り上げた神の影像。生前の母の影像。

【お】

［１］「応じる」、「応ずる」は、どちらで書くのか？

　これらの語は、どちらかが間違いということではありません。ただし、あえて両者の違いを言えば、「応じる」は話し言葉であって、「応ずる」は書き言葉であるという点でしょう（当然、活用の仕方も異なる。）。
　したがって、書き言葉として公用文で用いるときは、例えば、「国からの要求に応ずることとした」というように、「応ずる」を用いたほうがいいでしょう。
　このようなことは、公用文でよく用いる「講じる」と「講ずる」、「論じる」と「論ずる」についても同じであって、これらの語もどちらかと言えば前者が話し言葉で、後者が書き言葉であると言えます。

［２］「概ね」、「おおむね」は、どちらで書くのか？

　「オオムネ」は、おおよそ、だいたいなどの意味を表す副詞ですが、「概」には「おおむね」という字訓はありません。「概して」や「大概」などと「ガイ」の字音で用いることができるだけです。
　したがって、公用文では、「おおむね」というように、平仮名で書くことになります。

［３］「犯す」、「侵す」、「冒す」は、どう使い分けるのか？

　これらの語は、３者とも「オカす」ですが、その用途、意味は全く異なります。使い分けの判断基準としてこれらを用いた熟語を基に使い分けていきましょう。その熟語については、「犯す」は「犯罪」、「侵す」は「侵害」、「冒す」は「冒険」という熟語が適当でしょう。
　一般では、これらの語についてはかなりの混用が見受けられますが、自分の確実な判断基準で自信を持って使い分けていきたいものです。

　１　「犯す」は、法律や道徳に反する行為をすることです。つまり、行っ

てはならないことをする意で用いられます。
　用例は、次のようになります。
　【例】　法を犯す。過ちを犯す。間違いを犯す。暴力で女性を犯す。

2　「侵す」は、他人の権利や他国の領土に不法に立ち入ることで、やはり、行ってはならないことをするという点では「犯す」と同じですが、比喩的に外から入り込んで害を加えるような場合にもこの語が用いられます。
　用例は、次のようになります。
　【例】　国民の権利を侵す。国境を侵す。思想の自由を侵す。病魔が体を侵す。がんに侵されて死に至る。

3　「冒す」は、普通では困難なことを行うこと、向こう見ずに進んで立ち向かうことです。
　用例は、次のようになります。
　【例】　危険を冒す。激しい嵐を冒して救助に行く。暴風雨を冒して出発する。

[4]　「臆説」、「憶説」は、どちらで書くのか？　また、「臆測」、「憶測」は、どうか？

　「臆説」、「憶説」は、どちらも間違いではありませんので、一般ではどちらを用いても差し支えありません。これらは、事実に基づかないで、推測による意見、仮説のことです。本来は、このような意味であれば、「臆説」のほうが正しい用字ですが、「臆」が旧常用漢字表では表外字であったため、「憶」が代用されていたという経緯があります。現行常用漢字表では「臆」が採用され、法令は「臆説」のほうを用いることとされています。法令に準ずる公用文でも「臆説」を用いるほうが適切でしょう。
　なお、「臆」は、心の入っている所、胸の内の思い、心の中で推し量るというような意味の語です。
　また、いいかげんな推測を意味する「臆測」、「憶測」についても同じであって、どちらも間違いではありませんが、法令では、やはり「臆測」のほうを用いることになっています。

[5] 「送る」、「贈る」は、どう使い分けるのか？

1 「送る」は、物事を相手側に届くようにする、去っていく人を見守る、時間を過ごす、漢字に送り仮名を付けるなど、多様な意味で用いられます。
　用例は、次のようになります。
【例】 荷物を送る。情報を送る。国際競技大会に選手団を送る。港まで客を送る。帰っていく子供たちを見送る。楽しい年月を送る。活用語尾を送る。

2 「贈る」は、祝福、感謝、愛情などの気持ちを表すために人にお金や品物を与えること、人に階位や称号などを与えることです。「送る」が行為そのものに重点を置くのに対し、「贈る」は人の感情に重点を置いている点が異なります。
　用例は、次のようになります。
【例】 結婚祝いを贈る。記念品を贈る。感謝状を贈る。花束を贈る。博士の称号を贈る。贈物。

[コメント]
　前記の意味の違いからも分かるように、「送り物」は郵送やトラック運送などにより送った物の意であり、「贈物」は進物、プレゼントの意で用いられています。
　なお、これら2語の送り仮名の違いにも注意してください。

[6] 「後れる」、「遅れる」は、どう使い分けるのか？

1 「後れる」は、他のものより後になること、他のものの後から行くことです。先に進むものを意識して、その比較の下で自分が後れを取っている場合に用いるのが正しい用法です。
　用例は、次のようになります。
【例】 人に後れを取る。気後れする。知能が後れる。時代に後れる。流行に後れる。発育が後れる。月後れ。後れ毛。後ればせながら(※)。

2 「遅れる」は、一定の時刻、時期に間に合わない、一定の時刻、時期より後になる、進み方が普通より遅いなどの意味で用いられます。
　用例は、次のようになります。
【例】　待ち合わせ時間に遅れる。締切りに遅れる。完成が遅れる。開発が遅れる。遅ればせながら (※)。

［コメント］
　「後れる」と「遅れる」は、標準になるものに及ばないというような意味で似ているところがあり、その使い分けは極めて微妙です。例えば、※印の付いた「後ればせながら」と「遅ればせながら」は、どちらも間違いというわけではなく両方ともあり得ます。ただ、その意味するところが異なるわけです。
　「後ればせながら」は先に行った人より後から駆けつけることであり、「遅ればせながら」は決められた時刻に遅れながらも、とにかく駆けつけることを意味しています。
　「後れる」、「遅れる」で実際に表記に迷うときは、先行しているものとの関係なのか、一定の時間的な基準との関係なのかを考えて使い分けていくしかありません。
　「後」は「前後」というように位置関係を表す語であり、「遅」は「遅刻」などと時間的関係を表す語であることをしっかり意識して使い分けていきましょう。
　なお、新聞など世間一般では、このような厳密な区別をせず、大体において「遅れる」を用いている場合が多いと言えます。惑わされないようにしてほしいと思います。

［7］「起こす」、「興す」は、どう使い分けるのか？

1　「起こす」は、多様な意味で用いられます。それらの意味と用例は、次のとおりです。
① 　横になっているものを立たせるという意味で、「倒れた人を起こす、転んだ子を抱き起こす」などと用いられます。
② 　目覚めさせるという意味で、「午前8時に起こす、寝た子を起こす」などと用いられます。
③ 　地面を掘り返すという意味で、「水道工事で道路を掘り起こす、

田畑の土を起こす、敷石を起こす」などと用いられます。
④　カードをめくるという意味で、「花札を起こす、トランプを起こす」などと用いられます。
⑤　物事や状態などが生じる、生じさせるという意味で、「持病が突然起こる、事件を起こす、戦争を起こす、やる気を起こす」などと用いられます。

2　「興す」は、ものの勢いを盛んにする、新しく物事を始めるという意味で用いられます。
　用例は、次のようになります。
【例】　衰退した国を興す。寂れた町を興す。産業を興す。新しく会社を興す。理想主義の運動が興る。

［コメント］
1　火や炭火などをおこす場合の「おこす」は、まきや炭火を赤く燃えさせることで、本来「熾こす」と表記すべきですが、「熾」は表外字ですので、「炭火をおこす」というように平仮名で書きます。
2　他動詞の「起こす」に「こす」と送り仮名を送るのは、自動詞の「起きる」との対応からであって、「興す」にはこのような対応がありませんので活用語尾の「す」だけ送るということになります（**他動詞・自動詞**については、【あ】の項の［6］を参照）。このような送り仮名の違いについても、注意が必要です。

［8］「押さえる」、「抑える」は、どっ使い分けるのか？

1　「押さえる」は、上から力を加えて下のものを動かないようにする、物事の要点を確実に把握しておく、自由勝手にならないように処置を取るという意味で用いられます。
　用例は、次のようになります。
【例】　紙の端を押さえる。戸を押さえる。強風のため帽子を押さえる。傷口を押さえる。目頭を押さえる。口を押える。要点を押さえる。現場を押さえる。特徴を押さえる。証拠を押さえる。差し押さえる。財産を押さえる。

2 「抑える」は、盛り上がってくる動きを止める、制限する、圧迫を加えて自由に活動できないようにする、感情などを外に出さないように我慢するという意味で用いられます。
用例は、次のようになります。
【例】 物価の上昇を抑える。風邪の流行を抑える。暴力行為を抑える。出ようとする頭を抑える。要求を抑える。反対意見を抑える。怒りを抑える。笑いを抑える。涙を抑える。

［コメント］
1 例えば、「部下を押さえる」、「部下を抑える」という表現については、どちらかが間違いというわけではありません。
「課員を押さえる」は、課員の気持ちを掌握して信頼を得ることであり、「課員を抑える」は、課員の言動をおしとどめることです。このように、それぞれ意味が異なってきますので、注意が必要です。
2 他動詞の「押さえる」に「さえる」と送り仮名を送るのは、自動詞の「押す」との対応からであって、「抑える」にはこのような対応がありませんので活用語尾の「える」だけ送るということになります（**他動詞・自動詞については、【あ】の項の［6］を参照**）。このような送り仮名の違いについても、注意が必要です。

［9］ 「収まる」、「納まる」は、どう使い分けるのか？

「収まる」と「納まる」は、「収納」という熟語もあって、その意味がどのように違うのか迷うところですが、これらの語は、その立ち位置が異なる点に着目して使い分けていきましょう。「収入」、「納入」の違いを念頭に置いて使い分ければ迷うことはないでしょう。

1 「収まる」は、そもそも「収」に内側に立って取り入れる意味があり、乱れていたもの、平静を欠いていたものが元どおりの安定した状態になること、入れ物や枠の中にきちんと入ること、自分の手に入れることを意味します。
用例は、次のようになります。
【例】 箱の中にきちんと収まる。財布に収まる。博物館に収まる。

目録に収まる。大雪が収まる。争いが収まる。勝利を収める。効果を収める。成功を収める。腹の虫が収まらない（※）。

2 「納まる」は、「納」が「糸＋内」であり、そもそも織物等の貢ぎ物を倉庫の内に入れ込むことを示しているように、外側から内側に入れることです。このようなことから、物をきちんと中にしまう、しかるべき受け手のところへ渡る、また比喩的に、終わりにする、ふさわしい位置や場所に落ち着く、物事が解決するなどの意味で用いられます。

用例は、次のようになります。
【例】 品物が納まった。国庫に納まる。税金を納める。注文の品を納める。仕事納め。御用納め。会長に納まる。元のさやに納まる。腹の虫が納まらない（※）。

［コメント］
※印の付いた「腹の虫が収まらない」、「腹の虫が納まらない」という表現については、どちらかが間違いというわけではありません。
「腹の虫が収まらない」は、平静を欠いた気持ちや感情が安定した元の状態に戻らないことであり、「腹の虫が納まらない」は、その物事に納得できず、落ち着いた平常の気持ちにならないことです。このように、微妙に意味が異なっていますが、どちらの表記を用いるかは多分にその人の判断によるものと思われます。

［10］「押し進める」、「推し進める」は、どう使い分けるのか？

「押し進める」は、単純に、ものを押して前に進めるという意味であるのに対して、「推し進める」は、「推進」という熟語からも分かるように、賛意や支持する意思をもって積極的に取り運ぶ、物事がはかどるようにどしどし行うという意味で用いられます。

なお、無理を知りながら物事をあえて前に進めるという意味で用いるのであれば、当然、「押し進める」のほうになるでしょう。

用例は、次のようになります。
【例】 困難と知りながらこの戦略を押し進めることになった。計画を推し進める。政策を推し進める。もろ手を挙げて推し進

める。

［１１］「恐れ」、「虞」、「畏れ」、「おそれ」は、どう使い分けるのか？

1　「恐れ」は恐れること（気持ち）、恐怖の意です。
　　用例は、次のようになります。
　　【例】　敵に恐れをなす。死を恐れる。失敗を恐れる。報復を恐れる。

2　「虞」はよくないことが起こる、又は既に起こってしまったのではないかという心配の意です。
　　用例は、次のようになります。
　　【例】　大雨の虞がある。延焼の虞がある。罪を犯す虞がある。

3　「畏れ」は、かしこまり敬うこと、畏敬の念の意です。
　　用例は、次のようになります。
　　【例】　師を畏れ敬う。神を畏れる。畏（恐）れ多いお言葉。

4　「おそれ」は、「恐れ」と「虞」を法令で表記する場合の表現です。
　　法令では、「恐れ」、「虞」は漢字では書かずに、これらの意味の違いに関わらず必ず平仮名で書くことになっています。
　　ちなみに、「ほか」と読む場合の「外」と「他」についても同じように、法令ではこれらの意味の違いに関わらず「ほか」と平仮名で書くのが原則です（「外」・「他」の意味の違い等については、【ほ】の項の［２］参照）。
　　これらのことについては、「法令における漢字使用等について」（平成２２年１１月３０日内閣法制局長官制定）に定められています。
　　これは、法令における表記の原則ですが、法令に準ずる一般の公用文もこれに倣うことになるでしょう。
　　用例は、次のようになります。
　　【例】　特許権を侵害するおそれのある者。排水基準に適合しない
　　　　　排出水を排出するおそれがあると認めるとき。

［１２］「追って」、「おって」は、どちらで書くのか？

　「追って・おって」は、品詞によって書き分けることになっています。つまり、副詞として用いる場合は漢字を用いて「追って」と書き、接続詞として用いる場合は平仮名を用いて「おって」と書くのが原則です（「公用文における漢字使用等について」（平成２２年１１月３０日内閣訓令第１号）参照）。この用法は、「併せて・あわせて」、「更に・さらに」と同じです。
　副詞としての「追って」は、いずれすぐに、付け加えて、後ほどなどの意味があり、接続詞としての「おって」は、「付け加えて」というような意味で、本文の後に段落を変えて付け加える文の始めに用いられます。
　用例は、次のようになります。
　【例】（副詞の場合）　日程については、<u>追って</u>連絡します。
　　　（接続詞の場合）<u>おって</u>、参加者名簿は後ほどお送りいたします。

　［コメント］
　１　「おって」のように、同じ語で副詞と接続詞に品詞が分かれるものは、副詞を漢字で書き、接続詞は平仮名で書くのが通例です。常用漢字であるかぎり、副詞は漢字で書き、接続詞は「及び・並びに・又は・若しくは」の４語を除き、平仮名で書くのが原則になっています。このことは、「従って・したがって」のように、動詞と接続詞の関係にある場合も、同様です。
　２　「おって」と類似したものに「なお」があります。「おって」から始まる文を「おって書き」といい、「なお」から始まる文を「なお書き」といいます。これらが同一文書中に併存することとなる場合は、「おって書き」のほうを後に置きます。

［１３］「踊る」、「躍る」は、どう使い分けるのか？

　１　「踊る」は、歌や音楽に合わせて手足など体を動かすこと、また、比喩的に、人の言動に操られて行動する意でも用いられます。
　　用例は、次のようになります。

【例】　ダンスを踊る。盆踊りを踊る。誰かに踊らされている。

2　「躍る」は、歌や音楽に関係なく、飛び上がる、律動的に激しく動く、感動して胸がどきどきする、文字などが変に乱れることです。
　　用例は、次のようになります。
　　【例】　びっくりして躍り上がる。悪路になってハンドルが躍り出した。喜びに小躍りして帰ってきた。動揺して書いた字が躍っている。

[14]　「下りる」、「降りる」は、どう使い分けるのか？

1　「下りる」は、「上る（のぼる）」の対語で、本来、物が上から下へ移動する意味ですが、許可、指示、物が与えられる、仕掛けてあるものが上から下へ動く意味で用いられます。
　　用例は、次のようになります。
　　【例】　エレベーターが下りる。坂を下りる。腰を下ろす。胸のつかえが下りる。棚から荷物を下ろす。枝を下ろす。貯金を下ろす。許可が下りる。年金が下りる。命令が下りる。錠が下りる。幕が下りる。

2　「降りる」は、「登る」の対語で、本来、物が上から下へ移動する意味ですが、乗り物から外に出る、高い地位から退く、霜・露などが発生する、勝負事などで参加をやめるなどの意味で用いられます。
　　用例は、次のようになります。
　　【例】　階段を降りる。屋根から飛び降りる。鶴が舞い降りる。電車から降りる。社長を降りる。局長の椅子を降りる。主役を降りる。霜が降りる。試合を降りる。

[コメント]
　「下りる」と「降りる」は、いずれも高い所から低い所へ移動する意味で、その使い分けが複雑なところがあります。
　一つの傾向として、「下りる」は物に関して用いられる傾向が見られ、「降りる」は人に関して用いられる傾向があると言えます。
　しかし、人に関して「坂を下りる、腰を下ろす」などの用例もあって、必ずしもきちんと割り切れているわけではありません。

乗物からおりる場合は、「下車」、「降車」という熟語がありますが、こちらは「車を降りる」とするのが原則です。ただし、馬、船に関しては、「下馬」、「下船」という熟語に合わせて、「馬を下りる」、「船を下りる」とするのが原則です。「山を下りる」も「下山」に合わせたものと言えます。

　「下りる」、「降りる」のどちらか迷ったら、一応、熟語を思い浮べてみるのも解決の一つの方法かと思われます。

［15］「御礼」、「お礼」は、どちらで書くのか？

　一般に、感謝の気持ちを表すことやその気持ちを表す贈物を「おれい」といいますが、その場合の表記を「御礼」と書くのか、「お礼」と書くのかという問題です。

　まず、「御礼」と書いて、これを「おれい」とは読めません。常用漢字表上、「御」については「ギョ、ゴ、おん」という音訓しかありませんので、「御礼」は「おんれい」としか読めないのです。

　したがって、「満員御礼」、「当選御礼」などはこの表記でいいのですが、公用文においては「お見舞い」、「お礼」、「お礼状」、「お祝い」などの表記は、「お」を用いるべきでしょう。

　なお、お礼状の本文では、「心から御礼申し上げます」と書いても何ら差し支えありません。

【か】

［１］ 「箇」、「か」は、どちらで書くのか？

　物を数える場合に、例えば「３箇所」と書くのか、「３か所」と書くのかという問題です。

　公用文においては、数詞に付けて用いる語として「箇」でも「か」でもいいということになっています（「文部科学省用字用語例」（平成２３年３月）。

　ただし、法令においては「か」は用いず、「箇」のみを用います。さらに、法令では、例えば月数などを表す場合、暦上の月と紛らわしくないかぎり、「箇」も省略して「３月」（さんげつ）というように表記する場合も多いと言えます。

　ちなみに、世間一般の文書では、「３カ月」や「３ケ月」など、「箇」の代わりに「カ」や「ケ」などを用いている例が散見されますが、公用文ではこのような表記は許されません。そもそも「ケ」などは「箇」の冠の「竹」からきた略字ですので、このような表記を用いることがないように注意したいものです。

　また、新聞などは、「箇」の代わりにかつて「個」を用いていましたが、現在は「箇」を用いることになっています。

［２］ 「改定」、「改訂」は、どう使い分けるのか？

１　「改定」は、従来の決まりを改め、新しく定め直すことです。
　　用例は、次のようになります。
　　【例】　運賃を改定する。規則を改定する。

２　「改訂」は、書物の内容や不備を改め直すことです。法令では「書物などの内容に手を加えて正す」という意味で用いられています。そもそも、「訂」の語自体に文字などの誤りを正す、直すなどの意があり、したがって、「改訂」は、「改定」のように単純に新しく定め直すというものではありません。
　　用例は、次のようになります。

【例】 教科書の改訂。改訂版。本書は改訂する予定です。

[3]「代える」、「変える」、「替える」、「換える」は、どう使い分けるのか？

1 「代える」は、その人、そのものとは別の人、別のものにその役をさせることです。つまり、他のものにその役割をさせることです。代理、代行、代案、交代（※）などの熟語があります。
　用例は、次のようになります。
【例】 書面をもって挨拶に代える。市長に代わって出廷する。身代わりになる。

2 「変える」は、従来の状態と異なる状態にすることです。変化、変形、変更などの熟語があります。
　用例は、次のようになります。
【例】 形を変える。予定を変える。方針を変える。政策を変える。名称を変える。

3 「替える」は、ものを取りかえる、入れかえる、新しいものにすることです。両替、交替（※）などの熟語があります。
　用例は，次のようになります。
【例】 たたみを替える。着替える。植え替える。商売を替える。振り替える。受講者を入れ替える。用具を取り替える。手を替え品を替え。

4 「換える」は、ある物を他に渡して別な物を受け取ること、AをBと交換することです。換気、換金、交換などの熟語があります。
　用例は、次のようになります。
【例】 物を金に換える。名義を書き換える。車を乗り換える。言い換える。置き換える。

［コメント］
　「換える」と「替える」の使い分けはかなり微妙で、よく問題になります。
　「換える」は、例えば「親切は金に換えられない」や「円をドル

に換える」というように、どちらかというと、異質なものを交換するというような場合に用いられ、「替える」は、例えば、「たたみを新しく取り替える」や「たんすの服を入れ替える」というように、同類に属するものの間で「かえる」という場合に用いられると理解しておけばいいでしょう。

なお、※印の付いた「交代」と「交替」の使い分けについては、【こ】の項の［4］を参照してください。

［4］ 「香り」、「薫り」は、どう使い分けるのか？

1　「香り」（香る）は、鼻に快いにおいのことです。この香りがにおうことを「匂う」と書き、そのにおいを「匂い」と書きます。

ちなみに、不快なにおいを「臭い」と書き、不快ににおうことを「臭う」というように使い分けます。

用例は、次のようになります。

【例】　茶の香り。香り高い。花が香る。芳しい匂いが香ってくる。

［コメント］
「匂い」と「臭い」の使い分けについては、【に】の項の［1］を参照してください。

2　「薫り」（薫る）は、人の感覚に感じる爽やかさをいう場合に用いられます。また、比喩的に用いられる場合もあります。

用例は、次のようになります。

【例】　初夏の風の薫り。風薫る五月。薫り高き人生。高貴に薫る楽曲。

［5］ 「係る」、「掛かる」、「架かる」、「懸かる」は、どう使い分けるのか？

1　「係る」は、あるものに密接に関係する、特別なつながりがあるという意味で用いられます。よく「関わる」との違いが問題になりますが、「関わる」が「人生に関わる問題」というように「広く関係する」という意味であるのに対し、「係る」は「～の～」と言い換えてもいいほどの密接な関係を表し、法令では多用されています。

用例は、次のようになります。
【例】 本件に係る訴訟。施設建設に係る案件。保育所の施工に係る規定。

2 「掛かる」は、人や物に接触すること、ひっかかること、かぶさること、必要になること、始めることなど広範な意味で用いられます。
用例は、次のようになります。
【例】 絵が掛かっている。疑いが掛かる。毛布が掛かる。医者に掛かる。人手が掛かる。仕事に掛かる。

3 「架かる」は、二つの物の間の空中に浮かせて渡すことをいいます。
用例は、次のようになります。
【例】 橋が架かる。電線が架かる。木と木の間に綱が架かっている。

4 「懸かる」は、ぶらさがる、つないでおく、心にかけて忘れないなど、二つの物事が離れないような状態に置かれていることをいいます。
用例は、次のようになります。
【例】 三日月が中天に懸かる。風船が電線に懸かる。金メダルが懸かる。双肩に懸かる。気に懸かる。命を懸ける。生活が懸かっている。

［コメント］
「係る」以外の３語には、例えば、自動詞の「掛かる」に対して「掛ける」などと他動詞が存在しますので「掛かる」と送り仮名を送りますが、「係る」にはそのような対応する語がありませんので、活用語尾の「る」だけを送ることになります（**他動詞・自動詞**については、【あ】の項の［６］を参照）。このような送り仮名の違いにも注意しましょう。

［６］「陰」、「影」は、どう使い分けるのか？

1 「陰」は、物に遮られて光の当たらない場所、人目の届かない場所、比喩的に、人や物事の恩恵、背後の意味で用いられます。

用例は、次のようになります。
【例】 山の陰。日陰になる。木陰で遊ぶ。陰の実力者。お陰さまで助かっている。優勝は監督のお陰です。

2 「影」は、本来、光が通らないために出来る暗い部分のことですが、日、月、電灯などの光そのものを指したり、姿・形という意味で用いられたりします。
用例は、次のようになります。
【例】 影が後ろを付いてくる。影が映る。人影が見える。月の影。星影が美しい。遠くに島影が見える。火影（ほかげ）が漏れている。影も形も見えない。

［7］「過小」、「過少」は、どう使い分けるのか？

「過小」と「過少」は、どちらかが間違いというわけではありません。両方とも用語としてあり得るので、しっかりと使い分けましょう。

1 「過小」は、「過大」の反対語であって、物事が小さすぎることです。
用例は、次のようになります。
【例】 過小に評価されている。過小資本。

2 「過少」は、「過多」の反対語であって、物事の量が少なすぎることです。
用例は、次のようになります。
【例】 過少に見積もられている。過少申告。

［8］「科する」、「課する」は、どう使い分けるのか？

これらの用語は、公用文や法令において多用されていますが、誤用も散見されます。その意味するところは全く異なりますので、十分注意して使い分けましょう。

1 「科する」は、とがめることですが、具体的にいえば、法令違反行為に対して制裁を加えることを意味します。我が国では、法律で認められている刑事罰として、死刑、懲役・禁錮、罰金、拘留、科

料、没収があり、また、このほかに、民事罰、行政罰（過料）がありますが、これらの罰を加えることを「科する」といいます。

用例は、次のようになります。

【例】 禁錮３年の刑を科する。１０万円の罰金を科する。過料を科する。

2 「課する」は、割り当てることですが、具体的にいえば、税金や業務を義務として負わせることです。

ちなみに、行政機関の組織名である「○○課」の「課」も、このような意味から用いられている用語です。例えば、「総務課」は、総務的事務の所掌を課されているというわけです。

用例は、次のようになります。

【例】 税金を課する。業務を課する。制限を課する。宿題を課する。

[コメント]

条例の罰則規定で「第３条の規定に違反した者は、３万円以下の罰金を科する。」というような表記を時々見受けますが、これは間違いです。

前記の説明からすれば、これでよいように思われますが、罰則規定は法令違反を**処分する**ための具体的根拠となるものですから、罰則規定の文末は、その意味から必ず「……**に処する**」となりますので、注意しましょう。

[9] 「形」、「型」は、どう使い分けるのか？

1 「形」は、「かたち」という字訓の場合は物の外見、姿、顔つき、容姿などの意味で用いられ、「かた」という字訓の場合は形跡、抵当、担保などの意味で用いられています。つまり、読み方によって意味が異なるのです。

用例は、次のようになります。

【例】 形を整える。影も形もない。努力の結果を形にする。雲の形。形ばかりのお礼。跡形（あとかた）。借金の形（かた）。

2 「型」は、「かた、ケイ」の音訓のみで「かたち」という字訓はあ

りませんが、基になる形、手本の意味で用いられます。この意味から派生して、ひな型、模型、柔剣道などでの一定の動作、しきたり、慣例などの意味で用いられています。

用例は、次のようになります。
【例】 型どおり。型にはめる。鋳型。昔の古い型を破る。柔道の型を学ぶ。新型車。大型車。典型。

[コメント]
「形式」と「型式」は、共に「ケイシキ」と読みますが、その意味の違いは、「形式」がその内容よりも外形に注目して表現する場合に、「型式」は内容も含んでその基になる形に注目して表現する場合にそれぞれ用いられます。もっとも、「型式」のほうは「ケイシキ」ではなく「かたシキ」という読み方によって、「自動車や機械などの構造・外形による一定の型」という特別な意味で国語辞典に記載されています。

なお、英語でいえば、形は「フォーム」であり、型は「タイプ」ですから、「大形」といえば「目に見えるフォームが大きい」ことであり、「大型」は「同じタイプのもののうち大きなタイプのもの」という意味になります。

[10] 「固い」、「堅い」、「硬い」は、どう使い分けるのか？

これらの語はいずれも「かたい」ですが、なかなか使い分けが難しいものの一つです。ただ、これらの語の反対語はそれぞれ異なりますので、判断に迷ったらそれぞれの語の反対語を思い出して正しく使い分けていきましょう。

1 「固い」は、その反対語が「緩い」であって、全体ががっしりしていて強固で、形が変化しない状態をいいます。このような意味から比喩的に「固体・固執・頑固」などの熟語が存在します。
　また、「固い」、「堅い」、「硬い」の3語のうち、この「固い」だけに「固める、固まる」の動詞が存在することも念頭に置いておくとよいでしょう。

用例は、次のようになります。
【例】 地盤が固い。固い決心。固い団結力。固い信念。固くお断

りします。証拠を固める。決意を固める。粘土が固まる。

2 「堅い」は、その反対語が「もろい」であって、中がしっかり詰まって砕けにくい状態をいいます。このような意味から比喩的に「堅実・堅固・堅持」などの熟語が存在します。
　用例は、次のようになります。
　【例】　堅い木。堅い人。口が堅い。手堅い。義理堅い。つぼみが堅い。堅苦しい。決勝戦進出は堅い。

3 「硬い」は、その反対語が「軟らかい」であって、力を加えて変えようとしてもなかなか変えにくい状態をいいます。石偏の字であることが示しているように、石のように変形させにくい様子を意味しています。このような意味から比喩的に「硬化・硬直・硬派」などの熟語が存在します。
　用例は、次のようになります。
　【例】　硬い鉛筆。硬い石。硬いボール。硬い文章。表情が硬い。態度を硬くする。目付きを硬くされた。

[11]　「片寄る」、「偏る」は、どう使い分けるのか？

多くの国語辞典が「片寄る・偏る」を同じ見出しで掲げて、これらの意味の違いを明確にしていません。したがって、どちらも同じ意味で用いてもあながち間違いとまでは言えないのかもしれません。

しかし、表記が違うということは、何らかのニュアンスの違いを生じさせるものと言えます。ここでは、そのニュアンスの違いを述べておくことにします。

1 「片寄る」は、文字どおり、真ん中から外れて片方に寄ることと理解しておけばいいでしょう。つまり、「かたよる」ことが「良い・悪い」の問題ではない場合に用いられると考えてよいのではないでしょうか。
　用例は、次のようになります。
　【例】　ごみが隅に片寄る。数字が片寄っている。人口が都会に片寄っている。

かたよる―から（より）

2 「偏る」は、正しくなく、中正でなくまずい状態になること、公平ではないという意味で用いられます。
　　用例は、次のようになります。
　【例】　性格が偏っている。栄養が偏る。知識が偏る。取扱いが偏って不公平だ。評価が偏っている。希望者が偏って困っている。

［12］「……から」、「……より」は、どう使い分けるのか？

　「から」は、時を表す語に付いて行動の始点を表し、場所を表す語に付いて出発点を表します。これに対し、「より」はものの比較をする場合に用いる語で、この後にはものを形容する語が続きます。しかし、「より」もかつては動作の時間的・空間的な起点を表す意味で用いられてきましたので、世間一般では「5時より宴会を始めます」などと、「から」との混用が頻繁に行われています。
　話し言葉としては「5時から……」と言っているのに、文章にすると「5時より……」と書いて、特に疑問も感じていないように見受けられます。
　しかし、公用文においては、このような混用は禁じられています。「公用文改善の趣旨徹底について（依命通達）」（昭和27年4月4日内閣閣甲第16号）の「公用文作成の要領」の「第2　文体について」の項において、「**時および場所の起点を示すには、「から」を用いて、「より」は用いない。「より」は、比較を示す場合にだけ用いる。**」とあり、用例として「東京から京都まで・午後1時から始める。」などが示されています。
　戦後間もなく、なぜ、このような厳密な原則を示したのかと言えば、公用文は口語体を原則とし、文語体は原則として用いないとしたからです。「より」を動作の時間的・空間的な起点として用いるのは文語体の用法であり、しかも、口語体の中で「より」を起点に用いると誤読のおそれがあるからです。
　次の文章は「より」を起点に用いていますが、誤読のおそれはないでしょうか。
　「私は、女性議員より美しい花を頂き、とても感激しました。」
　「何とぞ、先生より適切な方がいらっしゃいましたら御紹介くださいますようお願いいたします。」

[13] 「皮」、「革」は、どう使い分けるのか？

1 「皮」は、動植物の外面を包んでいるもの、表皮のことです。比喩的に物事の内容、本質を覆い隠しているものについても用いられます。
   用例は、次のようになります。
   【例】 樹木の皮。虎の皮。面の皮が厚い。欲の皮が突っ張る。化けの皮。

2 「革」は、動物の皮をなめしたもの、なめしがわをいいます。つまり、皮そのものではなく、皮に手を加えてその製品の材料になるものをいいます。
   用例は、次のようになります。
   【例】 革の靴。革かばん。革の服。革製品。

[14] 「乾く」、「渇く」は、どう使い分けるのか？

1 「乾く」は、その反対語は「湿る」であって、水分や湿気がなくなること、比喩的に、感情がなく、優しさを欠く意味でも用いられています。
   なお、乾燥・乾杯などの熟語があります。
   用例は、次のようになります。
   【例】 干し物が乾く。空気が乾く。乾ききった心。乾いたものの見方、考え方。

2 「渇く」は、喉に潤いがなくなり、水が欲しくなること、比喩的に、あるものが欠けて心が満たされず、そのものを欲しくなることです。渇愛・渇水・渇望などの熟語があります。
   用例は、次のようになります。
   【例】 喉が渇く。渇きを覚える。母の愛情に渇いている。いい読み物に渇いている。

[15] 「○○観」、「○○感」は、どう使い分けるのか？

1 「観」は、まず、念を入れてよく見ること、心に深く考えることです。このことから、「○○観」という場合、○○についての見方、考え方、見解、観念などという意味で用いられています。
　用例は、次のようになります。
【例】　価値観。世界観。女性観。結婚観。人生観。主観。客観。

2 「感」は、まず、物事に触れて心が動くこと、また、その精神作用のことです。このことから、「○○感」という場合、○○についての心の動き、気持ち、感じなどという意味で用いられています。
　用例は、次のようになります。
【例】　解放感。季節感。期待感。孤独感。責任感。使命感。不信感。劣等感。優越感。

［コメント］
　○○観、○○感の「観」と「感」の使い分けは、前記のとおりですが、時にはその使い分けに迷う場合もあります。
　傾向として、感覚的な語については「○○感」が用いられ、そうでない語については「○○観」が用いられていますが、「責任」の取り方についてのものの考え方という意味なら「責任観」でもよさそうです。しかし、このような表現は慣例を外れており、適切とは言えません。
　ただ、「無常観」に対し「無常感」はあり得ます。「無常」についての仏教的な考え方であれば「無常観」であって、世の中の万物のはかなさを感じるという意味であれば「無常感」となるでしょう。

[16] 「肝腎」、「肝心」は、どう使い分けるのか？

　「肝腎」、「肝心」は、特に大切なこと、特に重要な状態のことです。肝臓と腎臓又は肝臓と心臓は共に人に大切なものと考えられたことから作られた熟語です。どちらかが間違いということではありませんが、法令では「肝腎」で表記するのが原則です（「法令における漢字使用等について」（平成22年11月30日内閣法制局長官制定）参照）。

かんじん

　したがって、法令に準ずる公用文においても「肝腎」のほうを用いるべきものと考えられます。

　実は、「腎」は旧常用漢字表にはなく、現行常用漢字表で初めて常用漢字として採用されました。それ以前は「肝心」を用いていましたが、法令がこれを機に「肝腎」に戻したということは、「肝腎」のほうが正字であるとの判断によるものと思われます。

【き】

［１］「器」、「機」は、どう使い分けるのか？

　「器」、「機」を用いた言葉は世の中にあふれています。したがって、これらを使い分ける場面は頻繁にありますので、しっかり心得ておくべきでしょう。

1　「器」は、容器や道具の意味で、「電熱器」や「消火器」のように単純な原理で変化を起こし、作用するものに用いられます。
　　用例は、次のようになります。
　　【例】　温水器。計量器。聴診器。変圧器。歩行器。補聴器。

2　「機」は、細かい細工を施して動くようにしたものの意味で、「テレビ受像機」や「洗濯機」のように複雑な手順を組み合わせたものに用いられます。
　　用例は、次のようになります。
　　【例】　印刷機。起重機。耕運機。写真機。掃除機。冷房機。録音機。

［コメント］
　「器」と「機」の使い分けについては、更に注意すべきことがあります（「言葉に関する問答集２」（文化庁）の「器」と「機」の説明による。）。
　それは、例えば、「拡声器」も「拡声機」も表記としてあり得るということです。
　ただし、「拡声器」はメガホンなど単純な構造で声を大きくするものを意味し、「拡声機」はマイク、アンプ、スピーカーなどを備えた複雑な構造で声を大きくするものを意味することになります。
　このような類いの語は他にもあります。そろばんや計算尺は「計算器」であり、電子式など複雑な構造で計算するものは「計算機」となります。
　また、「電話機」に対し、その一部の附属品は「送話器」であり「受話器」と書くことになります。

［２］「気運」、「機運」は、どう使い分けるのか？

1　「気運」は、時勢の成り行き、時運（トレンド）のことです。普通、時代の傾向など、人の力ではどうにもならない一般的な情勢をいいます。
　　用例は、次のようになります。
　【例】　戦争勃発の気運。国会解散の気運が高まる。復興の気運がある。

2　「機運」は、時の巡り合わせ、事を成し遂げるのにちょうどよい時期、時機（チャンス）のことです。
　　用例は、次のようになります。
　【例】　一大飛躍の機運が熟した。話合いの機運が到来した。和解の機運が生じてきた。なかなかその機運に恵まれない。

［コメント］
　新聞業界などでは、「気運」は用いず、「機運」で統一しているようですので、惑わされないよう注意が必要です。

［３］「聞く」、「聴く」は、どう使い分けるのか？

　法令や公用文では、原則として「聴く」のほうを用いることになっていますが、その理由をしっかり把握しておく必要があります。

1　「聞く」は、自然と音や声を耳に感じることです。つまり、自らきく気になってきくのではなく、きこえてくるというような場合に用いられます。
　　用例は、次のようになります。
　【例】　階下の物音を聞く。二階の話し声を聞く。聞き流す。聞いた覚えがある。音楽が聞こえてくる。祭りの太鼓の音が聞こえる。

2　「聴く」は、自らその気になって、身を入れてきくことです。つまり、きちんと自覚して音や声を「傾聴」することです。

きく

　　用例は、次のようになります。
　　【例】　研修で講義を聴く。審議会の答申を聴く。市民の意見を聴く。業者の要求を聴く。不服の理由を聴く。名曲を聴く。

　［コメント］
　　自ら意識してきく場合でも、慣例的表現で「聞き耳を立てる」、「盗み聞きする」、「聞きほれる」と「聞く」を用いる場合もありますので注意しましょう。
　　結局、「聞く」と「聴く」の使い分けは、きく人の態度に関わることですが、「市民の意見を聞く」では市民から叱られることになるでしょう。

［４］「効く」、「利く」は、どう使い分けるのか？

　1　「効く」は、効き目や効果が現れることです。
　　用例は、次のようになります。
　　【例】　薬が効く。宣伝が効く。説教が効く。アドバイスが効く。風刺の効いた漫画。冷房が効いている。

　2　「利く」は、本来の機能どおりに動く、可能である、思うどおりにうまくできるという意味で用いられ、また、「口をきく」という形で、ものを言う、他人のために口添えをするという意味で用いられます。
　　用例は、次のようになります。
　　【例】　左手が利く。腰が利く。小細工が利く。見晴らしが利く。頑張りが利く。融通が利く。機転が利く。顔が利く。ブレーキが利く。クーラーが利く。口を利く。口利きをする。

　［コメント］
　　「冷房が効いている」は冷房している効果が現れているという意味であり、「クーラーが利いている」はクーラーという機械の機能が十分発揮されているという意味です。両者は微妙な違いですが、どちらも適切な表現ということになります。この違いをよく理解しておくべきでしょう。

[5]「基準」、「規準」は、どう使い分けるのか？

1 「基準」は、基になる標準、物事を判断するときの基礎となる事柄です。行政機関などでは許可、認可等を行う場合の判断のよりどころなるものの意味で用いられます。
　用例は、次のようになります。
　【例】　環境基準。建築基準。許可の基準。認可の基準。基準日。

2 「規準」は、守るべき規律、従うべき規則のことです。「規」があることから分かるように、遵守すべき規範を意味しています。
　用例は、次のようになります。
　【例】　規準を遵守する。活動規準。審査の規準。

[6]「規制」、「規正」、「規整」は、どう使い分けるのか？

1 「規制」は、規則を定めて物事を制限することです。
　用例は、次のようになります。
　【例】　交通規制。入場を規制する。示威行為の規制。輸入を規制する。

2 「規正」は、規則により悪い点を直して正すことです。法令では「ある事柄を規律して公正な姿に当てはめる」の意のみに用いられています。
　用例は、次のようになります。
　【例】　政治資金規正法。電波の規正。

3 「規整」は、規律を立てて正しく整えることです。法令では「ある事柄を規律して一定の枠に納め整える」の意のみに用いられています。
　用例は、次のようになります。
　【例】　計器の規整。仮名遣いの規整。

［コメント］
　「規制・規正・規整」は、３語とも用語としては存在しますが、

現代においてはこれらのうち「規正・規整」はほとんど用いられません。ただし、書き間違いをしないように、意味の違いだけは把握しておきましょう。

ちなみに、法令においては、「規制・規正・規整」の3語は「規制」に統一して用いることとしています(「法令用語改正要領の一部改正について」(昭和56年10月1日内閣法制局総発第142号))が、なぜか「政治資金規正法」には依然として「規正」が残されています。真っ向から「規制」されたくないのかもしれません。

[7]「規定」、「規程」は、どう使い分けるのか?

「規定」、「規程」は、法令ではもちろん、一般公用文でも日常的に用いられる用語ですが、その意味の違いについては余りよく理解されていないように見受けます。間違いのないようにしっかり使い分けましょう。

1 「規定」は、法令の個別具体的な条項の定めのことをいいます。しがって、法令では条文中に多用されておりますが、その意味からして法令の題名に用いられることはありません(ただし、古い法令に僅かな例外がある。)。
　　用例は、次のようになります。
　　【例】 第○条の規定により……。第○条の規定に違反した者。第○条第○項の規定にかかわらず……。

2 「規程」は、個々の条項を指すのではなく、一定の目的で定められた一連の条項の総体のことをいいます。したがって、「規程」は、地方公共団体の訓令などの題名に多用されています。
　　用例は、次のようになります。
　　【例】 規則その他の規程を定めることができる。文書管理規程。決裁規程。公文例規程。

[8]「起点」、「基点」は、どう使い分けるのか?

1 「起点」は、その反対語が「終点」であって、物事が始まる所、出発点のことです。

用例は、次のようになります。
【例】 東北本線の起点。国道４号の起点。起点と終点の間。

2 「基点」は、距離を測ったり、円を描いたりする場合の基準となる地点や場所、また、考えや行動の基となる点のことです。
用例は、次のようになります。
【例】 東京駅を基点にして半径６０キロメートル以内。この考えが政治活動の基点となる。宗教観の基点。教育政策の基点。

［9］「寄付」、「寄附」は、どちらで書くのか？

「きふ」は、金品を公共団体や寺社などに贈ることですが、公用文や法令文では「寄附」と書くことになっています。
現行常用漢字表には、「付」、「附」の両者とも採用されていますが、公用文、法令文においては「附則・附属・附帯・附置・寄附」の５語については「附」を用いることになっているのです（「文部科学省用字用語例」（平成２３年３月））。これら５語にだけ「附」を用い、他の「ふ」の付く語である給付・付随などは全て「付」を用いて書くということです。
ちなみに、新聞・放送などでは、「附」は用いず、専ら「寄付」などと書いてありますので、惑わされないようにしましょう。

［10］「究明」、「糾明」は、どう使い分けるのか？

1 「究明」は、物事を徹底的に追求してその原因や道理を明らかにすることです。
用例は、次のようになります。
【例】 真相を究明する。原因を究明する。実情を究明する。

2 「糾明」は、犯罪、悪事、責任などを追及して明らかにすることです。
用例は、次のようになります。
【例】 陰謀を糾明する。容疑者を糾明する。関係者の責任を糾明する。

[11] 「強行」、「強硬」は、どう使い分けるのか？

1 「強行」は、障害、反対を押し切って無理に行うこと、思い切って行うことです。
   用例は、次のようになります。
   【例】 強行採決。演説会を強行する。強行策で乗り切る。

2 「強硬」は、自分の考えを強く主張して容易に態度を変えないことです。品詞の違いで言えば、「強行」が動詞で用いられるのに対し、「強硬」は形容動詞として用いられます（**形容動詞**については、【い】の項の［5］を参照）。
   用例は、次のようになります。
   【例】 強硬な反対論。強硬な意見。強硬手段。強硬に主張する。

[12] 「共同」、「協同」は、どう使い分けるのか？

1 「共同」は、二人以上の人が共通の目的を実現するために一緒に仕事をすることです。特に、二人以上の人が同一の資格又は条件の下で、共通の目的を実現するために一緒に仕事を行う場合に用いられることが多いと言えます。
   用例は、次のようになります。
   【例】 共同宣言。共同戦線。共同謀議。共同生活。共同墓地。共同体。

2 「協同」は、二人以上の人、一般的には、多くの人が心と力を合わせて、相互扶助などの事業を行うことです。
   用例は、次のようになります。
   【例】 協同組合。生活協同体。産学協同。協同して相互扶助事業を行う。

[13] 「局限」、「極限」は、どう使い分けるのか？

1 「局限」は、ものの範囲を狭く限ることです。「局限する」という動詞として用いられます。

用例は、次のようになります。
　　【例】　局限された地域。調査地域を局限する。問題を局限する。

　2　「極限」は、果て、終わり、限度のことです。物事がそれ以上の状態にはできないという限界点のことをいいます。品詞の違いで言えば、「局限」が動詞で用いられるのに対し、「極限」は名詞で用いられます。
　　用例は、次のようになります。
　　【例】　能力の極限。疲労の極限。力を尽くして極限に迫る。極限状況にある。

［14］「切る」、「斬る」は、どう使い分けるのか？

　1　「切る」は、刃物などで断つ、関係や縁を絶つ、期限を限る、真っ先になってする、終える、尽くす、回す、回転させるなど多様な意味で用いられます。
　　用例は、次のようになります。
　　【例】　野菜を切る。縁を切る。期限を切る。電源を切る。先頭を切る。使い切る。言い切る。カーブを切る。ハンドルを切る。

　2　「斬る」は、刃物で傷つけ、又は殺すことをいいます。また、比喩的に、徹底分析して中身をさらけ出す意味で用いられることがあります。
　　用例は、次のようになります。
　　【例】　刀で斬る。敵を斬り殺す。今日の世相を斬る。

［15］「極める」、「窮める」、「究める」は、どう使い分けるのか？

　1　「極める」（極まる）は、先がなくなる、終わりとなる、極限に達する、言い尽くすの意味で用いられます。熟語としては「極端」、「終極」、「極言すれば」などがあります。
　　用例は、次のようになります。
　　【例】　栄華を極める。見極める。山頂を極める。混乱を極める。遺憾の極み。道の極まる所。視界の極まる所。失礼極まる。

多忙極まる。感極まって泣く。口を極めて褒める。口を極めてののしる。

2 「窮める」（窮まる）は、行き詰まって苦しむ、身動きできなくなる意味で用いられます。熟語としては「窮乏」、「窮鼠（そ）猫をかむ」などがあって、これらは「窮」の意味をよく表しています。
　用例は、次のようになります。
【例】 進退窮まる。人生ここに窮まった。貧乏窮まる。物資が窮まる。

3 「究める」は、学問や芸道などを深く探り研究を尽くして、その真髄をつかむことです。熟語としては「学究肌」、「究明」などがあります。
　ちなみに、他動詞の「究める」に対応して自動詞の「究まる」という言い方はありません（**他動詞・自動詞**については、【あ】の項の［6］を参照）。
　用例は、次のようになります。
【例】 学問を究める。真相を究める。音楽を究める。

［16］ 「禁固」、「禁錮」は、どちらで書くのか？

　結論から言えば、公用文では「禁錮」と書きます。この表記が正字ですが、旧常用漢字表では「錮」は採用されていませんでした。
　したがって、以前は「禁固」と書いたり、「禁錮」と振り仮名を付けたりして表記してきました。しかし、現行常用漢字表で「錮」が新たに常用漢字として採用されましたので、現在は、振り仮名を付けずに「禁錮」と書くことができるようになっています。
　ちなみに、地方自治法第14条第3項では、いまだに「禁錮」の「錮」に振り仮名が付いていますが、これは「錮」が表外字であった頃の名残です。また、新聞などでは、現在も「禁固」を用いていますが、これは業界の用字用語のルールでしょうから、惑わされないようにしましょう。

【く】

[1] 「区切り」、「句切り」は、どう使い分けるのか？

1 「区切り」は、物事の一つのけじめ、土地などの境目、仕切りのことです。
　用例は、次のようになります。
　【例】　仕事の区切りがつく。宅地の区切りが不明瞭だ。

2 「句切り」は、詩や文章の言葉の切れ目のことです。
　用例は、次のようになります。
　【例】　文章の句切りには句読点を付ける。発音の句切りを明確にする。

[2] 「下さい」、「ください」は、どちらで書くのか？

　この使い分けについては、間違いが散見されますので、注意が必要です。
　「下さい」は、相手方に物事を請い求めるための丁寧な言い方として、**本来の動詞**として用いる場合の表記です。逆に言えば、このように本来の意味で用いる場合は、常用漢字であるかぎり、必ず漢字で書かなければなりません。
　用例は、次のようになります。
　【例】　お金を下さい。資料を下さい。本を下さい。

　一方、物事を請い求めるのではなく、相手方に何かをしてもらうために丁寧に懇願する意味を表す**補助動詞**としての「ください」は、必ず平仮名で書きます（**補助動詞**については、【あ】の項の［4］を参照）。
　この補助動詞としての「ください」の用例は、次のようになります。
　【例】　問題点を話し<u>てください</u>。ここを汚さない<u>でください</u>。

　前記のように、補助動詞は、「……て～～。」「……で～～。」というように、動詞の連用形に「て」又は「で」を付けて表現されています。

しかし、「御遠慮ください」のように「て」又は「で」を付けずに表現される場合もあります。この「ください」も補助動詞ですので、「御遠慮下さい」というように漢字で書くのは誤りです。日本語は、接頭語の「御」や「お」が付くと、本来、「御遠慮してください」と言うべきところの「して」が省略され、隠れてしまうのです。

［3］「酌む」、「くむ」は、どちらで書くのか？

　酒を容器から飲むための器に注ぎ入れるという意味の「酌む」は常用漢字にあって「酒を酌む」などと用いられ、比喩的にも人の心情、物事の実情を理解するという意味で「事情を酌んで対応する」「市民の心情を酌み取る」などと用いられています。
　ところが、酒に関係なく、本来、水など液体をすくい取って容器に入れるという意味で「水を汲む」などと用いられ、比喩的にも物事の情趣や本質を理解するという意味で「相手の気持ちを汲んでやる」「保守本流の流れを汲む」などと用いられていた「汲む」は常用漢字に採用されていませんので、漢字では書けません。
　そこで、どちらで書くのかという選択の問題になりますが、本来、水など酒以外の液体をすくい取って容器に入れるという意味で用いられていた「汲む」を当てるべき場合のみ「水をくむ」というように平仮名で書き、他は全て「酌む」を用いるという判断でいいと思われます。
　「水を酌む」と書いては字義の上でおかしいですから、酌量、参酌、晩酌などの熟語を念頭においてしっかり書き分けていきましょう。

［4］「来る」、「くる」は、どちらで書くのか？

　「来る」は、人や物事がこちらに近づくこと、季節、時間、順番などが巡って近づいてくることです。このような場合は、**本来の動詞**として「来る」と漢字で書きます。
　例えば、「こちらに向かって人が来ます」「やっと春が来ます。」「私の出番が来ました」という場合です。
　しかし、物事が近づいてくるという動作や動向を表すのではなく、物事の原因や由来などを表す場合などは平仮名で書きます。
　例えば、「注意不足からきた事故」、「働き過ぎからきた病気」、「戦争体験からきた逸話」、「そばときては目がない」など多種にわたりま

す。
　さらに、「……てくる」「……てきた」など、**補助動詞**として用いられる場合も多く、これも必ず平仮名で書きます（補助動詞については、【あ】の項の［4］を参照）。
　以上のように、「来る」と漢字で表記するのは、**動作・動向という本来の意味で用いる場合のみ**ですので、やたらに漢字を用いるのは誤りです。

［5］「訓示」、「訓辞」は、どう使い分けるのか？

1　「訓示」は、上位にある者が下位にある者に対して、物事を行う場合の心得などの注意事項を示すこと、また、そのような注意事項を示した書面のことです。動詞の「訓示する」と名詞の「訓示」が用いられます。
　　用例は、次のようになります。
　　【例】　市長が訓示する。訓示を掲示場に掲げる。

2　「訓辞」は、上位にある者が下位にある者に対して示す注意事項などのうち、口頭で言う言葉のことです。つまり、訓示する言葉を指します。これには、「訓辞」という名詞のみがあり、「訓辞する」という動詞はあり得ません。
　　用例は、次のようになります。
　　【例】　市長の訓辞を聴く。部長の訓辞が身にしみた。

［6］「群衆」、「群集」は、どう使い分けるのか？

1　「群衆」は、ある特定の場所に群がって集まった人々のことです。「群衆」の「衆」は人々のことですから、「群がった人々」という意味で、人間に関してのみ用いられます。
　　用例は、次のようになります。
　　【例】　数千人の群衆。群衆を扇動する。群衆に紛れる。

2　「群集」は、人や植物などが1箇所に群がり集まることです。「群衆」が名詞の形のみで用いられるのに対し、「群集」は、名詞のほかに「群集する」という動詞の形でも用いられます。

ぐんしゅう

用例は、次のようになります。
【例】 ファンが群集する。群集するデモ隊。珍しい植物の群集。

【け】

[1] 「軽率」、「軽卒」は、どう使い分けるのか？

　これらについては、書き誤りが多く見受けられます。それぞれ意味が異なりますので、注意が必要です。「軽率」な気持ちで書くと「軽卒」と書き誤るかもしれません。

　1　「軽率」は、軽はずみで浮ついていることです。要するに、不注意の意味で用いられます。「率」には「従う」「行う」などの意味がありますので、「軽率」で「軽はずみな行い」という意味になるのです。品詞としては、終止形が「軽率だ」という表記になる形容動詞です（**形容動詞**については、【い】の項の［5］を参照）。
　　用例は、次のようになります。
　　【例】　軽率な行い。軽率な市場判断。軽率な実行計画。

　2　「軽卒」は、身軽な装備をした兵士、身分の低い兵士という意味です。「卒」はしもべ、下級の兵士という意味であり、「軽率」と「軽卒」とは全く意味が異なります。似て非なるものですので、注意しなければなりません。品詞としては、「軽率」が形容動詞であるのに対し、「軽卒」は名詞です。
　　現代においては、「軽卒」の用例はほとんど見受けられませんが、例えば、次のように用いられることが考えられます。
　　【例】　軽卒を率いて戦う。残された部隊は軽卒だけだった。

[2] 「決裁」、「決済」は、どう使い分けるのか？

　この両者は、公用文作成の上でパソコン（ワープロ）の打ち間違いが多い用語の一つです。両者の意味の違いを承知していてもミスしやすい用語ですので、他の同音異義語と同様に打ち間違いに注意しましょう。

1 「決裁」は、最終的な決定権を持っている者又は機関がその下位にある者又は機関が提出してきた案件の可否を最終的に決することをいいます。
　用例は、次のようになります。
【例】 市長の決裁を仰ぐ。部長が決裁する。事務決裁規程。決裁済み文書。

2 「決済」は、代金を支払い、売買取引を終えることです。
　用例は、次のようになります。
【例】 取引を決済する。現金で決済する。貸借の決済。決済日。

[3]「決着」、「結着」は、どちらで書くのか？

　「決着」は、いろいろな経緯があった末に決まりを付けることです。一方、「結着」も、物事が決定する、決まりが付くという意味で用いられ、国語辞典のほとんどが見出しに両者を並べています。
　そこで、どちらを用いてもよいように考えられますが、「結着」は「結論・結末」などとの関連から後で俗に用いられるようになった語と考えられます。これを用いるよりも「落着」のほうがまだしも正当性があるように思われます。
　したがって、「決着」、「結着」のどちらを公用文に用いたらよいかということであれば、前者の「決着」ということになるでしょう。

[4]「研鑽」、「研さん」は、どちらで書くのか？

　「研鑽」は、物事の道理を深く調べ究めること、研究することです。これも、公文書では使用されることが多いと思われますが、「鑽」は表外字ですので、原則として公用文では用いることができません。
　したがって、「研さん」と書くか、又は「鑽」に振り仮名を付けて「研鑽さん」という表記の仕方で用いるということになります。

[5]「謙遜」、「謙そん」は、どちらで書くのか？

　結論から言えば、「謙遜」と全て漢字で書きます。
　「遜」は、旧常用漢字表では常用漢字として認めていませんでし

たが、現行常用漢字表で「ソン」の字音で新たに常用漢字として追加されたのです。
　したがって、公用文においては「謙遜」と全て漢字で表記することになります。
　なお、「謙遜」は、へりくだること、控えめに振る舞うことです。

【こ】

［１］「御……」、「ご……」は、どちらで書くのか？

　例えば、この接頭語の「ゴ」を付けて「ゴアイサツ」と書きたい場合は、どう書けばいいかについては、【あ】の項の［１］で述べたとおり、「御挨拶」というように、接頭語も含めて全部を漢字で書くのが原則となっています。

　「公用文における漢字使用等について」（平成22年11月30日内閣訓令第1号）に「次の接頭語は、その接頭語が付く語を漢字で書く場合は、原則として、漢字で書き、その接頭語が付く語を仮名で書く場合は、原則として、仮名で書く」という原則があり、「御案内」、「御挨拶」、「ごもっとも」という用例が示されています。

　ただ、これは「内閣訓令」という国の内部規律で示されている原則であって、直ちに地方公共団体までを拘束するものではありませんが、この規律を自団体の公用文表記の原則としている地方公共団体においては、この原則に拘束されることになります。

　確かに、「御挨拶」という表記では硬い感じを人に与えるので、ソフトな感じを出すために「ご挨拶」としたいという人もいるでしょう。どちらを採用するにしても、各原課あるいは職員によって「御挨拶」と書いたり、「ご挨拶」と書いたりして庁内で公用文の表記にばらつきがでるようでは困るので、総務課などの指示で統一を図る必要があります。

　用例は、次のようになります。
　　【例】　御報告します。御連絡します。御苦労をお掛けしました。
　　　　　御意見はごもっともと存じます。

［２］「請う」、「乞う」は、どう使い分けるのか？

　「請う」も「乞う」も、ほぼ同義であって、もとめる、ねがう、いのるという意味で用いられています。ほとんどの国語辞典が両者を同じ見出しで掲げており、意味の区別をしていません。

　ただ、「乞う」のほうは、旧常用漢字表になく、現行常用漢字表で

新たに常用漢字として採用されています。全くの同義であればその必要はなかったはずですが、多少のニュアンスの違いや慣例的な使い分けがあったことが新採用の理由であろうと推測されます。

1 「請う」は、許可、案内などを人にお願いする場合などに用いられています。
　　用例は、次のようになります。
　　【例】 許可を請う。紹介を請う。案内を請う。

2 「乞う」は、期待や慈悲などを願う場合などに用いられています。「請う」に比べ、ただお願いするというだけでなく、多少、祈りの気持ちが含まれているようなニュアンスがあります。
　　用例は、次のようになります。
　　【例】 乞う御期待。慈悲を乞う。食を乞う。

［3］「更正」、「更生」、「厚生」は、どう使い分けるのか？

これらの語は、公用文での使用頻度が高く、書き誤り、打ち誤りも散見されます。同音異義語の中でも十分注意すべき用語の一つです。

1 「更正」は、間違っているものを改め正すことです。役所においては、税金や登記などの誤りを正すことによく用いられます。
　　用例は、次のようになります。
　　【例】 税額の更正決定。登記を更正する。

2 「更生」は、生き返ること、精神的・社会的に立ち直ること、元の状態に戻ることです。
　　用例は、次のようになります。
　　【例】 更生保護。会社更生法。少年を更生させる。自力更生。

3 「厚生」は、民衆の福利を図ること、健康を維持し、生活を豊かにすることです。
　　用例は、次のようになります。
　　【例】 厚生年金。厚生施設。厚生労働省。福利厚生。

［4］「交替」、「交代」は、どう使い分けるのか？

　両者とも「かわること」ですが、微妙にその意味が異なりますので、しっかり使い分けていきましょう。

1　「交替」は、同一の仕事を時間を分けて順々に入れかわって行うことです。比較的短時間で何回でも行われるのが普通です。
　　用例は、次のようになります。
　　【例】　交替で勤務する。交替で運転していく。昼夜交替で働く。

2　「交代」は、前の人が行っていた仕事や役目を、別な人が代わって引き継ぐことです。この場合は、当事者間ではほぼ1回限りが普通です。
　　用例は、次のようになります。
　　【例】　部長が交代する。人事異動で係長が交代した。病気で主役が交代する。

　［コメント］
　　法令においては、「法令用語改正要領の一部改正について」（昭和56年10月1日内閣法制局総発第142号）において、「交代・更代・更迭」は「交代」に統一しています。
　　また、新聞業界は、「交替」、「交代」の意味の相違にかかわらず、一般的に「交代」を用いることにしていますので、惑わされないようにしてください。

［5］「広報」、「公報」は、どう使い分けるのか？

1　「広報」は、官公庁や企業などが、その業務・活動の内容について広く一般に知らせること、また、そのお知らせのことです。一種のPRと言えます。
　　用例は、次のようになります。
　　【例】　広報活動。広報担当。広報課。広報車。

2　「公報」は、官公庁などの公の機関が、法令等に基づき国民・住

民に周知すべき事項を公示するために発行する機関誌(紙)、また、その記載されている内容のことです。国の場合は「官報」と称して法令等を掲載し、都道府県や政令市などの大規模な市は「○○県公報」、「○○市公報」などと称して条例・規則等を掲載して発行しています。

その他の用例は、次のようになります。
【例】 衆議院公報。選挙公報。特許公報。公報で告示する。

[6] 「越える」、「超える」は、どう使い分けるのか?

これら両者は、同じ「こえる」でも全く意味が異なりますので、しっかり使い分けなければなりません。公用文や法令などでは使用頻度の高い用語ですが、使用誤りが散見されますので、注意が必要です。

1 「越える」は、ある場所や物体の上を過ぎて、その向こう側に行くことです。また、比喩的に、年や季節を過ぎ、又は困難な事柄を乗り切っていくという意味でも用いられます。更に転じて、引っ越す、お越しください、それに越したことはない、などと用いられています。

用例は、次のようになります。
【例】 山を越える。峠を越える。境界線を越える。難関を越える。年を越す。冬を越す。

2 「超える」は、ある一定の分量、限度、範囲を過ぎてその上に行くことです。また、比喩的に、現代を超える、人間の知能を超える、などと用いられます。熟語の「超越」は、正に、このような意味の語と解されます。

用例は、次のようになります。
【例】 10万人を超える。100リットルを超える。予想を超える。目標を超える。立場を超える。

[コメント]
「30日を超える」は、基準となる30日は含まず、それより上の日数を指します。ちなみに、「30日以上」は、基準となる30日を含んでその上の日数を指しますので、この場合の両者には1日

の差が生じることになります。
　したがって、公用文や法令でこれらの用語を使い間違ったら大変なことになりますので、注意が必要です。
　同じようなことが、「未満」と「以下」の場合にも生じます。「１０万円未満」は基準の１０万円を含まず、それより低い金額を指しますが、「１０万円以下」は基準の１０万円を含んでそれより低い金額を指すことになります。
　なお、「３０日を超えない」は「３０日以下（以内）」と、「３０日に満たない」は「３０日未満」と同じ意味と考えていいでしょう。

［7］「御存じ」、「御存知」は、どちらで書くのか？

　結論から言えば、「御存じ」が正しい。なぜなら、「存知」は当て字だからです。「存じ」は、動詞「存ずる」の連用形が名詞になったもので、これに敬意を表す接頭語の「御」が付いて「御存じ」となります。「御存じ」は、「存じ」の尊敬語で、相手が「知っていること」です。
　用例は、次のようになります。
　【例】　御存じのとおりです。御存じのことと思いますが……。

［8］「答える」、「応える」は、どう使い分けるのか？

1　「答える」は、他からの呼び掛けや問い掛けに対して、返事したり、説明をしたりすることです。
　　用例は、次のようになります。
　【例】　次の問いに答えなさい。「はい」と答えなさい。口答えするな。

2　「応える」は、他からの期待、要求又は歓迎に対して、それに見合うような活躍、活動又は行為をすることです。
　　なお、「応」については、旧常用漢字表では「オウ」の字音しかありませんでしたが、現行常用漢字表で「こたえる」の字訓が新たに加えられ、「応える」と漢字で書くようになりました。
　　用例は、次のようになります。
　【例】　国民の負託に応える。親の期待に応える。上司の信頼に応える。市民の要望に応える。市民の歓迎に応えて手を振る。

［9］「事」、「こと」は、どちらで書くのか？

1　この世に生起する事象・現象・事件、行為、行事など、全て「具体的な事柄」をいう場合は、実質的名詞としての「事」を用います。逆に言えば、この場合の「事」は、「事」だけで独立した本来の意味を持ちます。
　　用例は、次のようになります。
　【例】　それは昨年の事です。事あるときは。見付かったら事だよ。
　　　　　約束した事です。事を起こす。事に当たって。本当の事。

2　これに対し、抽象的な事柄を表す場合、活用する語の連体形についてその活用する語を名詞化する場合、形容詞の連体形に付いて副詞的な働きをする場合、文末に添えて約束や間接的な命令を表す場合は、「こと」と平仮名で書きます。この場合の「こと」は、本来の意味を失ったいわゆる形式名詞ですので、「こと」だけでは独立した意味を持つことはできません（**形式名詞**については、【う】の項の［6］を参照）。公用文の「こと」の大半は、これに該当します。
　　逆に言えば、このような独立し得ない「こと」を具体的で独立した意味を持つ「事」という漢字で書くと文意がおかしくなります。誤記が多いので、十分な注意が必要です。
　　用例は、次のようになります。
　【例】　そういうこと。あんなことになるとは。書くことができる。
　　　　　許可しないことがある。遅れたら早く歩くこと。未成年者はたばこを吸わないこと。

［10］「毎」、「ごと」は、どちらで書くのか？

　「毎」の音訓は「マイ」のみで、「ごと」という字訓はありません。したがって、「……のたびに」「どの……もみな」という意味の接尾語は「ごと」と平仮名で書くことになります。誤記が多いので注意が必要です。
　　用例は、次のようになります。
　【例】　日ごと。ページごとに。行き来するごとに。会うごとに。
　　　　　家ごとに。

[11] 「子供」、「子ども」は、どちらで書くのか？

　「供」は、常用漢字表にあり、「キョウ、ク、そなえる、とも」という音訓があります。したがって、「子供」と書くことができ、これが公用文や法令での表記の原則です。
　ただし、特に、市町村の行政機関の組織名などでは、「子ども」「こども」という表記を採用している場合が多く見受けられます。それは、「供」が「付き従う者・従者」という意味であることや人に硬い感じを与えるということから「供」が避けられているものと思われます。
　こういう表記は、独自の政策的選択による表記と言えますが、そうであれば、一般原則に反しているわけですから、庁内でその表記の政策的理由を明確にし、庁内で統一を図る努力をしなければなりません。そのような措置がなければ、表記の不統一が生じることになりかねませんので、注意が必要です。

[12] 「御無沙汰」、「ごぶさた」は、どちらで書くのか？

　旧常用漢字表にはなかった「沙」「汰」が現行常用漢字表で新たに常用漢字として採用されましたので、以後、全て漢字で「御無沙汰」と書くことになりました。
　用例は、次のようになります。
　　【例】　永らくの間、御無沙汰しております。御無沙汰しており誠に申し訳ありません。

[13] 「込む」、「混む」は、どう使い分けるのか？

　現行常用漢字表で新たに「混」に「こむ」という字訓が採用されましたので、以前、例えば、「込み合う」などと「込む」を用いて表記していた語も、混雑を意味するときは「混み合う」というように使い分けられるようになりました。

　1　「込む」は、そもそも「こむ・こめる」などの語のために作られた和製漢字で、そのため「込」には音読みがありません。一般に、動詞の連用形に付いて強調するために用いられたり、細密にわたる、

内部に入り込んで密度が高まるという意味で用いられたりします。
用例は、次のようになります。
【例】 打ち込む。思い込む。上がり込む。乗り込む。押し込む。積み込む。負けが込む。手が込む。仕事が立て込む。

2 「混む」は、人や物がいっぱいで混雑する、雑踏するなどの意味で用いられます。「混」の音訓は「コン、まじる、まざる、まぜる、こむ」となっています。
用例は、次のようになります。
【例】 電車が混む。混み合う店内。車で混み合っている道路。だんだん観客が混んできた。

[14] 「頃」、「ころ」は、どちらで書くのか？

結論から言えば、公用文では「頃」と漢字で書きます。
現行常用漢字表で「頃」が新たに常用漢字として採用されましたので、大体の時、機会又はころ合いを意味する「ころ」は漢字で書きます。公用文でもよく用いられますので、漢字で書いたり平仮名で書いたりして混ぜ書きをしないように注意しましょう。
用例は、次のようになります。
【例】 日頃。この頃。3日頃。桜の花の咲く頃。頃合いを見計らう。

【さ】

［１］「歳」、「才」は、どちらで書くのか？

　実は、この両者は、どちらで書くのかという選択の問題ではありません。ここに取り上げたのは、一般に、１０才、才入才出などとあて字で表記されていることが多いからです。
　「歳」は「とし」、「１年」の意味であり、「才」は「生まれつきの能力・素質」の意味で「才能、才覚、天才」などと用いられる語であって、全く異なる意味を持つ語です。
　したがって、年齢を表すのに「１０才」などと書くのは全くの俗用であって、公文書などでは許されません。ましてや、「才入才出」などという表記は意味不明というほかありません。
　年齢は、「２５歳」というように、日頃からしっかりと「歳」を用いて書きましょう。また、「才入才出」については、もちろん「歳入歳出」が正しい表記です。
　ちなみに、「年令」の「令」もあて字であって俗用にすぎませんので、しっかりと正字で「年齢」と書きましょう。

［２］「最小限」、「最少限」は、どちらで書くのか？

　結論から言えば、一つの熟語としては「最小限」しか存在しません。
　「最大限」の反対語は「最小限」であって、「最少限」ではありません。「最大」の反対語は「最小」であって、「最少」ではないからです。
　そもそも、例えば「出資金の最少限度額を設定する」というような表現はあっても、「最少限」という語は一つの熟語として存在せず、国語辞典の見出しにも出ていません。
　「最小限」は、それ以上切り詰めて小さくすることはできないという限度を表しています。「最小」は一定範囲のもののうち最も小さいことです。「最小限」、「最大限」は、大小で表現される比喩的な用法も含めて、事物の大小に関して用いられる語です。
　「最小」の用例は、次のようになります。
　　【例】　最小限度。最小公倍数。最小の単位。最小の惑星。世界最

小の鳥

　なお、「最少」の反対語は「最多」です。「最少」は一定の範囲のうちで最も少ないことであって、数や量に関して用いられます。
　「最少」の用例は、次のようになります。
　　【例】　最少限度。最少得点。最少の動員数。最少の損害。最少の金額。

[3]　「探す」、「捜す」は、どう使い分けるのか？

　1　「探す」は、欲しいものを見付け出そうとする、求める、尋ねることです。
　　用例は、次のようになります。
　　【例】　本を探す。職を探す。あらを探す。欠点を探す。特長を探す。土産物を探す。好きな服を探す。貸家を探す。デパートで新しい財布を探す。

　2　「捜す」は、見えなくなったもの、失くしたもの、居たはずの者を見付け出そうとすることです。
　　用例は、次のようになります。
　　【例】　犯人を捜す。落し物を捜す。迷子を捜す。行方不明者を捜す。うちの中を捜す。失くした財布を捜す。

[4]　「先に」、「さきに」は、どちらで書くのか？

　実は、これらはどちらで書くのかという選択の問題ではありません。名詞の「先」に助詞の「に」が付いた語である「先に」と副詞の単独語である「さきに」という語は、明確に使い分けることになっているのです。

　1　「先に」は、名詞の「先」に助詞の「に」が付いた語ですので、当然、「先」は漢字で書くことになります。
　　そこで、「先」は、前の部分、前方、前途、将来、相手、先方などと多様な意味で用いられます。
　　用例は、次のようになります。

【例】 先に立つ。庭先。店先。お先真っ暗。先様。訪れる先。先を争う。先駆け。先取り。先走り。先払い。先回り。先触れ先行き。先渡し。

2　副詞としての「さきに」は、この前、以前、かつてという意味で用いられ、漢字を当てれば「曩に」と書くべきものですが、「曩」は表外字ですので、平仮名で書くことになっています。
　この語は、公用文でも多用されますので、十分注意しなければなりません。
　用例は、次のようになります。
【例】 さきにお知らせしました○○の件。さきに御説明いたしましたように。

[コメント]
　「さきに」と同じように、名詞の単独語である「先頃」、「先ほど」なども過去を意味していますので、「先」は将来を意味したり、過去を意味したり、とかくやっかいな語です。
　「先頃」は、せんだって、この間、先日という意味で用いられ、「先ほど」は、先刻、少し前という意味で「先ほど申し上げたとおり」などと用いられています。

[5]　「裂く」、「割く」は、どう使い分けるのか？

1　「裂く」は、もともと一つのものを無理やり二つ以上に切り離すこと、強引に人の仲を引き離すことです。
　用例は、次のようになります。
【例】 布を裂く。仲を裂く。引き裂く。岩の裂け目。皮膚が裂ける。

2　「割く」は、刃物などで二つ以上に切り離すこと、分けて別の目的に使うこと、一つのものを分割することです。「割く」には無理やりというニュアンスはなく、一定の目的のために物事を分けるということであって、この点が「裂く」との大きな違いでしょう。
　用例は、次のようになります。
【例】 時間を割く。紙面を割く。人手を割く。三枚に割く。小遣いを割く。

[6]「作成」、「作製」は、どう使い分けるのか？

1 「作成」は、一般に、書類、図表、計画などを作ることです。
用例は、次のようになります。
【例】 公文書を作成する。予算案を作成する。条例案を作成する。設計図を作成する。実施計画を作成する。

2 「作製」は、機械など道具を用いて物を作ることです。
用例は、次のようになります。
【例】 掲示板を作製する。整理棚を作製する。柵を作製する。

［コメント］
「法令用語改正要領の一部改正について」（昭和５６年１０月１日内閣法制局総発第１４２号）では、「作成・作製」は「作成」に統一することにしていますが、現在、法令では「品物を作る」という意味の場合に限って「作製」を用いています。
なお、「作成・作製」を「作成」に統一することにしたのは、以前は、書類に関してだろうが品物に関してだろうが両者について統一を欠いていたからだろうと推測されます。

[7]「刺す」、「差す」、「指す」、「挿す」は、どう使い分けるのか？

1 「刺す」は、先のとがった針のようなものを突き入れる、突き通す、突っ込むことです。また、転じて、比喩的に厳しい状態を表す場合にも用いられます。
用例は、次のようになります。
【例】 刀を腹に刺す。蜂が刺す。畳を刺す。本塁で刺される。胸を刺す言葉。身を刺すような寒さ。

2 「差す」は、他の物の中に入れること、入り込むことです。また、強調の接頭語としても用いられます。
用例は、次のようになります。
【例】 腰に刀を差す。水にさおを差す。太陽の光が差し込む。水

を差す。傘を差す。杯を差す。差し置く。差し押さえる。差押え。差し障る。差し迫る。差し止める。差し支える（常用漢字表の付表で熟字訓として許容）。

3 「指す」は、指で物や方向を示す、その方向へ向かう、指定する、将棋をするという意味で用いられます。
　用例は、次のようになります。
　【例】 北の方向を指す。原野を指して進む。針が北を指す。名指しする。指し示す。将棋を指す。指図（さしず）。

4 「挿す」は、物の間に差し込む、植物の苗や茎を地面に植えることです。
　用例は、次のようになります。
　【例】 花瓶に花を挿す。かんざしを挿す。ばらを挿し木する。しおりを挿しておく。実話を挿しはさむ。挿絵。

[コメント]
　時折、新聞や一般文書で「日差し」、「日射し」などという表記を見受けますが、「日差し」は意味の上で必ずしも適確でなく、「日射し」の「射」には常用漢字表上「シャ、いる」という音訓だけで「さす」という字訓がありません。
　したがって、公用文では「日ざし」という表記をすることになっています。

[8] 「寂しい」、「淋しい」は、どちらで書くのか？

　「寂しい」は、物静かで心細い、ひっそりしている、理想的な状態ではなく物足りないことです。字訓は「さびしい」であって、「さみしい」は表外音訓になります。したがって、「さみしい」と表現したければ平仮名で書くべきです。
　「淋しい」も、一般に、「寂しい」とほぼ同様の意味で用いられますが、こちらは表外字ですので、公用文では用いることができません。
　「寂しい」の用例は、次のようになります。
　【例】 寂しい山道。寂しい生活。寂しそうな表情。懐が寂しい。

[9] 「様々に」、「さまざまに」は、どちらで書くのか？

　結論から言えば、公用文では「様々に」と書きます。
　「様々に」は形容動詞の「様々だ」の連用形で、いろいろ、種々という意味で用いられます。「様」の音訓は「ヨウ、さま」となっており、「様々に」は、当然、漢字で表記します。公用文では多用されていますので注意すべき用語と言えます。
　なお、**形容動詞**については、【い】の項の［5］を参照してください。
　用例は、次のようになります。
　　【例】　状況は様々に変化する。様々な意見がある。市民の様々な要望に応える。

[10] 「冷ます」、「覚ます」、「さます」は、どう使い分けるのか？

1　「冷ます」は、ひやす、消す、衰えさせることです。
　　用例は、次のようになります。
　　【例】　お湯を冷ます。興を冷ます。熱を冷ます。

2　「覚ます」は、眠りがさめるようにする、正気に返らせる、悟らせることです。
　　用例は、次のようになります。
　　【例】　目を覚ます。眠りを覚ます。迷いを覚ます。

3　「さます」は、本来、「醒ます」と書くべき場合に、「醒」が表外字であるため、平仮名で書くべきときの表記の仕方です。
　　用例は、次のようになります。
　　【例】　酔いをさます。

［コメント］
　「冷ます」、「覚ます」、「さます」はいずれも他動詞ですが、これらにはそれぞれ、「冷める」、「覚める」、「さめる」という自動詞があります（**他動詞・自動詞**については、【あ】の項の［6］を参照）。
　「冷める」の用例としては、「湯が冷める、料理が冷める、熱が冷

める」などがあります。
　「覚める」の用例としては、「目が覚める」などがあります。
　「さめる」の用例としては、前掲3に述べたように、「醒」が表外字であるため、「酔いがさめる」などがあります。
　さらに、「さめる」と平仮名で書くものとして、「色がさめる」などがあります。これは、本来、「色が褪める」と書くべきところ、「褪」が表外字であるためです。染色などが薄れて、濃かった色が薄い色になるという意味などで用いられます。

[11]　「更に」、「さらに」は、どちらで書くのか？

　結論から言えば、「サラニ」を副詞として用いる場合は「更に」と漢字で書き、接続詞として用いる場合は「さらに」と平仮名で書きます。これらの用語は、公用文で多用されますので、注意を要します。
　そこで、副詞の「更に」の用例は、次のようになります。
　【例】　更に検討する。更に速く走る。実施計画を更に早める。非難が更に激しくなった。

　また、接続詞の「さらに」の用例は、次のようになります。
　【例】　（行替えして、その行頭に置いて）さらに、次のように言い換えることができます。
　　　　（文と文のつなぎに置いて）○○は、我が市の行政の柱であります。さらに、その中の重点施策について御説明すれば、○○です。
　　　　（1文の途中に置いて）我が市の福祉行政を充実させ、さらに、多様にわたる制度の一元化を図ります。

[コメント]
　「公用文における漢字使用等について」（平成22年11月30日内閣訓令第1号）において、副詞は漢字を用い、接続詞は平仮名を用いる（「及び・並びに・又は・若しくは」の4語を除く。）ことを原則としています。
　もっとも、副詞は漢字で書くことを原則としていますが、その漢字は常用漢字であって、かつ、表外音訓でないものでなければならないことは言うまでもありません。

【し】

［１］「試合」、「仕合」は、どう使い分けるのか？

　「しあい」は、簡単に言えば、お互いに「〇〇し合う」からきた言葉です。しかし、「試合」、「仕合」と表記が異なれば、その意味のニュアンスが少し異なってきます。

　１　「試合」は、スポーツ競技などにおいて一定のルールの下で互いに技能の優劣を競い合うことです。
　　　用例は、次のようになります。
　　【例】　野球の試合。国際試合。試合に勝つ。試合に出場する。

　２　「仕合」は、一定のルールもなく入り乱れて争うことで、一般に「泥仕合」という表現に限って用いられます。「泥仕合」とは、泥にまみれて争うことですが、転じて、互いの秘密や弱点、失敗などを暴露し合い、醜く争うこと、また、その争いのことです。
　　　用例は、次のようになります。
　　【例】　泥仕合の様相を呈する。組んずほぐれつ泥仕合。骨肉相争う泥仕合。

［２］「時期」、「時機」は、どう使い分けるのか？

　１　「時期」は、期間・期限など、一定の区切られた時のこと、一定の物事を行う時のことです。
　　　用例は、次のようになります。
　　【例】　入学や卒業の時期。種まきの時期。田植えの時期。時期が
　　　　　早い。時期尚早。時期遅れ。

　２　「時機」は、ある事をするのにちょうどよい時、頃合い、潮時、チャンスのことです。
　　　用例は、次のようになります。
　　【例】　時機をうかがう。時機を逸する。絶好の時機。時機到来。

[コメント]
　「時機」と同じような意味の語として「時宜（じぎ）」があります。この「時宜」は、ある事をする時期として誠に当を得ているという意味で、「時宜を得た」「時宜にかなった」というような限られた表現で用いられています。

［3］「指向」、「志向」は、どう使い分けるのか？

1　「指向」は、一定の方向を目指して向かうことです。その物の性質として一定の方向性を持っている場合に用いられます。人の心の動きや精神的なものでない点で「志向」とは異なります。
　　用例は、次のようになります。
　　【例】　指向性アンテナ。指向性マイク。北極を指向する。

2　「志向」は、心が一定の目標に向かって働くこと、志して向かうことです。もともと哲学用語であったもので、心や精神の方向性を表す用語として用いられています。
　　用例は、次のようになります。
　　【例】　文学志向。東京志向。保守志向。民主社会を志向する。

［4］「静まる」、「鎮まる」は、どう使い分けるのか？

1　「静まる」は、物音や動きが自然となくなること、気持ちが落ち着いてくることです。人為的でなく自然と静かになる点で「鎮まる」と異なります。
　　用例は、次のようになります。
　　【例】　嵐が静まる。波が静まる。心が静まる。気が静まる。静まり返る。

2　「鎮まる」は、騒ぎや乱れがなくなることです。何らかの人為的な抑制が加わってその状態になる点で「静まる」とは異なります。また、文語的には「鎮座」の意味でも用いられました。
　　用例は、次のようになります。
　　【例】　内乱が鎮まる。騒ぎが鎮まる。痛みが鎮まる。神鎮まる所。

［5］「従って」、「したがって」は、どちらで書くのか？

　「公用文における漢字使用等について」（平成２２年１１月３０日内閣訓令第１号）において、接続詞は、語句と語句をつなぐ接続詞である「及び・並びに・又は・若しくは」の４語を除き、平仮名で書くことを原則にしています。
　このことから、接続詞としての「したがって」は、当然、平仮名書きとなります。
　「従う」という動詞の活用形で「○○に従って」と漢字で書くことから、接続詞の場合も漢字で書くという誤解があって、誤りが多いので注意が必要です。
　接続詞としての「したがって」の用例は、次のようになります。
　【例】　今年度は税収が減少する予測である。したがって、緊縮財政とならざるを得ない。

［6］「実情」、「実状」は、どう使い分けるのか？

1　「実情」は、「情」が人間の心の内面的な動きのことであることから、内面的に見た本当の有様、物事の内面的な有様のことです。
　用例は、次のようになります。
　【例】　実情を訴える。実情に合わない。実情に詳しい。

2　「実状」は、「状」が外面的な形、様子などを意味することから、外見的に見た本当の有様、物事の外見的な有様のことです。
　用例は、次のようになります。
　【例】　実状に即する。実状の視察。実状に合わない施策。

　［コメント］
　「実情」と「実状」は、本来、意味の異なる別の語ですが、新聞や放送では「実情」に統一して用いられています。
　厳密に使い分けるためには、「実情」は実際の事情のことであって、「実状」が実際の状態のことであるという意識をしっかり持っていることが大事と言えます。

[7] 「実態」、「実体」は、どう使い分けるのか？

1 「実態」は、「態」が姿、様子、有様を意味することから、実際の姿、実際の様子、実際の有様のことです。物事について、その状態や情勢を調べて明らかにしたい場合などに用いられます。
　用例は、次のようになります。
【例】 行政執行の実態。利用状況の実態。学校教育の実態。実態調査。

2 「実体」は、「体」が本体、内容そのものを意味することから、物事の本体、本質のことです。物事について、その本体や本質を問い、明らかにしたい場合などに用いられます。また、哲学用語として、不変の本質的存在の意味で用いられています。
　用例は、次のようになります。
【例】 宇宙の実体。教育の実体。生命の実体。実体に迫る。

[8] 「自任」、「自認」は、どう使い分けるのか？

1 「自任」は、ある事を引き受けたり、ある存在であったりすることについて、自分はそれにふさわしい能力、資質、資格を持っていると思うことによって、自分に誇りを持っているというような意味で用いられることが多いと言えます。他人がそれを認めているかどうかは、必ずしも問いません。
　用例は、次のようになります。
【例】 第一人者だと自任している。行政職員をもって自任している。日本一の為政者と自任している。芸術家と自任している。適任と自任している。

2 「自認」は、文字どおり、自分がそうであると認めることですが、その認める内容が余りよくない場合に用いられる場合が多いと言えます。
　用例は、次のようになります。
【例】 不得手だと自認している。失敗を自認する。悪癖と自認している。

[9] 「事務引継ぎ」、「事務引継」は、どちらで書くのか？

　これは送り仮名の問題です。つまり、「事務引継ぎ」というように、「ぎ」を送るのか、送らないのかという問題です。
　結論から言えば、「じむひきつぎ」の場合は、「事務引継」というように「ぎ」を送らない原則です。
　「法令における漢字使用等について」（平成22年11月30日内閣法制局長官制定）に、「複合の語」（2以上の単語で構成される語）について、慣用が固定している語として「ぎ」を送らない原則の用例が示されています。
　ただし、「事務」を付けないで、単に名詞として「ひきつぎ」と書くときは「引継ぎ」と「ぎ」を送って書き、複合の動詞として書くときは「引き継ぐ」というように送り仮名を一切省略しないで書くのが原則です。
　このようにやや複雑ですが、複合の名詞の場合は、特別な原則がありますので注意が必要です。
　なお、他の「複合の語」の送り仮名の原則については、前掲の「法令における漢字使用等について」の「複合の語」の項を参照してください。

[10] 「締める」、「絞める」は、どう使い分けるのか？

1　「締める」は、固く結ぶ、緩んだものをきちんとすることです。比喩的に、合計する、厳しく取り締まる、節約するなどの意で用いられます。
　　用例は、次のようになります。
　【例】　帯を締める。ねじを締める。心を引き締める。売上げを締める。締め切る。締め付ける。家計を締める。手締め。元締め。

2　「絞める」は、ひも等で強く縛る、くくることです。「締める」と異なるところは、強く圧迫することで、生命や機能、形態を損なうような形でしめる点です。
　　用例は、次のようになります。
　【例】　首を絞める。喉を絞める。鶏を絞める。絞め殺す。

［コメント］
「しめだす」はどう書くのか。
　玄関やドアが想定される家や部屋などへ入れないということであれば「閉め出す」ですが、一定の組織などに入れないということであれば「締め出す」であり、「○○協会から締め出す」というような表記になります。
　また、「閉める」は、「戸を閉める」というように、開いているものを閉じることですが、「とじまり」は「戸閉まり」ではなく「戸締まり」と書くので注意が必要です。単に戸を閉じるのではなく、人を締め出すという意が込められているものと思われます。

［11］「重体」、「重態」は、どちらで書くのか？

　負傷や病気などで、その程度が重く生命に関わるような状態になっていることを「じゅうたい」といいます。
　一般の国語辞典では、いずれも「重体・重態」という見出しで同じ意味を持つものとして掲げています。なぜなら、「体」は、本来、「からだ」の意ですが、転じて「形、様子、有様」という意もあり、「態」と同じ意を持つからです。
　それにしても、「重体」、「重態」のどちらで書くのか。
　新聞、放送では「重体」に統一しており、かつて、国語審議会でも、「重体（重態）」という形で示したことから、画数の少ない「重体」が一般的に用いられるようになったという経緯があります。
　なお、「重体」と紛らわしい語に「重傷」、「重症」がありますが、こちらは負傷、病状の程度が重いという意であって、生命に関わるような状態かどうかまで表しているものではありません。

［12］「周知」、「衆知」は、どう使い分けるのか？

１　「周知」は、一般に広く知れ渡っている、広く知っている、広く知らせることです。
　　用例は、次のようになります。
　　【例】　周知の事実。周知のとおり。全員に周知させる。

2 「衆知」は、多くの人々の知識、知恵のこと、また、多くの人々が知っていることです。
　用例は、次のようになります。
【例】　衆知を集める。衆知の話。

[13] 「修得」、「習得」は、どう使い分けるのか？

1 「修得」は、学問や技術を修めて身に着けることです。教育機関・研修機関で体系的に組まれた学問、技術の単位や課程を履修し終わった場合に用いられます。
　用例は、次のようになります。
【例】　教育課程を修得する。電気技術コースを修得する。単位を修得する。

2 「習得」は、学問や技術を習って覚え、身に着けることで、実地に繰り返して行って外国語や特殊技能などを覚える場合に用いられます。
　新聞や一般では、この「習得」のほうを用いるのが普通です。
　用例は、次のようになります。
【例】　英会話を習得する。操船技術を習得する。柔道を習得する。書道指導者資格を習得する。

[14] 「収用」、「収容」は、どう使い分けるのか？

1 「収用」は、取り上げて使うこと、（法律用語として）公用のため特定物の所有権を強制的に取り上げて、国家又は公共団体に移すことです。
　用例は、次のようになります。
【例】　土地を収用する。強制収用する。建物収用のための補償。土地収用法。

2 「収容」は、人や物品を一定の場所に収め入れること、（法律用語として）犯罪者を刑務所に入れることです。
　用例は、次のようになります。
【例】　病院に収容する。刑務所に収容する。収容人員。強制収容所。

[15] 「修了」、「終了」は、どう使い分けるのか？

1 「修了」は、学問や技術を学んで、決められた課程や単位の全部を修め終えることです。
　用例は、次のようになります。
　【例】　義務教育を修了する。専門課程を修了する。修了証書。

2 「終了」は、一定の時間や期間が終わること、計画された一連の物事の全部が終わることです。
　用例は、次のようになります。
　【例】　会議が終了した。今日の仕事が終了した。市民祭りが終了した。

[16] 「修行」、「修業」は、どう使い分けるのか？

1 「修行」は、「シュギョウ」と読み、そもそも仏教用語として仏の道を身に着けて悟りを開くために懸命に努力する意味で用いられます。転じて、技芸、武道を身に着けるために、修行僧のように懸命に努力する意味でも用いられています。
　用例は、次のようになります。
　【例】　仏道を修行する。剣道を修行する。武者修行。修行者。

2 「修業」は、学問、技芸、職業などを習い修めて身に着けることです。
　ただし、職業的な技術や芸事などを身に着ける場合は、「修行」に倣って「修業」を「シュギョウ」といい、学問や技芸など一定の課程に精通しようとするような場合は、「修業」の本来の読み方で「シュウギョウ」というのが一般的です。同じ「修業」でも読み方が異なる点に注意が必要です。
　用例は、次のようになります。
　【例】「シュギョウ」――師について修業する。板前修業。花嫁修業。
　　　　「シュウギョウ」――学問を修業する。イタリア音楽を修業する。修業証書。修業年限。

[17] 「主催」、「主宰」は、どう使い分けるのか？

1 「主催」は、催し物、行事、会合などを主体となって開催すること、また、その団体や人物のことです。
用例は、次のようになります。
【例】 市主催の市民祭り。運動会の主催者。主催責任者。主催団体。

2 「主宰」は、多くの人々を組織し、その先頭に立ち、中心となって物事を運営すること、また、その人物のことです。
用例は、次のようになります。
【例】 劇団を主宰する。同人誌を主宰する。縄文研究会を主宰する。会の主宰者となる。

[18] 「趣旨」、「主旨」は、どう使い分けるのか？

1 「趣旨」は、話、文章などで述べようとすることの全体の趣き、大事な内容、また、物事を行ったり、行おうとしたりする事情、理由、目的のことです。
用例は、次のようになります。
【例】 開催の趣旨。設立の趣旨。趣旨に反する行為。この条の趣旨。趣旨の説明。条例制定の趣旨。政策の趣旨。

2 「主旨」は、文章、話、意見などの中心となる事柄、中心となる内容、骨格となっている考え方のことです。「趣旨」よりも更に幅が狭く物事の中心にある内容を意味するものです。
用例は、次のようになります。
【例】 次の文章の主旨を１０字以内で述べよ。立案の主旨。判決理由の主旨。彼の多様にわたる意見の主旨。

[19] 「受章」、「受賞」は、どう使い分けるのか？

1 「受章」は、勲章、褒章、記念の記章など「章」の付いたものを受けることです。具体的には、文化勲章や菊花・宝冠・旭日・瑞宝などの勲章、紅綬・緑綬・藍綬・紺綬・黄綬・紫綬などの褒章を

受ける場合に用いられます。
用例は、次のようになります。
【例】 文化勲章を受章する。紅綬褒章の受章者となる。紫綬褒章受章者資格。

2 「受賞」は、賞状、賞金、賞杯、賞詞など「賞」の付いたものを受けることです。
用例は、次のようになります。
【例】 ノーベル賞を受賞する。直木賞を受賞する。優等賞を受賞する。1等賞を受賞する。

［コメント］
授けるほうからの用語としては、「授章」、「授賞」があり、その使い分けは前掲1、2に従います。
また、用語として「授章式」、「授賞式」はありますが、「受章式」、「受賞式」はありません。
いずれにしろ、この項に掲げた用語を公用文に用いる場合は、用字に十分注意しなければなりません。
なお、「顕彰」は、善行や功績を明らかにして世間に広く公表することですが、文化勲章などを授与する場合は「顕彰式」が用いられます。

［20］「需要」、「需用」は、どう使い分けるのか？

1 「需要」は、本来、求め要求することですが、一般に、「供給」の反対語として、商品買入れの希望又はその社会的総量の意味で用いられています。
用例は、次のようになります。
【例】 需要と供給の関係。青物野菜の需要が増える。財政需要。

2 「需用」は、用途に従って購入して用いることです。一般に、電気、ガス、水道関係の使用について用いられています。
用例は、次のようになります。
【例】 需用費。需用者。需用者負担。需用電力。

[21] 「準」、「准」は、どう使い分けるのか？

1 「準」は、それに次ぐもののことで、ある事柄や行為に準じたものや行為に対して用いられます。
　用例は、次のようになります。
　【例】　準決勝。準優勝。準社員。準会員。準急。準用する。

2 「准」は、正式なものに次ぐことで、身分や資格として、その次の地位にあるものに名付けた名称に用います。
　なお、「准」は、許す、承認するという意味でも用いられています。
　用例は、次のようになります。
　【例】　准教授。准将。皇族に准ずる。条約の批准。

[22] 「遵守」、「順守」は、どちらで書くのか？

　結論から言えば、公用文においては「遵守」を用います。「遵守」は、法令、道徳、道理に従い、それを守ることです。
　用例は、次のようになります。
　【例】　法令を遵守する。交通規則を遵守する。条約を遵守する。

　なお、新聞や放送は、「遵守」に代えて「順守」を用いることにしており、また、「遵法」も「順法」と表記しています。
　これは、昭和２９年３月に、当時の国語審議会が「当用漢字表」の補正を検討する資料を作成して文部大臣に報告した際、その「当用漢字表」から削除すべき語の候補の中に「遵」が含まれていたので、新聞・放送では「遵」の代わりに「順」を用いることを決定したことによります。
　しかし、結果として「遵」は削除されずに、現行常用漢字表でも従前どおりの用法で存在し続けているのです。
　「順守」が正字であると勘違いしている人が多いので、注意しなければなりません。

[23] 「状況」、「情況」は、どう使い分けるのか？

1 「状況」は、ある事物の目に見える有様、様子のことで、物事を外面的に捉えた場合の有様、様子のことをいいます。
　用例は、次のようになります。
　【例】 進行状況を報告する。状況判断を誤るな。状況報告を行う。状況が変化してきた。

2 「情況」は、その時のありのままの有様、様子のことで、物事を内面的に捉えた場合の有様、様子のことをいいます。
　用例は、次のようになります。
　【例】 情況証拠。身体の情況。

［コメント］
　「状況」と「情況」は、前記のように微妙な意味の違いがあるのですが、「法令用語改正要領の一部改正について」（昭和５６年１０月１日内閣法制局総発第１４２号）では「状況・情況」は「状況」に統一して用いることにしています。
　このようなことから、公用文においても、刑事訴訟関係の用語で、「確かな事実の証言や文書・物件に基づかず、状況によって推定した証拠」を意味する「情況証拠」という語以外は、「状況」を用いることにしても問題ないものと考えます。

[24] 「召集」、「招集」は、どう使い分けるのか？

1 「召集」は、本来、地位の高い者が自分よりも地位の低い大勢の人を呼び集めること、つまり、召し集めることです。現在では、憲法第７条に基づいて、天皇が国事行為として国会を召集する場合に限って用いられています。
　したがって、地方議会や委員会などに用いることはありませんので、くれぐれも注意しなければなりません。
　用例は、次のようになります。
　【例】 国会を召集する。１０月に召集される臨時国会。召集令状。

2 「招集」は、多くの人を招き集めることです。地方議会、行政委員会、株主総会などの構成員に対し集合を要求する場合などに用いられます。

　用例は、次のようになります。
　【例】 市議会を招集する。審議会委員を招集する。役員を招集して会議を開催します。選手に招集通知を出す。

[25] 「上手」、「じょうず」は、どちらで書くのか？

　結論から言えば、公用文では「上手」というように漢字で書きます。
　「上手」とは、物事に巧みなこと又はその人をいいます。品詞としては、終止形が「上手だ」という形容動詞になります。
　常用漢字表の付表に熟字訓(特別な読み方をする熟語)として、現在、１１６語が掲げられており、「上手」もこの中にあるのです。
　「上手」がここに掲げられている関係で、その反対語の「下手」も「へた」という読み方で掲げられていますので、こちらも漢字で書くことになります。
　この常用漢字表の「付表」にも目を通しておきましょう。

[26] 「食料」、「食糧」は、どう使い分けるのか？

1 「食料」は、文字どおり、食べ物の材料の意であり、特に、主食以外の野菜、果物、肉類、魚類、調味料などを指します。
　用例は、次のようになります。
　【例】 生鮮食料品。食料品売場。食料品店。

2 「食糧」は、文字どおり、食用とする糧の意であり、特に、米や麦などの主食のことです。
　用例は、次のようになります。
　【例】 食糧の自給率。食糧事情。食糧生産。

［コメント］
　「食料」と「食糧」の本来の意味から区別すれば、前記のようになりますが、一般に、このように単純明快に使い分けられているわけではありません。

現に、米、麦などの主食と主食以外の食品を含めて表現する場合、どう書くのかという問題があります。

これについては、一般に、「食料」で食品全般を表し、「食糧」で穀物を中心とした主食品を表すという傾向にあると言えます。

このようなことから、現在、「食料」は、狭義と広義の両方の意味で用いられているということができます。

ただし、「食糧庁」などの固有名詞、食糧管理制度などの法令・行政用語については、「食糧」を広義で用いているものと考えられます。

[27] 「所帯」、「世帯」は、どう使い分けるのか？

1 「所帯」は、もともと、一身に帯びるものの意ですが、現在は、一戸を構えて独立の生計を営むこと、また、住居及び生計を共にする者の集団のことをいいます。
   用例は、次のようになります。
   【例】 所帯を持つ。所帯が苦しい。所帯持ち。女所帯。男所帯。

2 「世帯」は、法令に基づき役所に届けてある一家の人的構成をいいます。「ショタイ」と誤読されて、「所帯」と混用される場合もありますが、「世帯」は公的な場合に用いるのが普通です。
   用例は、次のようになります。
   【例】 世帯主。世帯数。世帯調査。世帯の代表者。

[28] 「処置」、「措置」は、どう使い分けるのか？

1 「処置」は、物事を取り計らって決まりをつけること、病気や傷などの手当をすることです。
   用例は、次のようになります。
   【例】 適切な処置をとる。虫歯を処置する。応急処置。

2 「措置」は、事柄の決まりをつけるために取り計らう、その方策や手続のことです。国語辞典には、「措置」と「処置」がほぼ同意のように記されていますが、共通するのは「物事の始末をつける」という点だけであって、「処置」が手当などの具体的な行為そのも

のを意味する反面、「措置」は手当などの方策や手続を意味する点で異なります。

用例は、次のようになります。

【例】 措置を講ずる。適切な措置を執る。予防措置。

[29] 「所用」、「所要」は、どう使い分けるのか？

これらの語は、意味の違いは明確ですが、承知していても、書き違い、打ち違いが生じやすい語ですので、注意が必要です。

1 「所用」は、用事、用件のことです。
  用例は、次のようになります。
  【例】 所用のため出席できません。所用で出掛けます。所用を済ませました。

2 「所要」は、必要なこと、必要なもののことです。
  用例は、次のようになります。
  【例】 所要時間。所要の書類。所要経費。

[30] 「仕分」、「仕訳」は、どう使い分けるのか？

1 「仕分」は、物事を区分すること、種類、用途、宛先などによって分類、整理することです。
  なお、公用文においては、名詞として用いる場合は、「仕分け」と「け」を送りません。「法令における漢字使用等について」（平成22年11月30日内閣法制局長官制定）の「複合の語」の項に送り仮名を省略するという用例が示されています。
  用例は、次のようになります。
  【例】 品物を仕分ける。商品を仕分ける。郵便物の仕分。在庫の仕分。

2 「仕訳」は、簿記上の取引を貸方と借方に分けて、各勘定科目を決めて記入することです。
  用例は、次のようになります。
  【例】 貸借の仕訳。仕訳帳。仕訳日記帳。

[31] 「斟酌」、「しんしゃく」は、どちらで書くのか？

　「斟酌」は、相手の心情や事情などを十分に考慮して、程よく取り計らうこと、手加減して取り扱うことですが、「斟」が表外字であるため「斟酌」と書けません。
　したがって、公用文においては、「しんしゃく」と全て平仮名で書くことになります。
　なお、「斟酌」とほぼ同趣旨で、漢字で書ける「参酌」が用いられていることがありますが、「参酌」は「他と照らし合わせて参考にする」という意味で、必ずしも同じ意味ではありません。

[32] 「侵食」、「浸食」は、どう使い分けるのか？

1　「侵食」は、人や植物など（水や風の類い以外のもの）が他の勢力範囲をだんだんに侵し損なうこと、他の勢力範囲にだんだんに食い込むことです。「侵」と「浸」の「偏」の違いに注目して、使い分けに注意しなければなりません。
　　用例は、次のようになります。
　　【例】　領土を侵食する。領分を侵食する。勢力範囲を侵食された。

2　「浸食」は、水がしみ込んで、だんだんに損なうことです。地学上、風や雨水、流水が地盤や岩石を削っていく現象をいいます。
　　用例は、次のようになります。
　　【例】　海岸が浸食される。護岸が浸食される。波が岸壁を浸食する。

[33] 「心身」、「身心」は、どちらで書くのか？

　結論から言えば、現在、法律、新聞等も「心身」を用いています。
　一般に、「身も心も……」という言い方がありますので、「身心」でもよさそうですが、公用文では「心身」を用いるべきでしょう。
　用例は、次のようになります。
　　【例】　心身の健全に努める。心身の故障のため。

なお、「心神」という語がありますが、こちらは「精神」と同義であって、法律用語として「心神耗弱者、心神障害者、心神喪失者」などの用例があります。

[34]「申達」、「進達」は、どう使い分けるのか？

「申達」と「進達」は、同じ読み方ですが、全く「達」の方向が逆になりますので、注意しなければなりません。

1 「申達」は、上級官庁から下級官庁へ文書で命令を下すことです。
 用例は、次のようになります。
 【例】 指示を申達する。措置命令を申達する。

2 「進達」は、下級官庁から上級官庁に対し、一定の事項を通知し、一定の書類を届けることです。
 用例は、次のようになります。
 【例】 法律に基づき必要書類を進達する。進達を怠ってはならない。

[35]「進捗」、「進ちょく」は、どちらで書くのか？

「進捗」は、物事が進んではかどることです。「捗」の字が旧常用漢字表では表外字であったため、以前は「進ちょく」と表記されていましたが、現行常用漢字表で新たに常用漢字として採用されましたので、現在は「進捗」と表記することになっています。
　なお、「捗」の音訓は「チョク」のみとされ、「はかどる」という字訓はありません。したがって、「はかどる」は、平仮名書きとなります。
　用例は、次のようになります。
　【例】 工事の進捗を図る。予定どおり進捗する。進捗状況を発表する。

[36]「伸展」、「進展」は、どう使い分けるのか？

1 「伸展」は、伸びて広がること、また、伸ばして広げることです。物事の規模や勢いの伸長、拡大などに用いられます。

用例は、次のようになります。
【例】 事業の伸展。業績の伸展。経済の伸展。国力の伸展。

2 「進展」は、物事が進歩して発展すること、また、進行して展開していくことです。
用例は、次のようになります。
【例】 話合いが進展する。局面が進展する。事件が進展する。国交が進展する。

[37] 「親睦」、「親ぼく」は、どちらで書くのか？

「親睦」は、親しんで仲よくすることです。「睦」の字が旧常用漢字表では表外字であったため、以前は「親ぼく」と表記されていましたが、現行常用漢字表で常用漢字として採用されましたので、現在は「親睦」と表記することになっています。

なお、「睦」の音訓は「ボク」のみとされ、「むつまじい、むつむ」という字訓はありません。したがって、「むつまじい、むつむ」は、平仮名書きとなります。

用例は、次のようになります。
【例】 会員の親睦を図る。親睦を兼ねて協議会を開く。市民との親睦会。

【す】

［１］「推奨」、「推賞」、「推称」は、どう使い分けるのか？

　１　「推奨」は、人物や物事の優れていることを褒めて、それらを他の人に勧めることです。「推」はおしすすめる意で、「奨」はほめすすめる意であって、これらが合体して「推奨」となっています。
　　用例は、次のようになります。
　　【例】　新商品を推奨する。子供に推奨したい本。自社製品を巧妙に推奨する。

　２　「推賞」は、人物や物事の優れていることを他の人に対して褒めたたえることです。「推」はおしすすめる意で、「賞」は褒めたたえる意であって、これらが合体して「推賞」となっています。
　　「推賞」には、物を与えて褒める意味もあり、褒めることに重点が置かれている点で「推奨」とは異なります。
　　用例は、次のようになります。
　　【例】　作品を選者に推賞された。マスコミが推賞している。推賞に値する展示会。

　３　「推称」は、一般に、「推賞」と同義とされています。「称」は、たたえる、ほめる意を表す語ですから、国語辞典では、「推賞」と同義として掲げられているのです。放送などでは、「推賞」は用いず「推称」のほうを用いることにしています。

［２］「隙間」、「透き間」は、どちらで書くのか？

　結論から言えば、どちらで書いても差し支えありません。
　旧常用漢字表では「隙」は表外字でしたので、専ら「透き間」が用いられてきましたが、現行常用漢字表で「隙」を「ゲキ、すき」という音訓で常用漢字として新たに採用したのです。
　したがって、現在は、「隙間」、「透き間」のどちらでも同じ意味で用いることができます。

「隙間」、「透き間」は、物と物の間の少し空いている所、空いている時間、暇、油断、手抜かりなどの意で用いられます。
用例は、次のようになります。
【例】 隙間（透き間）風が吹く。仕事と仕事の隙間（透き間）。戦術に隙間（透き間）があった。

[3] 「素性」、「素姓」は、どちらで書くのか？

結論から言えば、公用文では「素性」のほうで書くべきでしょう。
これら両者の詳細な違いを言えば、「素性」は生まれつき、生来の性質のことであり、「素姓」は家柄、血統、由緒のことです。このような意味の違いはありますが、国語辞典では同一の見出しで説明されており、これらの意味の違いは明確にされていません。現在、一般的な表記として「素性」に統一される傾向にあります。

[4] 「勧める」、「進める」、「薦める」は、どう使い分けるのか？

1 「勧める」は、他人の心を動かして、ある物事を誘いかけること、ある物事を実行するように働きかけることです。
用例は、次のようになります。
【例】 入会を勧める。転地を勧める。結婚を勧める。入院を勧める。

2 「進める」は、物事を前の方に行かせること、物事の状態を上の段階へ移行させること、物事の程度を高めることです。
用例は、次のようになります。
【例】 前へ進める。時計を進める。交渉を進める。計画を進める。病気が進む。どうも気が進まない。

3 「薦める」は、人物や物事の優れた点を述べて、これを採用するように働きかけることです。
用例は、次のようになります。
【例】 候補者として薦める。子供向けの良書を薦める。会長として薦める。鑑賞すべき映画として薦める。

［コメント］
「勧める」の同義語として「奨める」がありますが、「奨」の音訓としては常用漢字表では「ショウ」のみが掲げられていますので、公用文においては「奨励、勧奨、推奨」という熟語を用いることはできても、「奨める」という表記はできません。

［5］「……すべき」、「……するべき」は、どちらで書くのか？

結論から言えば、公用文では「……すべき」と書きます。
「べき」は、本来、文語体（書き言葉として使用されてきた文体）の語ですが、例外的に現代の口語体の文体の中でも使用することができることになっています。ただし、「べし、べく」などの活用形では絶対に用いることはできません。そしてまた、「べき」がサ行変格活用の動詞（「する」など）に続くときは、「**するべき**」としないで「**すべき**」とするのが公用文での原則です。

なお、「べき」は、「当然」の意を表します。「……ねばならない、……のはずである」の意で、「来るべき人が来ない」などと現代でも一般に多用されています。

用例は、次のようになります。
【例】（サ行変格活用の動詞の場合）議論すべき問題。実行すべきである。
（他の一般の動詞の場合）机を拭くべきである。走るべきである。

［コメント］
「べき」の用法については、「公用文改善の趣旨徹底について（依命通達）」（昭和27年4月4日内閣閣第16号）の「公用文作成の要領」の「第2　文体について」において「「べき」は、「用いるべき手段」「考えるべき問題」「注目すべき現象」のような場合には用いてよい。「べし」「べく」の形は、どんな場合にも用いない。「べき」がサ行変格活用の動詞に続くときは、「するべき」としないで「すべき」とする。」としており、これが現代の公用文・法令文での原則になっているのです。

思うに、文語体の「べき」は文語体の「す」（終止形）に続けたほうが自然であるという考え方からの原則であろうと推測されま

す。
　なお、一般に、新聞や放送等の用語としては、「するべき」としていますので、惑わされないように注意が必要です。

［6］「全て」、「すべて」は、どちらで書くのか？

　結論から言えば、公用文では「全て」と漢字で書きます。
　旧常用漢字表では、「全」の音訓として「ゼン、まったく」しか認めていませんでしたが、現行常用漢字表で「すべて」の字訓が新たに追加されたのです。
　したがって、公用文においては「全て」と表記することになります。
　用例は、次のようになります。
　【例】　お話しすることは、これで全てです。全て良好です。全て分かりました。

［7］「座る」、「据わる」は、どう使い分けるのか？

1　「座る」は、膝を折り曲げて席に着くこと、人がある地位、場所を占めることです。常用漢字表上、「坐る」という表記の仕方はありませんので、注意しましょう。
　用例は、次のようになります。
　【例】　座布団に座る。市長の座に座る。座り込む。

2　「据わる」は、物事がしっかりとしかるべき位置を占めること、一定の場所に定まって動かない状態になること、すっかり落ち着いて動じなくなることです。自動詞の「据わる」は、他動詞の「据える」との対応で、「わ」を送ります。この点、対応する他動詞のない「座る」の送り仮名とは異なりますので、注意しましょう（**他動詞・自動詞については、【あ】の項の［6］を参照**）。
　用例は、次のようになります。
　【例】　肝が据わる。度胸が据わる。腰を据える。据え置く。据え付ける。据置期間。据置貯金。

【せ】

［１］「制作」、「製作」は、どう使い分けるのか？

1　「制作」は、絵画、彫刻、映画などの芸術作品を作ることです。
　　用例は、次のようになります。
　　【例】　絵画を制作する。彫刻を制作する。映画の制作。子供向きの番組を制作する。自分のＣＤを制作した。

2　「製作」は、道具、器具、機械など実用的な物品を作ることです。
　　用例は、次のようになります。
　　【例】　農業機械を製作する。家財道具を製作している。録音機の部品の製作。鉄鋼製作所。製作品。

　［コメント］
　　著作権法第２条に「映画製作者」の定義として「映画の著作物の製作に発意と責任を有する者」とありますが、これは映画会社の「映画」という商品（物品）の製造行為を「製作」という語を用いて表したものと考えられます。
　　なお、同法第１６条には、「映画の著作物の著作者」の定義として「……制作、監督、演出、撮影、美術等を担当し、……」とあり、同法の中で「製作」と「制作」を明確に使い分けています。

［２］「清算」、「精算」は、どう使い分けるのか？

1　「清算」は、金銭の貸借関係や預り金などをきれいに整理することです。また、比喩的に、人間関係などのもめ事やもつれに始末をつけることです。
　　用例は、次のようになります。
　　【例】　借金を清算する。預り金は行事終了後に清算する。清算人。恋人関係を清算する。連盟関係を清算する。

2　「精算」は、事後に金銭などを精査し、過不足を明らかにして処

理することです。
　用例は、次のようになります。
【例】　費用を精算する。徴収した会費を精算する。精算書を作成する。

[3]　「生体」、「生態」は、どう使い分けるのか？

1　「生体」は、生きているもの、生物の生きている体そのもののことです。反対語は、「死体」です。
　用例は、次のようになります。
【例】　生体実験。生体解剖。生体反応。

2　「生態」は、生物が自然界の中で生きている状態、活動している有様そのものをいいます。
　用例は、次のようになります。
【例】　猛獣の生態。植物の生態。生態学。

[4]　「整頓」、「整とん」は、どちらで書くのか？

　結論から言えば、公用文では「整頓」と漢字で書きます。
　旧常用漢字表では「頓」を常用漢字として認めていませんでしたが、現行常用漢字表で「トン」の字音で新たに常用漢字として追加されたのです。
　したがって、公用文においては「整頓」と表記することになります。
　用例は、次のようになります。
【例】　整理整頓。常に整頓を心掛けてください。

[5]　「折衝」、「交渉」は、どう使い分けるのか？

1　「折衝」は、本来の字義として、敵の突いてくる矛先をくじくこと、敵の攻めをくじき止めることです。転じて、利害関係の異なる相手など説得に困難を伴う相手との間にある問題を話し合って解決を図ること、また、その談判又は駆け引きのことです。手書きの多かった時代、よく「折渉」という誤記を見受けましたが、このような語はあり得ません。

用例は、次のようになります。
【例】 労使間で折衝を重ねる。漁獲量の問題で折衝する。賠償問題を折衝する。返品を折衝することになった。

2 「交渉」は、単純に、相手に希望や要求事項を示して掛け合うことです。「折衝」が闘争的なニュアンスがあるのに対し、「交渉」は穏やかな感じの言葉として広く一般に用いられます。個人間の掛け合いを意味する用語として、また、法令での用語としては「交渉」が用いられます。
用例は、次のようになります。
【例】 昇給について交渉する。交渉がない国。交渉を絶つ。団体交渉。

[6]「善後策」、「前後策」は、どちらで書くのか？

後始末をうまくつけるということであれば、「善後策」が正しい。
よく「善後策を講ずる」などと使われています。そもそも、「善後」とは、後のためによいようにするという意味です。一方、「前後」は文字どおり、物事の前と後ということであって、全く意味が異なります。
書き間違い、打ち間違いがないように注意しなければなりません。
用例は、次のようになります。
【例】 善後策を講ずる。善後策を誤らないように注意する。

[7]「詮索」、「せん索」は、どちらで書くのか？

結論から言えば、「詮索」と全て漢字で書きます。
「詮」は、旧常用漢字表では常用漢字として認めていませんでしたが、現行常用漢字表で「セン」の字音で新たに常用漢字として追加されたのです。
したがって、公用文においては「詮索」と全て漢字で表記することになります。
なお、「詮索」は、細かいところまで調べ求めることで、「根掘り葉掘り詮索する」などと余りいい意味では用いられていません。「所詮」という語も、「つまるところ、結局」という意味で「詮」の漢字を用

いています。

［8］「餞別」、「せんべつ」は、どちらで書くのか？

　結論から言えば、公用文では「せんべつ」と平仮名で書きます。
　「餞別」は、旅立つ人や転任、移転する人などに、別れのしるしとして贈る金品、また、その贈ることをいいます。「餞」は、はなむけの意であって、金品のみでなく、送別の宴会などの意もありますが、常用漢字ではありませんので、公用文では「せんべつ」と平仮名で書くことになります。
　なお、私用として、のし袋などに「御餞別」と書くのは自由ですが、くれぐれも「銭別」などと書かないように御注意ください。「ゼニ」と別れを惜しむようで、金離れの悪い「けちん坊」と思われかねません。

【そ】

［１］ 「沿う」、「添う」は、どう使い分けるのか？

１　「沿う」は、長く続いているものに離れないで進む、よりどころとなるものから離れないように進むことです。
　　用例は、次のようになります。
　　【例】　川に沿って歩く。海岸沿いを走る。施政方針に沿って実施する。親の期待に沿って努力した。市民の意見に沿って運営している。

２　「添う」は、主となるものにつき従う、そばにいる、付け加える、夫婦となって一緒に暮らすことです。
　　用例は、次のようになります。
　　【例】　影の形に添うように。二人で連れ添う。病人に付き添う。寄り添う。言い添える。添え物。添い遂げる。

［コメント］
　　「沿う」と「添う」の使い分けについては、一般の国語辞典を見ても、余り明確ではありません。意味、用例などがかなり入り込んでいます。
　　特に、公用文でよく用いられている「趣旨、意見、方針、希望」などの後にくる「そう」については混乱が見られます。
　　しかし、「文部科学省用字用語例」（平成２３年３月）や新聞、放送においては、「趣旨、意見、方針、希望」などに「そう」という場合、「趣旨に沿う」「意見に沿う」「方針に沿う」「希望に沿う」などと「沿う」を用いるほうを原則にしています。
　　結局、現代における傾向としては、「添う」のほうは、人や生き物が主たるものに付き従う、寄り添う、そばで補助する場合などに限定して用いられていると考えられます。

[2] 「率先」、「卒先」は、どちらで書くのか？

　結論から言えば、「率先」が正しい表記であって、「卒先」は誤記ということになります。
　ちなみに、「引率」、「率直」なども誤記しないよう注意しなければなりません。
　なお、「軽率」と「軽卒」は、両者ともあり得る表記ですが、これらの意味の違いについては、【け】の項の［1］を参照してください。

[3] 「側」、「そば」は、どちらで書くのか？

　物の近く、わき、かたわらのことを「そば」と言いますが、これを漢字で「側」、「傍」と書いてあるのを時々見受けます。
　しかし、常用漢字表上、「側」の音訓は「ソク、がわ」、「傍」の音訓は「ボウ、かたわら」であって、両者とも「そば」という字訓はありません。
　したがって、物の近く、わき、かたわらの意味の「そば」は、公用文においては平仮名で書くことになります。
　用例は、次のようになります。
　　【例】　机のそば。親のそばに座る。本屋は自宅のすぐそばにある。

[4] 「反らす」、「そらす」は、どちらで書くのか？

　「そらす」は、そるようにする、弓なりに曲げる意味の場合は、「反らす」と表記します。
　用例は、次のようになります。
　　【例】　身を反らす。胸を反らす。この木は右に反っている。この
　　　　　屋根には反りがある。

　しかし、とり逃がす、人の気分を悪くする、狙いを外す、脇道へ外すなどの意味の「そらす」は、どう書くのでしょうか。
　これを漢字で書くとしたら「逸らす」ですが、常用漢字表上では「逸」の音訓は「イツ」のみで「そらす」の字訓はありません。
　したがって、この場合は、「そらす」と平仮名で書くしかありません。

用例は、次のようになります。
  【例】 鳥をそらす。客をそらす。人をそらさない話。視線をそらす。目をそらす。話を脇にそらす。質問をそらす。

【た】

［１］「代」、「台」は、どう使い分けるのか？

　区分や範囲を表す「代」と「台」は、どのように使い分けるのかという問題です。

1　「代」は、年齢、暦上の年数の区分、範囲を表します。いずれも、端数を切り捨てた区切りのよい年数に添える語として用いられます。
　　用例は、次のようになります。
　　【例】　３０代。７０歳代。平成２０年代。１９４０年代。
　　　　　２０１０年代。

2　「台」は、物事の数量、数値の区分、範囲を表します。いずれも、区切りのよい数量、数値に添える語として用いられます。
　　用例は、次のようになります。
　　【例】　２００万円台。１０秒台。９０点台。

［コメント］
　「代」、「台」は、「３代目」、「自動車５台」などと助数詞としても用いられていることは周知のとおりです。
　なお、「台」は、大きな区切りについて「大台」という用法があり、「大台に乗る」「大台に乗せた」などの表現で用いられています。
　そもそも、この語は株式相場の用語に由来する語で、一般に、８０歳などになった場合、「いよいよ大台に乗ったね」などと、年齢などにも用いられています。

［２］「対称」、「対象」、「対照」は、どう使い分けるのか？

1　「対称」は、相互に釣り合うこと、対応して釣り合っていることです。
　　用例は、次のようになります。

【例】 左右対称に置く。対称の位置にある。対称になっている図形。

2 「対象」は、ある物事、行為、活動などの目標や目的とするもののことです。
　用例は、次のようになります。
【例】 女性を対象にした書籍。研究の対象となる。対象を選んで取り組む。

3 「対照」は、物事を照らし合わせること、比べ合わせることです。また、お互いに比べ合わせたときに、その違いが明確である様子などを表現する場合にも用いられます。
　なお、この語は、「対照」という名詞のみでなく、「対照する」という動詞としても用いられる点で、「対称」、「対象」と異なります。
　用例は、次のようになります。
【例】 比較対照する。原稿と対照する。対照的な二人。これらは好対照である。

[3] 「体制」、「態勢」、「体勢」は、どう使い分けるのか？

1 「体制」は、制度化、組織化された国家、社会、組織などの仕組み、構造、在り方のことです。
　用例は、次のようになります。
【例】 政治体制を批判する。反体制運動を起こす。戦時体制にある。独裁体制が崩壊する。

2 「態勢」は、ある物事、状況に対応するための一時的、臨時的な身構えや態度のことです。
　用例は、次のようになります。
【例】 受入れ態勢。防災の態勢は万全。柔軟な態勢で臨む。実施態勢を整える。

3 「体勢」は、文字どおり、体の姿勢、体の構えのことです。比喩的に、物事の状況や人の置かれている状況などにも用いられることがあります。

用例は、次のようになります。
【例】 体勢を崩す。体勢を立て直して闘う。無理な体勢で飛ぶ。不利な体勢になった。

[コメント]
「体制」と「態勢」は、そのことが制度的に永続するものか、又は一時的なものかどうかにによって使い分けられる場合があります。
例えば、まだ制度化されていない一時的なものであれば、「外国人労働者の受入れ態勢」のような表記をすることになりますが、法令等に基づいて制度化されていれば、「外国人労働者の受入れ体制」のような表記をすることになるということです。

[4] 「堪える」、「耐える」は、どう使い分けるのか？

「堪える」と「耐える」の違いについては、一般の国語辞典では余り明確にされていません。しかし、現代においては、次のように使い分けるのが普通ですので、きっちり使い分けていきましょう。

1 「堪える」は、それを全うするだけの力、能力があること、それをするだけの価値があるということです。また、常に打ち消しの形で、その気持ちを抑えられないという意味を表す場合に用います。
用例は、次のようになります。
【例】 その任に堪える。重責に堪える。観賞に堪える。称賛に堪える。感謝に堪えない。感激に堪えない。聞くに堪えない。

2 「耐える」は、我慢すること、持ちこたえることです。
用例は、次のようになります。
【例】 暑さ寒さに耐える。窮乏に耐える。傷の痛みに耐える。耐え忍ぶ。

[5] 「炊く」、「たく」は、どちらで書くのか？

「たく」は、食物、特に米を煮るときは「炊く」と漢字で書きます。
用例は、次のようになります。

【例】 御飯を炊く。炊き込み御飯。炊き上げる。

　しかし、火を燃やす、火にくべて燃やす、香をくゆらすというときは「たく」と平仮名で書きます。この場合の「たく」に漢字を当てれば「焚く」ですが、「焚」は表外字ですので使うことができません。
　用例は、次のようになります。
　　【例】 風呂をたく。まきをたく。石炭をたく。香をたく。

［6］「類い」、「たぐい」は、どちらで書くのか？

　結論から言えば、「○○のたぐい」の「たぐい」は「類い」と書きます。
　旧常用漢字表に「類」の字種はありましたが、音訓は「ルイ」のみでした。
　したがって、従来は「たぐい」と平仮名書きが原則でしたが、現行常用漢字表で「たぐい」の字訓が追加されたのです。
　「類」も「類い」も、仲間、共通するところのあるものの集まりなどと意味はほぼ同じですが、正しく読ませるために「たぐい」には「類い」というように「い」を送りますので、注意が必要です。
　用例は、次のようになります。
　　【例】 針葉樹の類い。カンガルーの類い。類いまれな人物。

［7］「尋ねる」、「訪ねる」は、どう使い分けるのか？

1　「尋ねる」は、探し求めること、真理を探り求めて明らかにすること、分からないことを人に聞くことです。
　用例は、次のようになります。
　　【例】 真実を尋ねる。道を尋ねる。母を尋ねて３千里。先生に尋ねる。

2　「訪ねる」は、人に会いにその人の家に行くこと、観光旅行などである場所に行くことです。
　用例は、次のようになります。
　　【例】 友人を訪ねる。訪ねて来る人もいない山里。東北地方を訪ねる。県庁の方へ明日お訪ねいたします。

［コメント］
　「たずねる」には、人にいろいろ質問して問い詰める意の「訊ねる」もありますが、「訊」は表外字ですので公用文では用いられません。その代わりとして、少し意味合いが優しくなりますが、ほぼ同趣旨の「尋ねる」を用いるのが普通です。
　ちなみに、「訊問」も用いられませんので、現在は「尋問」を用いることになっています。

［8］「戦う」、「闘う」は、どう使い分けるのか？

　1　「戦う」は、戦争など武器をもって争うこと、競技などで優劣を争うことです。
　　用例は、次のようになります。
　　【例】　敵国と戦う。野球で戦う。選挙で戦う。得意技で戦う。名誉のために戦う。

　2　「闘う」は、利益を守るために争うこと、困難や苦しいことに負けないように必死に頑張ることです。
　　用例は、次のようになります。
　　【例】　年末の労使の闘い。政党間の闘い。病気との闘い。寒さと闘う。自然との闘い。

　［コメント］
　「戦う」は勝敗を競うものであって、その結果が重視されますが、「闘う」は勝敗という結果よりも相手に抵抗する努力の過程に重きが置かれるという趣きの違いがあります。
　なお、「春闘」を「春斗」などと略字表記することは公用文では絶対に許されません。

［9］「正す」、「ただす」は、どちらで書くのか？

　結論から言えば、正しくする、改め直す意味であれば、「正す」と漢字で表記します。
　しかし、良し悪しを明らかにする、罪を問い調べる意であれば、「ただす」と平仮名書きとします。この場合の「ただす」に漢字を当てれ

ば「糺す」ですが、「糺」は表外字ですので、公用文では用いられません。
　また、是非・善悪を問う意である場合も平仮名書きとします。この場合の「ただす」に漢字を当てれば「質す」ですが、「質」は常用漢字ですが「ただす」という字訓はありませんので、「質す」という表記は公用文では用いられません。
　用例は、それぞれ次のようになります。
　【例】「正す」──誤字を正す。襟を正す。姿勢を正す。
　　　　「糺す」──理非をただす。罪状をただす。
　　　　「質す」──師にただして知り得た。先生にその是非をただしてみた。

［10］「断つ」、「絶つ」は、どう使い分けるのか？

1　「断つ」は、物事を途中で分断すること、つながっているものを途中で切ってしまうことです。また、継続しているものを一時的にやめる場合にも用いられます。
　用例は、次のようになります。
　【例】　電線を断つ。酒を断つ。関係を断つ。退路を断つ。断ち切る。

2　「絶つ」は、続いているものをそれ以上は続けないこと、続くはずのものをそこで終わりにすることです。
　用例は、次のようになります。
　【例】　国交を絶つ。消息を絶つ。連絡を絶つ。関係を絶つ。命を絶つ。

　［コメント］
　「断絶」という語があり、「断父」「絶文」という熟語があります。また、「断筆」「絶筆」という語があります。さて、これらの意味はどう違うのでしょうか。
　これらの語は、慣例的な用法もあるでしょうが、使い分けの目安としては、「断つ」が一時的にやめるというニュアンスであるのに対し、「絶つ」はその後永久に復活はあり得ないというニュアンスの語であると理解しておけばいいと思われます。
　なお、同じ「たつ」でも「裁つ」の語は、布や紙を一定の寸法に切ることです。併せて覚えておきましょう。

[11] 「経つ」、「たつ」は、どちらで書くのか？

　結論から言えば、公用文では「たつ」と平仮名で書きます。
　「経つ」は、時期や時間が経過することですが、「経」には「たつ」の字訓はなく、常用漢字表の音訓欄には「ケイ、キョウ、へる」だけが掲げられています。
　したがって、平仮名で「たつ」と書くことになります。
　用例は、次のようになります。
　　【例】　時間がたつのが速い。あれから１０年たちました。かなり時間がたってから来ました。もう少したってから帰ります。

[12] 「尊い」、「貴い」は、どう使い分けるのか？

　「尊い」も「貴い」も、「たっとい」又は「とうとい」と読みますが、使い分けは、次のとおりです。

　１　「尊い」は、立派で、美しく近寄りがたいこと、大事にすべきことです。尊敬の念がこもる場合に用いられます。
　　用例は、次のようになります。
　　【例】　尊い神。尊い命。尊い犠牲を払う。尊い光景を見た。親の恩は尊い。

　２　「貴い」は、非常に価値が高いこと、優れていること、地位が高いことです。貴重又は高貴の意味が込められる場合に用いられます。
　　用例は、次のようになります。
　　【例】　貴い資料。貴い体験。大変貴い僧侶。貴い身分の人。

[13] 「立てる」、「建てる」は、どう使い分けるのか？

　「立てる」は、数十の意味があり、全てをここに掲げるには難渋します。反面、「建てる」は、限定的な意味と用法で用いられていますので、両者の使い分けを間違わない方法は「建てる」の意味と用法をしっかりと把握しておくということになります。

1 「立てる」は、まず原義的には、物事を縦にまっすぐな状態にすることです。これから派生して、ある地位や位置を占めさせる、ある現象や作用などが現れるようにする、ある物事を成り立たせる、などの意味で用いられます。
　主な用例は、次のようになります。
　【例】　棒を立てる。候補者を立てる。使者を立てる。足音を立てる。新記録を立てる。計画を立てる。役に立てる。書き立てる。腹を立てる。顔を立てる。手柄を立てる。

2 「建てる」は、建造物を設けること、国や会社などを建設することです。また、経済用語としての慣例的表現があります。
　用例は、次のようになります。
　【例】　住宅を建てる。国を建てる。銅像を建てる。ドル建て。建値（標準となる値段）。

［コメント］
　「お茶をたてる」の「たてる」は、本来、「点てる」であり、「風呂をたてる」の「たてる」は「沸てる」ですが、いずれも常用漢字表の音訓欄にありません。
　したがって、これらは平仮名で書くしかありません。
　また、「立てる」と「建てる」は、次のような紛らわしい使い分けがありますが、意味をしっかり把握しておれば、間違うことはないでしょう。
　【例】
　　　家の建ち上がりを待つ。←→人より立ち上がりが遅かった。
　　　家を建て替える。←→費用を立て替える。
　　　ビルが建て込んでいる。←→仕事が立て込んでいる。
　　　マンションを建て直す。←→政策を立て直す。

［14］「度」、「たび」は、どちらで書くのか？

　「度」の常用漢字表の音訓欄には、「ド、ト、タク、たび」が掲げてあります。この音訓の順に用例を挙げれば、「３度、法度、支度、この度」となります。
　したがって、「時、折」などの意味で用いる場合の「たび」は漢字の「度」

を用いて書きます。
　用例は、次のようになります。
　　【例】　事故が度重なる。度々事件が起こる。この度はお世話になりました。

　ただし、「たび」を動詞の連体形の後に付けて、「その時ごと」の意で用いる場合は、平仮名で書くのが慣例的原則となっていますので、注意しなければなりません。
　用例は、次のようになります。
　　【例】　訪問する<u>たび</u>、市長に提言します。家に行く<u>たび</u>、留守です。

[15] 「賜物」、「賜」、「たまもの」は、どちらで書くのか？

　一般に、「賜物」、「賜」と書いて「たまもの」と読ませている場合がありますが、「賜」の常用漢字表の音訓欄には「シ、たまわる」のみが掲げられています。
　したがって、公用文においては、「たまもの」と平仮名で書くことになります。
　用例は、次のようになります。
　　【例】　努力のたまもの。皆さんの御支援のたまもの。親の援助のたまもの。

[16] 「為」、「ため」は、どちらで書くのか？

　結論から言えば、「為」の常用漢字表の音訓欄には「イ」のみが掲げられていて、そもそも、「為」に「ため」などという字訓はありません。
　したがって、役に立つこと、利益になることなどの「ため」、さらに、目的や因果関係などを意味する「ため」は平仮名で書きます。これを漢字で「為」と書くことは、公用文の表記としてはあり得ません。
　用例は、次のようになります。
　　【例】　世のため、人のために働く。これは皆さんのためになる話です。雨のため順延になる。研究会のため出張する。事故のため遅刻した。

[17] 「誰」、「だれ」は、どちらで書くのか？

　「誰」は、旧常用漢字表には字種としてありませんでしたので、従来、「だれ」と仮名書きでした。しかし、現行常用漢字表で字種として採用され、字訓を「だれ」とされましたので、漢字で「誰」と書くことになりました。
　用例は、次のようになります。
　　【例】　彼は誰ですか。誰も知らない。誰でも賛成するでしょう。

　［コメント］
　「誰」は品詞から言えば「代名詞」ですが、「公用文における漢字使用等について」（平成２２年１１月３０日内閣訓令第１号）に、「次のような代名詞は、原則として、漢字で書く。」とあり、「俺、彼、**誰**、何、僕、私、我々」と例示されています。公用文の表記のため、他の代名詞も一緒に覚えておきましょう。

[18] 「鍛錬」、「鍛練」は、どちらで書くのか？

　「鍛錬」、「鍛練」の両者とも、一般の国語辞典に同趣旨の語として、体力や精神を鍛えること、技術を磨くために訓練を積むこととして掲げられています。
　そこで、公用文の用字としてどちらを用いるのかという問題になりますが、公用文における漢字使用は「常用漢字表による」という原則に従うしかありません。
　常用漢字表においては、「鍛」の項の「例欄」に「鍛錬」とあります。また、「練」の項の「例欄」には「練習、試練、熟練」とあり、直後の「錬」の項の「例欄」に「錬金術、鍛錬、精錬」とあることを考えると、常用漢字表は「鍛練」のほうは採らないという判断ということになろうかと思われます。
　したがって、公用文においては、「鍛錬」で書くべきでしょう。

　［コメント］
　「鍛」は、金属を熱して、つちでたたいてきたえる意を表しています。

たんれん

　「錬」は、金属を溶かして混じりけのないものを作り上げる意を表す語です。一方、「練」は、糸偏であることからも分かるように、糸を煮て柔らかくして、ねりやすくする意を表す語です。
　このように、「錬」と「練」は、意味は異なりますが、「鍛」に付いて同様の意味になったのです。
　本来、「鍛錬」も「鍛練」も、金属をきたえる意であることから、常用漢字表は、どちらかに絞ることとして、共に金偏の漢字である「鍛錬」のほうを採用したものと考えられます。

【ち】

［１］「緻密」、「ち密」は、どちらで書くのか？

　　結論から言えば、「緻密」と全て漢字で書きます。
　　「緻」は、旧常用漢字表では常用漢字として認めていませんでしたが、現行常用漢字表で「チ」の字音で新たに追加されたのです。
　　したがって、公用文においては「緻密」と全て漢字で表記することになります。
　　なお、「緻密」は、きめの細かいこと、細かいところまで行き届いていること、また、細工が細かく込み入っていることです。「精緻」という語も、「大変細かく綿密なこと」という意味で「緻」の漢字を用いています。
　　「緻密」の用例は、次のようになります。
　　【例】　緻密な頭脳。緻密な計画。緻密な研究。

［２］「貼付」、「ちょう付」は、どちらで書くのか？

　　結論から言えば、「貼付」と全て漢字で書きます。
　　「貼」は、旧常用漢字表では常用漢字として認めていませんでしたが、現行常用漢字表で「チョウ、はる」の音訓で新たに追加されたのです。
　　したがって、「貼付」は、印紙などを貼り付ける意で用いられ、公用文においては全て漢字で表記することとされています。
　　なお、「貼付」は、慣例的に「テンプ」と読まれることがありますが、これは飽くまでも「慣用読み」であって、常用漢字表上、「貼」に「テン」という字音はありません。

【つ】

［1］「追及」、「追求」、「追究」は、どう使い分けるのか？

1　「追及」は、責任や誤りなどを徹底して調べたり、言い立てたりして責めること、また、先に行く者を後から追い掛けて追い付くことです。
　　用例は、次のようになります。
　　【例】　責任を追及する。犯人を追及する。先行隊に追及する。追及をかわして逃走する。

2　「追求」は、どこまでも後を追い掛けて目的とするものを求めることです。
　　用例は、次のようになります。
　　【例】　利潤を追求する。理想を追求する。幸福を追求する。目的を追求する。

3　「追究」は、学問、真実などを問い詰めて調べること、深く究めることです。
　　用例は、次のようになります。
　　【例】　真理を追究する。学問的に追究する。本質を追究する。実態を追究する。

［2］「遂に」、「ついに」は、どちらで書くのか？

　結論から言えば、公用文では「ついに」と平仮名で書きます。
　「遂」には、常用漢字表の音訓欄に「スイ、とげる」しかありません。「とうとう、いまだに」などの意味の「ついに」は副詞ですが、平仮名で書くしかありません。
　用例は、次のようになります。
　　【例】　ついに庁舎が完成した。ついに敗北した。彼はついに来なかった。

［3］「使う」、「遣う」は、どう使い分けるのか？

1 「使う」は、人や物を用いることです。また、「お使いに行く」「使いに出す」などとも用いられています。
　　用例は、次のようになります。
　　【例】　職員数人を使う。機械を使って仕事をする。上目を使う。使い切れない。使い物にならない。使い込み。子供を使いに出す。

2 「遣う」は、心をあれこれ働かせる、技や術を巧みに操る意で用いられますが、動詞としては「気を遣う、気遣う」のほかはほとんど「使う」が用いられます。「遣う」のほうは、多くの場合、「○○遣い」というように名詞形で用いられています。
　　用例は、次のようになります。
　　【例】　気を遣う。人形を遣う。心遣い。言葉遣い。仮名遣い。筆遣い。両刀遣い。無駄遣い。小遣い。

［コメント］
　一般の国語辞典において、「使う」と「遣う」の使い分けは、必ずしも明確になっていません。「遣う」に「技や術を巧みに操る」意があるといっても、新聞などでは「忍術使い、魔法使い」などの表記がなされています。
　したがって、「遣う」「遣い」の用法につきましては、慣例的な用法で覚えておいて、「使う」と使い分けていくほうが間違いないでしょう。
　なお、「遣」には「遣わす」という用法があり、この意味で「派遣、先遣隊」などという熟語が用いられています。

［4］「付く」、「着く」、「就く」は、どう使い分けるのか？

1 「付く」は、まず、物と物とが接触したり、付着して離れない状態になることですが、人が他の人のそばを離れずにいること、新たな状態が生ずること、対立するものの一方に味方すること、力や才能などが加わる、備わることなど多様にわたる意で用いられていま

す。
　用例は、次のようになります。
　【例】　墨が顔に付く。護衛が付く。気が付く。利息が付く。味方に付く。知恵が付く。

2　「着く」は、移動して他の場所に到着すること、ある場所に身を置くこと、自分のものにすることなどの意で用いられます。
　用例は、次のようになります。
　【例】　東京に着く。手紙が着く。席に着く。服を身に着ける。語学力が身に着く。

3　「就く」は、地位や役目に身を置くこと、ある職務に従事すること、床や巣又はある場所に体を置くこと、ある人の教えを受けることなどの意で用いられます。
　用例は、次のようになります。
　【例】　市長に就く。職に就く。床に就く。緒に就く。踊りの師匠に就く。

［コメント］
　「付く」、「着く」、「就く」の使い分けは不明確な場合もあって、迷うことも少なくありません。例えば、前掲1の用例の「知恵が付く」の例からすれば、前掲2の用例の「語学力が身に着く」は、「語学力が身に付く」でいいのかもしれません。
　いずれにしろ、これら3者のいずれにも該当しないと判断される場合は、仮名書きでいいでしょう。
　例えば、次のような場合は、平仮名書きとなります。
　【例】　ため息をつく。うそをつく。明かりがつく。火がつく。餅をつく。不意をつく。

［5］ 「作る」、「造る」、「創る」は、どう使い分けるのか？

1　「作る」は、まず、人が手で規模の小さいものをこしらえることです。また、抽象的なものや無形のものを生み出すような場合にも用いられます。
　用例は、次のようになります。

【例】 規則を作る。服を作る。米を作る。歌詞を作る。計画を作る。実績を作る。家庭を作る。

2 「造る」は、主として、機械などを使って、大規模のもの、工業的なものをこしらえることです。
用例は、次のようになります。
【例】 船を造る。家屋を造る。酒を造る。庭園を造る。財産を造る。

3 「創る」は、創造力をいかして新しいものを創出することです。
「創」は、もともと「ソウ」という字音だけの常用漢字でしたが、現行常用漢字表で、「作る」や「造る」とも意味の異なる「つくる」という字訓が追加されました。
用例は、次のようになります。
【例】 新しい文化を創る。画期的な商品を創り出す。新世代の作品を創る。

［コメント］
　一つの行政政策として用いられる「人づくり」や「まちづくり」などの「つくり」のように、工業的な意味ではなく、どちらかと言うと、抽象的であって教育的、組織的、制度的な行政活動などの意味合いを持つような場合は、平仮名書きにしたほうが解釈上適当であると思われます。
　ちなみに、「まちづくり」の「まち」についても、「町」や「街」の意味ではく、地域全体の意味を持たせるような場合は、平仮名書きが適当でしょう。

［6］ 「謹む」、「慎む」は、どう使い分けるのか？

1 「謹む」は、相手にうやうやしくかしこまること、礼儀にかなって丁重に対応することです。
用例は、次のようになります。
【例】 謹んで申し上げます。謹んで話を聴く。謹んで祝意を表します。

2 「慎む」は、控えめにする、度が過ぎないように気を付けること

です。
　用例は、次のようになります。
　【例】　行動を慎む。酒を慎む。言葉を慎んで対応する。慎み深い人。

［7］「綴る」、「つづる」は、どちらで書くのか？

　結論から言えば、公用文では「つづる」と平仮名で書きます。
「綴」は表外字ですので、平仮名で書くしかありません。
「つづる」は、紙などをひもなどでとじること、また、文を作ることです。「つづる」の「づ」は、「現代仮名遣い」（昭和６１年７月１日内閣告示第１号）の原則により、同音の連呼によって濁音となった、いわゆる「連濁の「づ」」と呼ばれるもので、「つずる」とは書きませんので注意しなければなりません。
　用例は、次のようになります。
　【例】　文書をつづる。書類をつづり込む。書類つづり。つづり方
　　　　教室。

［8］「都度」、「つど」は、どちらで書くのか？

　結論から言えば、公用文では「都度」と漢字で書きます。
「都」は常用漢字表の音訓欄に「ト、ツ、みやこ」とあり、「都度」は「つど」と読んで、「そのたび、毎回」という意味で用いられる形式名詞です（**形式名詞については、【う】の項の［６］を参照**）。本来、形式名詞は平仮名で書くことになっていますが、この「都度」は例外として漢字で書くことになっているのです。
　用例は、次のようになります。
　【例】　その都度注意する。会議を開催する都度、彼は遅刻する。
　　　　変更する都度報告しなければならない。上京する都度立ち寄
　　　　る。

［9］「勤める」、「務める」、「努める」は、どう使い分けるのか？

1　「勤める」は、役所や会社などで職員として働くこと、勤務することです。
　　用例は、次のようになります。

【例】　市役所に勤める。食品会社に勤める。勤め先を変える。

2　「務める」は、役目や任務の仕事をすること、役者がある役を演ずることです。
　　用例は、次のようになります。
　　【例】　市議会の議長を務める。司会を務める。怠りなく務める。
　　　　　義経を務める。

3　「努める」は、困難、苦難に耐えて努力すること、一生懸命に励むことです。
　　用例は、次のようになります。
　　【例】　受験勉強に努める。体力強化に努める。サービスに努める。

[10]　「潰す」、「つぶす」は、どちらで書くのか？

　結論から言えば、公用文では「潰す」と漢字で書きます。
　「潰」は、旧常用漢字表では常用漢字として認めていませんでしたが、現行常用漢字表で「カイ、つぶす、つぶれる」の音訓で新たに常用漢字として追加されたのです。
　「潰す」は、本来の形を崩す、本来の働きを失わせて役に立たなくする、食べるために家畜を殺す、空いている時間や空間を他の物事で埋めるなどの意味で用いられています。
　用例は、次のようになります。
　　【例】　卵を潰す。声を潰す。身代を潰す。顔を潰す。鶏を潰す。
　　　　　暇を潰す。

【て】

[1]「手当」、「手当て」は、どちらで書くのか？

　これらは、どちらで書くのかということより、「手当」に「て」を送るかどうかで大いに意味が異なりますので注意しなければなりません。

1　「手当」は、報酬、給与、また、本俸以外に支給するお金の意味で用いられます。
　　用例は、次のようになります。
　　【例】　手当を支給する。家族手当。児童手当。期末手当。

2　「手当て」は、前もってその用に備えること、用意、準備のことです。また、手段、対応策、特に、病気やけがなどに対する処置の意味で用いられます。
　　用例は、次のようになります。
　　【例】　人員の手当てをしておく。傷の手当てをする。医師の手当て。応急手当て。

[コメント]
　「手当」、「手当て」は、そもそも「手を当てる」という動詞から生じてきた名詞ですが、「手を当てる」の原義は「障害などがある所に手を当てていたわる、あらかじめ手を打ってうまく対応する」などの意であると思われます。
　「手当」、「手当て」は、両者とも名詞には違いありませんが、多少とも動詞的な感覚（ニュアンス）が残っている名詞には「手当て」のように「て」などの送り仮名が付けられる傾向にあります。
　後掲［11］の「手引」と「手引き」などはこの類いの使い分けということができます。一緒に覚えておきましょう。

［２］「呈示」、「提示」は、どちらで書くのか？

　結論から言えば、公用文では「提示」と書きます。
　「呈示」は相手に見えるように示すことであり、「提示」は相手に差し出して見せることですので、意味の上で余り異なるところはありません。
　したがって、現行法令の古いものには両者が特別な使い分けの区別もなく使用されています。
　しかし、「法令用語改正要領の一部改正について」（昭和５６年１０月１日内閣法制局総発第１４２号）で「提示・呈示」は「提示、示す」に統一して用いることとするとしていますので、公用文では「提示」のほうを用いるべきでしょう。
　用例は、次のようになります。
　　【例】　書面をもって提示する。身分を証明する証票を携帯し、提示する。

［３］「呈する」、「ていする」は、どちらで書くのか？

　差し上げる、ある様子を示すなどの意で用いるときは、公用文では「呈する」と書きます。
　用例は、次のようになります。
　　【例】　自著を呈する。活況を呈する。

　ただし、文語的な表現で、他よりも先んじさせる、自分から進んで差し出すなどの意で用いる場合は、本来、「挺する」と書くべきでしょうが、「挺」が表外字であるため、「身をていする」というように平仮名書きになります。

［４］「手遅れ」、「手後れ」は、どちらで書くのか？

　結論から言えば、「手遅れ」、「手後れ」のどちらで書いても間違いではありません。これらは、事件や事故の処置、病気の手当てがおくれることですが、表記は異なっても意味の違いはありません。
　ただし、「後れる」と「遅れる」は、【お】の項の［６］で示したよ

うに意味の上で違いがありますので、参照してください。
　「手後れ」、「手遅れ」の用例は、次のようになります。
　　【例】　傷の手当てが手遅（後）れで重態となった。事故の処置が手遅（後）れで被害が拡大した。

［5］「手掛かり」、「手懸かり」は、どちらで書くのか？

　結論から言えば、「手掛かり」、「手懸かり」のどちらで書いても間違いではありません。これらは、手でつかまる所、手を付ける糸口、捜査や探索のきっかけのことですが、表記は異なっても意味の違いはありません。
　ただし、「掛かる」と「懸かる」は、【か】の項の［5］で示したように意味の上で違いがありますので、御参照ください。
　「手掛かり」、「手懸かり」の用例は、次のようになります。
　　【例】　捜査の手掛（懸）かりがない。探索の手掛（懸）かりをつかんだ。

［6］「的確」、「適確」、「適格」は、どう使い分けるのか？

　「的確」、「適確」、「適格」の3語については、書き間違いや打ち間違いがないように特に注意しましょう。取り分け、「的確」、「適確」の2語は、意味の上で微妙に異なるところがありますので、相違点をしっかり把握しておきましょう。

1　「的確」は、的を外れず確かなこと、よく当てはまって確かなことです。
　　用例は、次のようになります。
　　【例】　的確な判断。的確に処理する。的確な政策を立案する。

2　「適確」は、適正で確実なことですが、事実や実態に合致しているだけでなく最良の方法で行われることを意味します。法令では、こちらがよく用いられています。
　　用例は、次のようになります。
　　【例】　適確な措置を講じなければならない。適確に遂行するものとする。

3 「適格」は、定められた資格に適合していること、決まりに合致していることです。この反対語は、「欠格」ということになります。
   用例は、次のようになります。
   【例】 彼を適格と認める。適格者。適格検査。

［7］ 「出来る」、「できる」は、どちらで書くのか？

 これらは、どちらで書くのかという選択の問題ではなく、実は、公用文では厳密に使い分けることになっているのです。
 つまり、ものが自然に生じる、新たに作られる、物が新しい形で現れるという意味で用いる場合は、意味的に「出来（しゅつらい・しゅったい）」ということですので、「出来る」と漢字で書きます。
 用例は、次のようになります。
   【例】 こぶが出来る。資料が出来る。新しい駅が出来る。家が出来上がった。きれいに出来ている。

 一方、大変能力がある、可能性があるという意味で用いる場合は、意味的に「出来（しゅつらい・しゅったい）」ということではありませんので、「できる」と平仮名で書きます。くれぐれも、「……することが出来る」などと書かないように注意しましょう。
 用例は、次のようになります。
   【例】 よくできた尊敬すべき人物。営業することができる。よく理解できる。

［コメント］
 「公用文における漢字使用等について」（平成２２年１１月３０日内閣訓令第１号）に、原則として仮名で書くものとして「だれでも利用ができる」という用例が示されています。この平仮名書きの「できる」は、法令では、「市長は、……の許可を取り消すことができる」などと法的権限の付与を表し、又は「……に関する委員会を置くことができる」などと任意的選択権の所在を表すものとして多用されています。
 ちなみに、「出来」を含む熟語を挙げると次のようなものがあります。

　　　　【例】　出来合い。出来具合。出来心。出来事。出来栄え。上出来。不出来。

[8]　「手頃」、「手ごろ」は、どちらで書くのか？

　結論から言えば、公用文では「手頃」と書きます。
　「頃」は、旧常用漢字表では表外字でしたが、現行常用漢字表で新たに常用漢字として採用されましたので、大体の時、機会又はころ合いを意味する「ころ」は漢字で書きます。「頃」については、【こ】の項の［14］を参照してください。
　なお、「手頃」は、手に持つのに適していること、自分の条件や力量に適していることの意で用いられますが、漢字で書いたり平仮名で書いたりして混ぜ書きをしないように注意しましょう。
　用例は、次のようになります。
　　　【例】　手頃なバット。手頃な値段。散歩に手頃な距離。手頃な敷物。

[9]　「徹する」、「撤する」は、どう使い分けるのか？

　「徹する」、「撤する」は、全く異なる意味の語ですが、字音が同じで、文字が似ており間違いやすいので注意しましょう。

　1　「徹する」は、ある物事に達する、染みとおる、ある時間から終わりまでを過ごす、ある考えを貫き通すことです。「徹」を用いた熟語としては、徹底、徹頭徹尾、徹夜などがあります。
　　　用例は、次のようになります。
　　　【例】　骨身に徹する。夜を徹する。清貧に徹する。不偏不党に徹する。

　2　「撤する」は、取り除く、取り払う、引き揚げさせることです。「撤」を用いた熟語としては、撤回、撤去、撤廃などがあります。
　　　用例は、次のようになります。
　　　【例】　障害物を撤する。機動隊を撤する。

[10] 「手続」、「手続き」は、どちらで書くのか？

　結論から言えば、公用文では「手続」と書きます。このように、公用文では「き」を送らないのが原則となっているです。
　「公用文における漢字使用等について」（平成２２年１１月３０日内閣訓令第１号）の「送り仮名の付け方について」の項に、複合の語（２以上の語で構成された語）のうち「活用のない語であって読み間違えるおそれのない語について」送り仮名を省くものとするものの事例として１８６語が示してあります。その中に、「手続」という例が示されているのです。ここでいう「活用のない語」とは、主に名詞のことを指します。
　公用文を書く人は、この「１８６語」については必見です。
　用例は、次のようになります。
　【例】　許可の手続。利用申請の手続。手続を経なければならない。

[11] 「手引」、「手引き」は、どちらで書くのか？

　これは、どちらで書くのかという選択の問題ではなく、実は、公用文では厳密に使い分けることになっているのです。
　「手引」と「手引き」は、全く意味が異なることになりますので、くれぐれも使い間違いがないよう注意しましょう。

1　「手引」は、案内、解説、しおり、手ほどきのことで、入門書、指導書などの書名にも用います。
　　用例は、次のようになります。
　　【例】　指導の手引。文書事務の手引。能楽の手引。

2　「手引き」は、手を引いて導くこと、誘導することなどの意で用います。一般的に、余りいいことには用いられません。
　　用例は、次のようになります。
　　【例】　強盗の手引きをする。内部の者の手引きによる犯罪。

　［コメント］
　　「手引」、「手引き」は、そもそも「手を引く、手で引く」という

動詞から生じてきた名詞ですが、「手を引く、手で引く」の原義は「手を引いて連れて行く、手で引き出す」などの意です。
　「手引」、「手引き」は、両者とも名詞には違いありませんが、多少とも動詞的な感覚(ニュアンス)が残っている名詞には「手引き」のように「き」などの送り仮名が付けられる傾向にあります。
　前掲［1］の「手当」と「手当て」などはこの類いの使い分けということができます。一緒に覚えておきましょう。

［12］「転化」、「転嫁」は、どう使い分けるのか？

1　「転化」は、ある状態が他の状態に移り変わることです。
　用例は、次のようになります。
　【例】　局面が転化する。薬が毒素に転化する。田畑が草原に転化する。

2　「転嫁」は、原義としては女性が再婚することですが、一般的には罪や責任などを他人になすりつけること、自分の負担を他人に負わせることです。
　用例は、次のようになります。
　【例】　失敗の責任を転嫁する。罪を部下に転嫁する。財政負担を市民に転嫁する。

［13］「顛末」、「てん末」、「てんまつ」は、どちらで書くのか？

　結論から言えば、公用文では「てん末」と書きます。
　「顛末」は、物事の始めから終わりまでの事情、一部始終、いきさつのことですが、「顛」が表外字であるため、公用文では「てん末」と書くことを原則にしています。
　「てん末」は、事の初めから終わりまでの有様、事のいきさつの意で用いられます。
　用例は、次のようになります。
　【例】　事のてん末を話す。この事件のてん末を書く。

　［コメント］
　「法令における漢字使用等について」（平成２２年１１月３０日内

閣法制局長官制定）の「漢字使用について」において、「仮名書きにする際、単語の一部だけを仮名に改める方法は、できるだけ避ける」としながら、「ただし、次のように一部に漢字を用いた方が分かりやすい場合は、この限りでない」として例外を設けています。その例外の事例の中に「てん末」が掲げられているのです。

　そこで、このような例外の他の事例の主なものを掲げれば、次のようになります。

　【例】　えん堤、橋りょう、し尿、じん肺、ため池、排せつ、へき
　　　　地、漏えい

【と】

[1] 「問い合わせ」、「問合せ」は、どちらで書くのか？

　結論から言えば、公用文では「問合せ」と書きます。
　動詞の「問い合わせる」は一切送り仮名を省略しないで書きますが、その名詞形の「問合せ」は送り仮名を省略して書くのが公用文の原則です。
　「公用文における漢字使用等について」（平成２２年１１月３０日内閣訓令第１号）の「送り仮名の付け方について」の項に、複合の語（２以上の語で構成された語）のうち「活用のない語であって読み間違えるおそれのない語について」送り仮名を省くものとするものの事例として１８６語が示してあります。その中に、「問合せ」という例が示されているのです。ここでいう「活用のない語」とは、主に名詞のことを指します。
　公用文を書く人は、この「１８６語」については必見です。
　用例は、次のようになります。
　　【例】　お問合せ先は、次のとおりです。総務課にお問合せください。

[2] 「統括」、「統轄」は、どう使い分けるのか？

　１　「統括」は、ばらけているもの、別々になっているものを一つにまとめることです。つまり、文字どおり、統一してくくる意です。
　　　用例は、次のようになります。
　　【例】　諸説を統括する。意見を統括する。各部を統括する。

　２　「統轄」は、多くの人や組織を管理監督することです。つまり、文字どおり、統一して所轄することです。
　　　用例は、次のようになります。
　　【例】　支所を統轄する。公の施設を統轄する。総務部長が統轄する部署。

[3] 「同志」、「同士」は、どう使い分けるのか?

1 「同志」は、志を同じくする仲間、主義・主張を同じくして同じ目的を持った仲間の意で用いられます。
   用例は、次のようになります。
   【例】 同志の会合。同志を募る。革新の同志。同志会。

2 同士は、志に関係なく、単に仲間、連れの意で用いられます。
   用例は、次のようになります。
   【例】 若者同士。好きな者同士。男同士。同士討ち。

   [コメント]
   前記1、2の意味で名詞として用いるときは、それぞれ漢字で「同志」、「同士」と書きますが、同じ種類、同じ関係にある意の**接尾語**として用いるときは、平仮名で「どうし」と書くことになります。例えば、「船どうしが衝突した」など。
   なお、「**接尾語**」については、【な】の項の[6]の[**コメント**]を参照してください。

[4] 「貴い」、「尊い」は、どう使い分けるのか?

「貴い」、「尊い」は、どちらも「とうとい」又は「たっとい」と読みます。これらの使い分けについては、【た】の項の[12]で解説しておりますので、参照してください。

[5] 「通り」、「とおり」は、どちらで書くのか?

「トオリ」を漢字で書くか、平仮名で書くかという問題ですが、公用文では意味の違いで必ず使い分けることになっています。

1 「通り」は、人や車などが通る道、音や声の伝わる具合、分かりやすさの度合い、また、助数詞として、方法・手段・種類等を数える場合など本来の意味の名詞(実質名詞)として用いる場合の表記であって、必ず漢字で書きます。

用例は、次のようになります。
【例】 銀座通り。人通り。町通り。車の通りが多い。通り過ぎる。通り掛かる。通り抜ける。通り道。通り雨。通り魔。風の通りがいい。通りのいい声。話の通りが早い。3通りの方法。

2 「とおり」は、「次のとおりである」というように、本来の意味を失って、それと同じ状態であること、そっくりそのままであることなどの別の意味に転じてしまった名詞、いわゆる形式名詞として用いる場合の表記であって、必ず平仮名で書きます。
用例は、次のようになります。
【例】 条件は、次のとおりです。予想したとおりです。そのとおり間違いありません。通知どおりに行う。指示のとおりに終了する。

［コメント］
1 「公用文における漢字使用等について」（平成22年11月30日内閣訓令第1号）において、原則として仮名で書くという用例に「次のとおりである」など多数の用例が示してあります。確認しておくべきでしょう。
2 **形式名詞**については、【う】の項の［6］を参照してください。

［6］「時」、「とき」は、どちらで書くのか？

「トキ」を漢字で書くか、平仮名で書くかという問題ですが、公用文では意味の違いで必ず使い分けることになっています。

1 「時」は、時間の流れの中における、その時代、その時期、その時刻など本来の意味の名詞（実質名詞）として用いる場合の表記であって、必ず漢字で書くことになっています。
用例は、次のようになります。
【例】 時を知らせる。時が解決する。時の流れ。実施の時が来た。

2 「とき」は、「場合」と同じ意味で条件を表す形式名詞として用いる場合の表記であって、必ず平仮名で書くことになっています。このような意味の「トキ」を漢字で書くと文意が異なってきますので、

注意しなければなりません。**形式名詞**については、【う】の項の［6］を参照してください。
　用例は、次のようになります。
　【例】　不参加のときは、必ず連絡する。問題が起きたときは、適切に対処する。職員を公募するときは、公報にその旨を掲載する。

［コメント］
　同一文において、大きな前提条件を掲げて更に絞って小さな前提条件を重ねる場合は、大きな前提条件に「場合」を用い、小さな前提条件に「とき」を用いるのが原則です。
　用例は、次のようになります。
　【例】　前記の条件に該当する<u>場合</u>において、４０歳に達した<u>とき</u>は、……。

　なお、単独の前提条件を書く場合は、「場合」と「とき」の使い分けに特別の原則はありませんが、同一文書中においては、どちらかで統一して用いることが望ましいでしょう。

［7］「特長」、「特徴」は、どう使い分けるのか？

1　「特長」は、他と比べて特別に優れている点、長所のことです。
　用例は、次のようになります。
　【例】　この政策の特長。自分の特長を伸ばす。地域の特長をいかす。

2　「特徴」は、他と違って特に目立つ点、特色のことです。「特長」は良い意味にしか用いられませんが、「特徴」は良い意味、悪い意味の双方に用いられます。
　用例は、次のようになります。
　【例】　特徴のある歩き方。最近の犯罪の特徴。特徴のない話し方。

[8] 「解ける」、「溶ける」は、どう使い分けるのか？

1 「解ける」は、結び目がほどける、束縛から自由になる、消える、なくなる、解き明かされることです。
　用例は、次のようになります。
　【例】 帯が解ける。制限が解ける。任が解ける。怒りが解ける。雪が解ける。謎が解ける。警戒を解く。

2 「溶ける」は、液体の中に他の物質が混ざって均一になる、金属などが熱によって液状になることです。このような意味から比喩的に用いられることもあります。
　用例は、次のようになります。
　【例】 砂糖が水に溶ける。バターが溶ける。鉄が溶ける。会社組織に溶け込む。

[コメント]
　「とける」には、「解ける」、「溶ける」のほかに、「融ける」、「熔ける」、「鎔ける」があります。
　「融ける」は、固体が自然と液体になることで、「雪が融ける」などと用いられてきましたが、「融ける」は表外音訓ですので、「雪が解ける」というように書き換えることになっています。また、金属の「とける」は「熔ける」、「鎔ける」のどちらかを用いていましたが、これらは表外字であるため、このような場合、「溶ける」を用いることになっているのです。

[9] 「所」、「ところ」は、どちらで書くのか？

　「トコロ」を漢字で書くか、平仮名で書くかという問題ですが、公用文では意味の違いで必ず使い分けることになっています。

1 「所」は、場所、居所、住所、その地方、ふさわしい位置や地位など本来の意味の名詞（実質名詞）として用いる場合の表記であって、必ず漢字で書きます。
　用例は、次のようになります。
　【例】 人の住む所。彼の所。市役所のある所。台所。所言葉。所

を得る。

2 「ところ」は、「今出掛けるところです」というように、本来の意味を失って、状態、事態、場合、際、限り、程度などの別の意味に転じてしまった名詞、いわゆる形式名詞として用いる場合の表記であって、必ず平仮名で書きます。
　なお、**形式名詞**については、【う】の項の［6］を参照してください。
　形式名詞としての「ところ」の用例は、次のようになります。
　【例】　ついに他人の知るところとなった。現在のところ差し支えない。法律の定めるところによる。私の知るところではそれは事実である。

［10］「図書（としょ）」、「図書（ずしょ）」は、どう使い分けるのか？

「図書」は、読み方の違いで意味が異なってきますので、書き方よりもむしろ読み方に注意しなければなりません。

1 「図書（としょ）」は、書籍、本の意を表す場合の読み方です。
　用例は、次のようになります。
　【例】　図書館。出版図書。図書係。所蔵図書。

2 「図書（ずしょ）」は、絵図面と書物を一括して呼ぶ場合の読み方です。
　用例は、次のようになります（情報公開条例などにおいて「行政情報」の定義をする場合などに用いられている。）。
　【例】「行政情報」とは、職員が職務上作成し、又は取得した文書、図書、写真、フィルム等をいう。

［11］「整える」、「調える」は、どう使い分けるのか？

1 「整える」は、乱れたところのないように整理すること、あるべき状態に直すことです。
　用例は、次のようになります。
　【例】　隊列を整える。身辺を整える。調子を整える。服装を整える。

2 「調える」は、必要なものをそろえる、用意すること、物事をうまくまとめることです。
　用例は、次のようになります。
　【例】　式典の準備を調える。資金を調える。遊び道具を調える。交渉を調える。協議が調う。

[12] 「留まる」、「とどまる」は、どちらで書くのか？

　結論から言えば、公用文では「とどまる」と平仮名で書きます。
　変わらずその場所、地位、状態にいること、その範囲を出ないことを「トドマル」といいますが、この場合、「留まる」とは書きません。常用漢字表の「留」の音訓欄には「リュウ、ル、とめる、とまる」とあり、「とどまる」はありません。
　したがって、「留まる」はありますが、「留まる」はないのです。
　なお、「留まる」については、後掲［16］を参照してください。
　「とどまる」の用例は、次のようになります。
　【例】　当地にとどまる。現職にとどまる。川の流れがとどまる。会議の進行がとどまる。

[13] 「と共に」、「とともに」は、どちらで書くのか？

　結論から言えば、公用文では「とともに」と平仮名で書きます。
　副詞としての「ともに」は「共に」と漢字で書く原則で、「一緒に」という意味で用いられます。これが「共に」の本来の意味です。
　ところが、「とともに」は、名詞と名詞をつなぐ場合は「報告書とともに検討資料を作成する」というように、本来の「一緒に」という意味ですが、文と文（動詞又は動詞句）をつなぐ場合には「報告するとともに講演を行う」というように、本来の意味を失って「同時に」という時間的な意味に転じています。
　このような事情から、助詞「と」と副詞「トモに」が連結して出来た連語としての「とともに」は、**いかなる場合も平仮名で書く**ことになったと推測されます。
　「公用文における漢字使用等について」（平成２２年１１月３０日内閣訓令第１号）に原則として仮名で書くものの用例として、次のように示してあります。

【例】 説明するとともに意見を聞く。

[14] 「賭博」、「とばく」は、どちらで書くのか？

　結論から言えば、公用文では「賭博」と漢字で書きます。
　「賭」は旧常用漢字表では表外字でしたが、現行常用漢字表で「ト、かける」という音訓で新たに常用漢字として採用されました。
　「賭博」は、金銭や物品を賭けて勝負を争うことですが、一般的には「賭け事」又は「ばくち」と呼ばれています。

[15] 「飛び越える」、「跳び越える」は、どう使い分けるのか？

　「飛び越える」と「跳び越える」は、結局は、「飛ぶ」と「跳ぶ」の意味の違いから使い分けることになります。そこで、広く一般には「飛ぶ」であって、足で跳ね上がる、足で跳ねて越える場合は「跳ぶ」ということになるでしょう。

1　「飛び越える」は、飛んで物の上を越える、順序を越えて進むことです。「飛」は、そもそも、「空中を速く行く」意で、比喩的にも用いられています。
　　用例は、次のようになります。
　　【例】 海峡を飛び越える。先輩を飛び越える。一線を飛び越えてしまった。

2　「跳び越える」は、足ではねて物を越えることです。「跳」は、そもそも、「地面を蹴ってとびあがる」の意ですので、「飛」とは相当ニュアンスが異なります。
　　用例は、次のようになります。
　　【例】 溝を跳び越える。かえるが塀を跳び越える。高いバーを跳び越える。

[16] 「止まる」、「留まる」は、どう使い分けるのか？

1　「止まる」は、これまで動いていたものが動かなくなること、続いていたものが絶えたり、中断したりすることです。

用例は、次のようになります。
【例】 交通が止まる。水道が止まる。送金が止まる。息を止める。車を止める。痛みを止める。

2 「留まる」は、よそからやってきてそこで動かなくなること、動いたり離れたりしないよう固定されること、印象づけられて残ることです。

なお、「留」には、常用漢字表上、「とどまる」という字訓はないことについては、前掲［12］を参照してください。

用例は、次のようになります。
【例】 小鳥が枝に留まる。目にも留まらない。気に留める。命を取り留める。書き留める。留まり木。留め置く。

［17］「捕らえる」、「捉える」は、どう使い分けるのか？

1 「捕らえる」は、しっかりつかむ、つかまえる、取り押さえることです。
用例は、次のようになります。
【例】 袖を捕らえる。犯人を捕らえる。獲物を捕らえる。

2 「捉える」は、対象を把握する、視野や知識などの中にしっかり収めることです。「捉」は、旧常用漢字表では表外字でしたが、現行常用漢字表で「ソク、とらえる」という音訓で常用漢字として採用されましたので、漢字で書くことになります。熟語には「把捉」、「捕捉」などがあります。
用例は、次のようになります。
【例】 要点を捉える。真相を捉える。問題の捉え方。

［コメント］
「捕らえる」は、「ねずみを捕る」、「生け捕る」の「捕る」という語との対応で、「らえる」と送り仮名を送ります。この点、このような対応する語のない「捉える」の送り仮名とは異なりますので、注意しましょう。

[18] 「取る」、「執る」、「採る」は、どう使い分けるのか？

　「取る」は、この漢字の成り立ちから言えば、敵の耳を切り取ってしっかり手に持って戦功のしるしとしたことに由来した文字です。したがって、このような意味から派生して多種多様な意味で用いられています。
　そこで、これらの「とる」を正しく使い分けるには、むしろ、「執る」、「採る」の意味をしっかり把握しておく必要があります。

1　「取る」は、主な意味を述べれば、まず、手に持つこと、ある場所から自分の方に移すこと、ある場所から別な場所に移すこと、身に負うこと、作り出すこと、数量や物事を知ること、場所や時間を占めること、手足などを動かすことなどの意で用いられ、また、強意のための接頭語としても用いられています（**接頭語**については、【あ】の項の［１］を参照）。
　　用例は、次のようになります。
　　【例】　ハンドルを取る。資格を取る。箱のふたを取る。責任を取る。ノートを取る。出席を取る。時間を取る。相撲を取る。取り調べる。取り扱う。

2　「執る」は、その手で運用する、事務などを処理する、手に取って扱うことです。また、堅く守る、主張するなどの特殊な意味で用いられることもあります。
　　用例は、次のようになります。
　　【例】　式典を執り行う。指揮を執る。事務を執る。筆を執る。あっせんの労を執る。不偏不党の立場を執る。

3　「採る」は、選択して取り上げる、採取する、比べて良いと認めることです。
　　用例は、次のようになります。
　　【例】　優秀な人材を採る。新卒者を採る。血を採る。山菜を採る。窓から明かりを採る。この手段を採る。その意見を採る。

とる

[コメント]

「執る」と「採る」は、時折、使い分けに迷うことがあります。例えば、「必要な措置をとる」の「とる」は、どちらでも用いられることがあります。これは、どのような判断で使い分けされているのでしょうか。

それは、やはり書き手のそれなりの意図があると考えるべきでしょう。

つまり、「必要な措置を執る」とした場合には、単純に必要な措置を講ずるということであり、「必要な措置を採る」とした場合は、いろいろな選択肢があって、そのうちの特定の措置を選択したという意味が強調されていると考えるべきです。

なお、「とる」という表現には「獲る」、「摂る」、「盗る」などもありますが、これらにはいずれも常用漢字表上「とる」という字訓はありません。したがって、このような場合の「とる」は、全て平仮名書きとなります。

ちなみに、同じ「とる」でも「捕る」は前掲［17］の［コメント］にあるように漢字で書きます。

【な】

[1] 「直す」、「治す」は、どう使い分けるのか？

1 「直す」は、本来の正しい状態にする、修繕する、手を加えてよりよくする、元に戻す、改める、翻訳する、換算するなどの意で用いられます。さらに、動詞の連用形に付いて、もう一度改めてする意で用いられています。
　　用例は、次のようになります。
　　【例】　机の位置を直す。作文を直す。二人の仲を直す。悪い癖を直す。英語に直す。ヤードをセンチに直す。もう一度数え直す。手紙を書き直す。

2 「治す」は、治療する、健康にする意で用いられます。
　　用例は、次のようになります。
　　【例】　病気を治す。傷を治す。けがを治す。頭痛を治す。虚弱体質を治す。

[2] 「永い」、「長い」は、どう使い分けるのか？

1 「永い」は、時間がとこしえに、いつまでも続いて永久であることです。
　　用例は、次のようになります。
　　【例】　ついに永い眠りに就く。末永く契る。命を永らえる。

2 「長い」は、「短い」の反対語で、ものの比較で時間や距離の隔たりが大きいことです。比喩的にも用いられることが多い語です。
　　用例は、次のようになります。
　　【例】　長い時間を待たされる。長い年月。長い髪の毛。長い道を歩いてきた。長い行列。気が長い人。長い目で見る。秋の夜長。

[3] 「泣く」、「鳴く」は、どう使い分けるのか？

1 「泣く」は、声を出して涙を流す、つらい目にあって嘆き悲しむ、無理なことをやむを得ず承知する、その価値に値しないなどの意で用いられます。
　用例は、次のようになります。
　【例】　子供が大声で泣く。不運に泣く。ここは泣いてお負けする。この点は君に泣いてもらうよ。看板が泣く。代表者の名が泣くぞ。

2 「鳴く」は、鳥、獣、虫などが声や音を出すことです。
　用例は、次のようになります。
　【例】　うぐいすが鳴く。牛が鳴く。鈴虫が鳴く。鳴かず飛ばず。鳴くまで待とうほととぎす。

［コメント］
　「なく」には「啼く」もあります。これは、悲しみ嘆く、声を出して鳴き続ける意で、人にも鳥獣にも用いることができますが、表外字であることから、公用文では用いることはできません。

[4] 「情」、「情け」は、どちらで書くのか？

　「なさけ」と読ませるのであれば、「情け」と「け」を送るのが原則です。「送り仮名の付け方」（昭和４８年６月１８日内閣告示第２号）の通則３「例外」（１）に「次の語は、最後の音節を送る。」とあり、１８語が列挙されています。その中に「情け」が入っているのです。
　これは、「情」だけでは「ジョウ」と読むこともでき、誤読されるおそれがあるからでしょう。もっとも、「情が厚い」は「ジョウ」でいいわけです。
　「情け」の用例は、次のようになります。
　【例】　情けは人のためならず。親の情けを知る。情け深い人。情け容赦なく。

[5] 「成す」、「なす」は、どちらで書くのか？

「ナス」を漢字で書くか、平仮名で書くかという問題ですが、実は、公用文では意味の違いで必ず使い分けることになっています。

1 「成す」は、つくる、なしとげることです。
　用例は、次のようになります。
　【例】 形を成す。群れを成す。意味を成さない。努力を重ねて産を成す。

2 「なす」は、する、行う、生むなどの意で用いる場合の表記です。漢字を当てれば、「為す」、「生す」となりますが、いずれも表外音訓ですので、漢字では書けません。こちらは、どちらかと言うと文語的表現です。
　用例は、次のようになります。
　【例】 荒地を沃野となす。なすすべもない。偉業をなす。相手のなすがままになる。子までなした仲。

[6] 「並」、「並み」は、どちらで書くのか？

「ナミ」を「み」の送り仮名を付けないで書くか、付けて書くかという問題ですが、実は、公用文では意味の違いで必ず使い分けることになっています。

1 「並」は、特に良くも悪くもないこと、中くらいであること、普通の程度であることの意を表す名詞として用いる場合の表記です。この場合は、送り仮名は付けません。
　用例は、次のようになります。
　【例】 並の人間。並製。並の肉。並外れ。

2 「並み」は、接尾語として名詞に付いて、同じものが幾つも並んでいることを表したり、同じ程度であることを表したりする場合の表記です。この場合は、「み」の送り仮名を付けることになっています。

なみ

用例は、次のようになります。
【例】　世間並み。人並み。軒並み。月並み。足並み。

[コメント]

「並」を用いた熟語として、「並足」、「並木」、「並大抵」、「並々ならぬ」などがありますが、これらはいずれも「み」を送りませんので、注意してください。

「み」を送るのは、飽くまで接尾語として用いられる場合のみです。

ちなみに、**接尾語**とは、それだけで使われることはなく、他の語の後に付いてその語に意味を添えたり、強めたり、他の品詞に変えたりする造語要素のことです。

接尾語を平仮名で書くことについては、「公用文における漢字使用等について」（平成２２年１１月３０日内閣訓令第１号）に「次のような接尾語は、原則として、仮名で書く」とあり、次のような事例が示してあります。
【例】　げ（惜しげもなく）　ども（私ども）　ぶる（偉ぶる）　み（弱み）　め（少なめ）

また、一般的な接尾語の例として次のようものがあります。
【例】「寒さ」の「さ」、「悲しみ」の「み」、「春めく」の「めく」

【に】

［１］「匂い」、「臭い」は、どう使い分けるのか？

1　「匂い」は、嗅覚に快く感じられる香りのことです。
　　用例は、次のようになります。
　　【例】　梅の花の匂い。香水の匂い。ほのかな匂い。

2　「臭い」は、不快なくさみ、臭気のこと、また、それらしい趣、感じのことです。
　　用例は、次のようになります。
　　【例】　魚の腐った臭い。生ごみの臭い。不正の臭い。罪の臭いがする。

［コメント］
　「匂」は、旧常用漢字表では表外字でしたが、現行常用漢字表で「におう」という字訓で新たに常用漢字として採用されたものです。
　一方、「臭」は、旧常用漢字表で「シュウ、くさい」の音訓で既に常用漢字として採用されていましたが、現行常用漢字表で「におう」という字訓が新たに追加されました。
　いずれも、「匂う」、「臭う」という動詞としても用いられますが、いい匂いと悪い臭いで厳密に使い分けることになっていますので、注意してください。

【ね】

[1] 「願い」、「願」は、どちらで書くのか？

　結論から言えば、「願う」の名詞形は「願い」というように「い」を送って書きます。
　用例は、次のようになります。
　　【例】　お願い。願い事。願い出。願い下げ。

　ただし、「法令における漢字使用等について」(平成２２年１１月３０日内閣法制局長官制定)に「活用のない語で慣用が固定している」語について送り仮名を送らないものとして「(休暇)願」が例示されています。
　つまり、提出書類の標題などの「願」には「い」は送らないということです。
　用例は、次のようになります。
　　【例】　退職願。出張願。備品調達願。

[2] 「狙う」、「ねらう」は、どちらで書くのか？

　結論から言えば、公用文では「狙う」と漢字で書きます。
　「狙」は、旧常用漢字表では表外字であったため、「ねらう」と平仮名で書いてきましたが、現行常用漢字表で「ソ、ねらう」の音訓で新たに常用漢字として採用されたのです。
　「狙う」は、ある物事を目標として目指す、また、その目標物を手に入れようと様子をうかがう意で用いられます。
　用例は、次のようになります。
　　【例】　的を狙う。獲物を狙う。隙を狙う。その機会を狙う。

[3] 「捻出」、「ねん出」は、どちらで書くのか？

　結論から言えば、公用文では「捻出」と漢字で書きます。
　「捻」は、旧常用漢字表では表外字であったため、「ねん出」と平仮

ねんしゅつ

名と漢字で書いてきましたが、現行常用漢字表で「ネン」の字音で新たに常用漢字として採用されたのです。
　「捻出」は、ひねり出すこと、苦心して考え出すこと、金銭や時間などをやりくりしてつくり出すことです。
　用例は、次のようになります。
　　【例】　妙案を捻出する。苦心して時間を捻出した。わずかな費用を捻出する。

【の】

[１] 「乗せる」、「載せる」は、どう使い分けるのか？

 １ 「乗せる」は、人を乗り物に乗らせること、また、相手をこちらの思うとおりにさせる、加入させる、調子を合わせる、ある基準以上になることです。
  用例は、次のようになります。
  【例】 親を車に乗せる。口車に乗せる。一口乗せる。リズムに乗せる。大台に乗せる。

 ２ 「載せる」は、物をある物の上に置く、物を車などに積む、雑誌などの書物に掲載することです。
  用例は、次のようになります。
  【例】 机に載せる。車に荷を載せる。週刊誌に載せる。

[２] 「望む」、「臨む」は、どう使い分けるのか？

 １ 「望む」は、遠くを眺める、仰ぐ、そうありたいと願う、希望する、慕うことです。
  用例は、次のようになります。
  【例】 遠くの山並みを望む。天を望む。平和を望む。その夢の実現を望む。その徳を望む。

 ２ 「臨む」は、ある物事に直面すること、ある場所に出席すること、ある場面にぶつかること、また、上司として下位の者に対することです。
  用例は、次のようになります。
  【例】 海に臨む家。開会式に臨む。危険に臨む。部下に臨む態度。厳罰をもって臨む。

[3] 「則る」、「のっとる」は、どちらで書くのか？

　結論から言えば、公用文では「のっとる」と平仮名で書きます。
　「則る」は、手本として、また、規範として従う意ですが、「則」については常用漢字表の音訓欄には「ソク」しかなく、「のっとる」の字訓はありません。
　したがって、公用文においては「のっとる」と平仮名で書くしかありません。
　用例は、次のようになります。
　　【例】　先例にのっとり……。前例にのっとり……。規則にのっとり……。

[4] 「伸びる」、「延びる」は、どう使い分けるのか？

1　「伸びる」は、それ自体が長くなる、まっすぐになる、大きく豊かになること、また、疲れたり、殴られたりして動けなることです。
　用例は、次のようになります。
　　【例】　身長が伸びる。枝が伸びる。背筋が伸びる。業績が伸びる。才能が伸びる。捜査の手が伸びてくる。救済の手を伸ばす。けんかで相手を伸ばす。疲れでぐったり伸びる。

2　「延びる」は、同じものを継ぎ足して長くなる、時間が長くなる、期日や期限が先になる、薄く平らに広がる、弾力がなくなる、また、どうにか命を保つことです。
　用例は、次のようになります。
　　【例】　鉄道が延びる。休み時間が延びる。期日が延びる。のりが延びる。ゴムひもが延びる。そばが延びる。生き延びる。逃げ延びる。

　［コメント］
　パンツのゴムひもに弾力がなくなった場合は「ゴムひもが延びる」であり、短いゴムひもを継ぎ足してのばす場合も「ゴムひもを延ばす」でいいことになりますが、弾力のあるゴムひもを引っ張ってのばせば、「ゴムひもを伸ばす、ゴムひもが伸びる」となります。か

なり微妙ですが、厳然たる違いがありますので、注意しましょう。

［5］「上る」、「登る」、「昇る」は、どう使い分けるのか？

1 「上る」は、下の方から上の方に移動すること、川の上流の方に向かうこと、地方から都に向かうこと、話題になること、食べ物が食卓に用意されることです。また、頭の方へ血が流れること、数量が相当程度に達することの意でも用いられます。
　用例は、次のようになります。
　【例】 階段を上る。船で川を上る。上り列車。サッカーのことが話題に上る。魚料理が食卓に上る。頭に血が上る。蓄財が6億円に上る。

2 「登る」は、他よりも一段と高い所に行くこと、物の上に上がることです。
　用例は、次のようになります。
　【例】 富士山に登る。丘に登る。木に登る。舞台に登る。演壇に登る。

3 「昇る」は、高い所へ向かって勢いよく動いていくこと、人が高い地位に就くことです。
　用例は、次のようになります。
　【例】 太陽が昇る。月が昇る。高位高官の地位に昇る。

［コメント］
　「上る」、「登る」は、その対語はそれぞれ「下る」、「降りる」であり、下から上に行く点で同様ですが、「上る」は単純に又は普通にのぼる場合に、「登る」は足を使って努力して、又は労力を費やしてのぼる場合に用いられるのが一般的です。ちなみに、「昇る」の対語は「沈む」です。

【は】

［１］ 「配布」、「配付」は、どちらで書くのか？

　結論から言えば、公用文では「配布」を用いることになっています。
　「法令における漢字使用等について」（平成２２年１１月３０日内閣法制局長官制定）において、「配布・配付」について「「配付」は交付税及び譲与税配付金特別会計のような特別な場合についてのみ用いる。それ以外の場合は「配布」を用いる。」とされ、一般公用文においても「配付」は使用しないというのが実情です。
　一般の国語辞典では、「配付」は一人一人に配る意とあり、「配布」は広く一般に行きわたるように配る意とありますが、法令や公用文では、そのような使い分けの煩わしさを避けることにしたものと考えられます。
　用例は、次のようになります。
　　【例】　資料を配布する。議案を配布する。公報を配布する。広告を配布する。

［２］ 「排列」、「配列」は、どちらで書くのか？

　結論から言えば、公用文では「配列」を用いています。
　「排列」は五十音やアルファベットの順などにより順序立てて並べることであり、「配列」は順序立てるのではなく、ある基準により割り当てて並べることです。
　しかし、「排列」も「配列」も並べるということでは同じ意味を表すので、法令や公用文では、そのような使い分けの煩わしさを避けることにして、字画も少なく、教育漢字の「配」を用いた「配列」のほうを用いているものと考えられます。
　用例は、次のようになります。
　　【例】　定められた基準で配列する。商品の配列を変える。色の配列。

はかる

［3］「計る」、「測る」、「量る」は、どう使い分けるのか？

　「計る」、「測る」、「量る」は、いずれも物を計測、計量することですが、その対象やはかり方によって使い分けて用いられています。

1　「計る」は、物の数、程度を知るために調べること、工夫し計画すること、だますこと、相談することです。
　　用例は、次のようになります。
　　【例】　時間を計る。実現を計る。まんまと計られる。上司に計る。

2　「測る」は、本来、物のそばに尺度をくっつけてはかることで、物の長さ、広さ、高さ、深さ、速さなどを調べること、ある事柄から他の事柄の見当をつけることです。
　　用例は、次のようになります。
　　【例】　駅までの距離を測る。面積を測る。血圧を測る。湖の深さを測る。速度を測る。真意を測る。心底を測りかねる。

3　「量る」は、はかりや升で分量を明らかにすることで、物の重さや量を調べること、ある事柄から他の事柄の見当をつけることです。
　　用例は、次のようになります。
　　【例】　米を升で量る。体重を量る。容積を量る。分量を量る。人の心中を量る。気持ちを推し量る。

　［コメント］
　ある事柄から他の事柄の見当をつける意の「推しはかる」には、「推し測る」と「推し量る」の両者を挙げている国語辞典があります。また、「推し計る」を例示しているものもあるようです。これらは、「推測」、「推量」、「推計」などの熟語を念頭に置いた表記であろうと考えられますが、一般的には、「推しはかる」は「推し量る」が適切でしょう。

［4］「図る」、「謀る」、「諮る」は、どう使い分けるのか？

1　「図る」は、物事を行おうとして工夫すること、企てること、取

り計らうことです。
　用例は、次のようになります。
　【例】　計画の実行を図る。問題の解決を図る。事務の合理化を図る。便宜を図る。文書表記の統一を図る。

2　「謀る」は、良くないことを行おうとして一緒に相談すること、たくらむこと、だますことです。
　用例は、次のようになります。
　【例】　悪事を謀る。人を謀って陥れる。暗殺を謀る。まんまと謀られる。

3　「諮る」は、良い悪いに関係なく、何かを決定する場合などに相談し合って考えることです。
　用例は、次のようになります。
　【例】　会議に諮る。委員会に諮る。課員に諮る。意思決定の前に審議会に諮らなければならない。

［コメント］
　人からだまされる意の「まんまとはかられる」には、「計られる」と「謀られる」の両者の例があります。「だます」というニュアンスは「謀る」のほうが強いようにも思われますが、どちらかと言えば「まんまと計られる」のほうが一般的です。

［5］「初め」、「始め」は、どう使い分けるのか？

1　「初め」は、主として時間の上で最初のこと、順序から言って事の起こりのことです。「初めて」という表記で副詞としても用いられます。
　用例は、次のようになります。
　【例】　年の初め。7月の初め。夏の初め。初めのうち。初めて見ました。

2　「始め」は、主として物事を新しく行うこと、開始することです。「始める」、「始まる」という動詞として用いられます。
　用例は、次のようになります。

【例】 仕事始め。始めと終わり。年始めの行事。研究を始める。手始め。市長を始め皆様の御支援のたまもの……。

［コメント］
　「初め」と「始め」の使い分けについては、時には迷うことが少なくありません。例えば、「年の初め」はこれでよいのですが、「年始めの行事」もこれで正しいのです。前者は「年の最初の時」を表しており、後者は「年を始めるための行事」の意であって「年始め」は時間のことではありません。「年始め」の「始め」は名詞として用いてありますが、動詞的ニュアンスを強く残している名詞と言えます。

　また、主たるものを第一として挙げる場合に、「……を初め」とするのか「……を始め」とするのかという問題ですが、これは時間的なことではなく物事の始めのことですので「……を始め」を用いるべきでしょう。

　ちなみに、「初め」は名詞として、又は「初めて」という副詞として用いられるのみで、「初める」という動詞はあり得ませんので、念のため。

［6］「破綻」、「破たん」は、どちらで書くのか？

　結論から言えば、公用文では「破綻」と全て漢字で書きます。
　「綻」は旧常用漢字表では表外字であったため、「破たん」と漢字と平仮名で書いてきましたが、現行常用漢字表で「タン、ほころびる」の音訓で新たに常用漢字として採用されたのです。
　「破綻」は、物事やそれまでの状態に綻びが生じてうまくいかなくなることです。
　用例は、次のようになります。
　　【例】 友人関係が破綻する。生活が破綻する。国交が破綻する。

［7］「花」、「華」は、どう使い分けるのか？

1　「花」は、一般的に、植物の花のことですが、形や色が花に似たものの意で、また、美しいもの、功名などの意でも用いられています。
　　用例は、次のようになります。

【例】 花が咲いている。波の花。花道（はなみち）。花形。花嫁。花の都。花を持たせる。

2 「華」は、漢字発生の上で「花」の元の漢字であって、やはり、草木の美しいはなのことですが、一般的には、きらびやかで美しいもの、優れた性質のたとえの場合に多く用いられます。
　用例は、次のようになります。
【例】 華やかな式典。文化の華。華々しい伸展。華道（かどう）。

[8]「早い」、「速い」は、どう使い分けるのか？

1 「早い」は、何かを行う時刻や時期が普通に考えられる基準よりも前である様子のこと、物事を急いで行う様子のことです。
　用例は、次のようになります。
【例】 まだ時期が早い。早く起きる。出発が早い。出足が早い。早咲きの花。早合点。早分かり。早足。早変わり。のみ込みが早い。

2 「速い」は、動作や作用の進行にかかる時間が短く素早いこと、事の動きが急であることです。
　用例は、次のようになります。
【例】 川の流れが速い。走るのが速い。頭の回転が速い。新幹線より速いリニアモーター・カー。球が速くて打てない。テンポの速い音楽。

［コメント］
　「早合点」、「早分かり」、「早足」、「早変わり」、「のみ込みが早い」などは、動作の速さというよりも急いで行うこと、他の人が行う時期、時点よりも先にする、また、先にすることができるということに重点があるので、「早い」を用いているのです。

[9]「貼る」、「はる」は、どちらで書くのか？

　結論から言えば、公用文では「貼る」と漢字で書きます。
　「貼る」は旧常用漢字表では表外字であったため、「はる」と平仮名

で書いてきましたが、現行常用漢字表で「チョウ、はる」の音訓で新たに常用漢字として採用されたのです。

「貼る」は、のりでくっつけたり、接着することで、「貼付」（チョウフ）という熟語でも用いられています。

なお、「貼付」は、慣用読みで「テンプ」とも読まれていますが、これは飽くまで俗読みの類いです。

用例は、次のようになります。

【例】 付箋を貼る。切手を貼ってください。壁に貼り付ける。

［コメント］

「ハル」には「張る」がありますが、こちらは、延び広がる、ぴんと伸ばす、見張るなど多数の意で用いられています。「貼る」と紛らわしいのは、「張り付ける」という語があることです。これは、例えば、「記者を事件に張り付ける」、「刑事を立ち回り先に張り付ける」などと用いられるもので、「壁に貼り付ける」などとは全く異なる意味で用いられています。

[10] 「煩雑」、「繁雑」は、どう使い分けるのか？

1　「煩雑」は、こまごまと込み入って煩わしく、心理的に面倒であるという意で用いられています。そもそも、「煩」は、頭の中で火が燃えているようにいらいらする意を表す漢字です。

用例は、次のようになります。

【例】 煩雑な事務手続。経路が実に煩雑である。理屈が煩雑で分かりにくい。

2　「繁雑」は、物事が多くてごたごたしていることです。「繁」は、だんだん増えていくことで、むやみに多い意を表していますが、面倒というような心理的な要素は入っていません。

用例は、次のようになります。

【例】 繁雑な組織の仕組み。繁雑な機械の構造。繁雑な制度。繁雑な税制。

[11] 「半面」、「反面」は、どう使い分けるのか？

1 「半面」は、顔の右か左の半分、物の半分の面の意です。一般に、同一の平面にありながら対立する性質を持った二つの面のうちの一方の面のことです。
   用例は、次のようになります。
   【例】 顔の右半面。半面の真理。コートの半面。全体の半面。真相の半面。

2 「反面」は、反対の面、表裏両面のあるものの片方の面のことで、名詞で用いられるほか、副詞的に「他の面から見て……」という意味で用いられることもあります。
   用例は、次のようになります。
   【例】 盾の反面。壁の反面。反面教師。陽気な反面、涙もろいところがある。

【ひ】

［１］「日陰」、「日影」は、どう使い分けるのか？

1 「日陰」は、まず、日光の当たらない所のことです。また、比喩的に、表立って世の中に出られないこと、世の中でもてはやされないことに用いられます。
　　用例は、次のようになります。
　　【例】　日陰で休もう。日陰の生活をする。日陰の身。日陰者。

2 「日影」は、日の光、日光、日ざしのことです。
　　用例は、次のようになります。
　　【例】　窓に日影が差す。夏の強い日影。

　［コメント］
　　「陰」と「影」の使い分けについては、【か】の項の［６］を参照してください。「影」は、「陰」と同じように、物が光を遮って出来る暗い部分を指すことにも用いられますが、そのほか、月影、星影というように光そのものを指したり、人影というように目に映る人、物の姿、形を指したりすることもあります。

［２］「引き伸ばす」、「引き延ばす」は、どう使い分けるのか？

1 「引き伸ばす」は、それ自体を引っ張って大きく、又は長くすることです。
　　用例は、次のようになります。
　　【例】　ゴムひもを引き伸ばす。そばを引き伸ばす。しわを引き伸ばす。

2 「引き延ばす」は、時間を延ばすこと、遅れさせること、同じものを継ぎ足して長くすることです。
　　用例は、次のようになります。
　　【例】　会期を引き延ばす。締切日を引き延ばす。バス路線を引き

延ばす。回答を引き延ばす。

［コメント］
「伸びる」と「延びる」の使い分けについては、【の】の項の［4］を参照してください。
ちなみに、「写真をひきのばす」は、どちらでしょうか。これは、引っ張るわけではありませんが、継ぎ足すわけでもありません。同じものを同じ構図で拡大するということからすれば、「写真を引き伸ばす」でいいと思われます。

［3］「火攻め」、「火責め」は、どう使い分けるのか？

1　「火攻め」は、火を付けて攻めること、いわゆる焼き打ちのことです。
　　用例は、次のようになります。
　　【例】　城を火攻めにする。村が火攻めで焼失した。

2　「火責め」は、火を使って苦しめる拷問のことです。
　　用例は、次のようになります。
　　【例】　火責めの拷問。極悪人は火責めや水責めにされた。

［4］「日付」、「日付け」は、どちらで書くのか？

結論から言えば、「日付」と書き、「け」は送らない原則です。
「法令における漢字使用等について」（平成22年11月30日内閣法制局長官制定）の「2　送り仮名の付け方について」の「（2）複合の語」において、「け」を送らないという慣用が固定しているものとして「け」を送らないこととしています。
「日付」は、文書などに作成又は提出の日を記すこと、又はその年月日のことです。
　用例は、次のようになります。
　【例】　文書には必ず日付を記入すること。提出日付欄。日付変更線。

[コメント]
　公文書の日付には、元号を用いることが慣例的原則になっています。これは、我が国は天皇制を執っていることから公式な日付を元号の年月日としてきたことによるものと考えられます。
　一方、元号がグローバルな時代において国際的に分かりにくいという意見もあり、最近の公文書では元号の年の後に次のように西暦の年を括弧書きで加える工夫もされるようになってきました。
　【例】「平成30（2018）年」又は「平成30年（2018年）」

　また、「日付」には「け」を送りませんが、「平成○○年○月○日付け」又は「○月○○日付けの文書」のような場合の「付け」には原則どおり「け」を送ることになっていますので、注意してください。

［5］「必死」、「必至」は、どう使い分けるのか？

1　「必死」は、文字どおり必ず死ぬことですが、一般的には、死を覚悟して行うこと、全力を尽くすことです。
　　用例は、次のようになります。
　【例】　必死の覚悟で取り組む。必死に努力する。必死に走る。必死に応援する。

2　「必至」は、文字どおり必ずそこに至ることですが、一般的には、ある事態が避けられない、必ずそのようになることです。こちらは、余りいいことには使われません。いいことには「○○は確実である」という表現を用いることになるでしょう。
　　用例は、次のようになります。
　【例】　敗戦は必至である。大災害は必至である。財政難は必至の情勢となる。

［6］「必須」、「必す」は、どちらで書くのか？

　結論から言えば、公用文では「必須」と全て漢字で書きます。
　「須」は、旧常用漢字表では表外字であったため、「必す」と漢字と平仮名で書いてきましたが、現行常用漢字表で「ス」の字音で新たに常用漢字として採用されたのです。

「必須」は、必ず用いるべきこと、なくてはならないことです。
用例は、次のようになります。
  【例】 必須の条件を満たすこと。英語が必須科目である。必須アミノ酸。

［7］「人混み」、「人込み」は、どう使い分けるのか？

　結論から言えば、「人混み」も「人込み」も同義であり、特に使い分けの基準はありません。
　そもそも、「混」は旧常用漢字表において常用漢字ではありましたが、その音訓は「コン、まじる、まざる、まぜる」のみで「こむ」という字訓はありませんでした。そこで、現行常用漢字表で「こむ」という字訓が新たに追加されるまで「ひとごみ」を「人込み」と書くことにして、これが定着してきたという経緯があります。
　また、「込」は「こむ、こめる」という字訓の和製漢字で、細部にわたる、内部に入り込んで密度を高めるという意味で用いられてきましたので、「人込み」は「混」に「こむ」の字訓が加わったとしても、そのまま用いることになっています。
　一方、「混」は、人や物が混雑する、雑踏するなどの意味ですから、「人混み」という表現で用いて何ら問題ないということになり、むしろこちらが本命と言えるかとも思われます。

　［コメント］
　　前記のとおり、「人混み」と「人込み」については特に使い分けの基準はありませんが、単独で用いる「込む」と「混む」については、一応の使い分けがあります。その点につきましては、【こ】の項の［13］を参照してください。

［8］「一通り」、「ーとおり」は、どちらで書くのか？

　結論から言えば、公用文では「一通り」と漢字で書きます。
　そもそも、「通り」は人や車などが通る道の意が主意ですが、転じて、助数詞として方法、手段、種類などを数える場合にも用いられるものです。
　なお、「一通り」は、世間並みであること、普通、あらまし、一つ

の方法などの意で用いられています。
　用例は、次のようになります。
　　【例】　一通りの教育を施す。一通りの事情を話す。やり方は一通りしかない。

［コメント］
　「通り」と「とおり」の使い分け、つまり、「トオリ」を「とおり」と平仮名で書くことの原則については、【と】の項の［5］を参照してください。
　ちなみに、横書きの文書においては、数字については一部の例外を除いて洋数字が用いられますが、「ひとつ、ふたつ、みっつ」などと読ませる場合も熟語中の数字と同様に例外であって、必ず漢数字で書くことになっています。
　したがって、「一通り」を「1通り」と書くことはできません。

［9］「一人」、「独り」は、どう使い分けるのか？

　1　「一人」は、一個の人のことで、人数に重点がある場合に用いられます。
　　用例は、次のようになります。
　　【例】　ただ一人の賛同者。反対は一人だけです。一人分の食事。

　2　「独り」は、自分だけで仲間又は相手がいない、独身である、人手を借りずにする、自然になる意で用いられています。また、打消しの語を伴って副詞的に、「ただ単に」の意で用いられることもあります。
　　用例は、次のようになります。
　　【例】　独り寂しく暮らす。まだ独りです。独りで作成した。ドアが独りで開いた。独り日本のみならず世界の問題である。

［コメント］
　「一人」と「独り」の使い方は、書き手の意思や感情によって微妙に異なってきます。
　例えば、「一人歩き・独り歩き」、「一人暮らし・独り暮らし」、「一人住まい・独り住まい」などは、それぞれ両者とも間違いではあり

ません。ただ、前者は単に人数を表しており、後者は独立していること又は孤独であることを表しているということになります。

［10］「一人一人」、「一人ひとり」は、どちらで書くのか？

　結論から言えば、公用文においては「一人一人」と書くことが標準になっています。
　文部省用字用語例（昭和５６年１２月）に「一人一人」の用例が示されており、公用文においてはこの表記が通常行われているところです。
　なお、新聞業界においては、漢字の重複を避けて「一人ひとり」と書くのが通常で、変わったところでは、「一人一人」と「一人ひとり」を使い分けているところもあるようです。
　すなわち、人数に重点を置くときは「各部から一人一人呼ぶ」というように表記し、個人・個性に重点を置くときは「一人ひとりの意見を聞く」と表記するという具合に使い分けるというわけです。
　これも一理あるように思われますが、公用文でこのような微妙な使い分けをすることには余り実益はなさそうです。

［11］「表記」、「標記」は、どう使い分けるのか？

1　「表記」は、まず、表（おもて）に書き記すことであり、言葉を文字や記号で書き表すことです。
　用例は、次のようになります。
　【例】　表記の宛先。平仮名で表記する。日本語は漢字仮名交じりで表記する。

2　「標記」は、目印として書くこと、また、文書の初めに標題として書くこと、また、それらの書いたもののことです。
　用例は、次のようになります。
　【例】　交通標記。文書の標記の書き方。標記の件について。標記の協議会。

[12] 「表示」、「標示」は、どう使い分けるのか?

1 「表示」は、外部にはっきりと表し示すこと、また、図表にして示すことです。
　用例は、次のようになります。
　【例】 意思表示。反対意見を表示する。価格は次の表示のとおり。

2 「標示」は、目印を付けて外部に表し示すこと、また、その目印となる文字、記号、図のことです。ただし、「法令における漢字使用等について」(平成22年11月30日内閣法制局長官制定)において、「標示」は特別な理由がある場合以外は用いないこととし、その代わりに「表示」を用いるとしています。
　なお、表示した目印となる文字、記号、図のことであれば「標識」という語を用いることができます。例えば、「道路標識」などがあります。
　ちなみに、前記の「特別な理由がある場合」とは、例えば、古い法令や既存の関連する文書との表現上の統一を図る必要がある場合などをいうものと思われます。

[13] 「表題」、「標題」は、どう使い分けるのか?

1 「表題」は、書物の表(おもて)に書いてある、その書物の題名のことです。
　用例は、次のようになります。
　【例】 彼の著書の表題は面白い。台本の表題は「海のかなたに」である。

2 「標題」は、内容を簡潔に言い表したもので、演説、談話、演劇、芸術作品などの内容を示す題目のことをいいます。
　用例は、次のようになります。
　【例】 その絵画の標題は「遠い夢」である。演劇の標題として分かりにくい。講演の標題を書く。

［14］「平屋建て」、「平家建て」は、どちらで書くのか？

　結論から言えば、どちらで書いても間違いではありません。
　「平屋」、「平家」は、同じく一階建ての家のことで、特に使い分けの基準はなく、「平屋建て」、「平家建て」は、どちらも二階のない一階造りの家又はその仕様のことをいいます。

［15］「拡がる」、「広がる」は、どちらで書くのか？

　結論から言えば、公用文では「広がる」と書きます。
　本来、「拡」は手偏の漢字であることからも分かるように、手で押しひろげる意を表し、ひろくする、ひろげる、ひろがるという意の動詞として用いられていましたが、現行常用漢字表では「拡」の音訓は「カク」しかなく、「拡大」、「拡張」などと熟語で用いられています。
　一方、「広」は、本来、ひろい意を表す形容詞として用いられてきましたが、現在、「広」に「コウ、ひろい」の音訓のほかに、「ひろまる、ひろめる、ひろがる、ひろげる」という字訓を当てて、「広まる」、「広める」、「広がる」、「広げる」という動詞としても用いているのです。
　用例は、次のようになります。
　【例】　台風の被害が広がる。うわさが広がる。道路の幅が広がる。

【ふ】

[1] 「増える」、「殖える」は、どう使い分けるのか？

1 「増える」は、既存の数や量に同じものが他から加わって全体が多くなること、上に重ねることです。反対語は、「減る」です。
　用例は、次のようになります。
　【例】　予算が増える。職員が増える。自動車事故が増える。水が増える。

2 「殖える」は、「増える」のように他から加わって多くなるのではなく、それ自身の力で数や量が多くなること、繁殖すること、子孫が多くなること、財産が多くなることです。
　用例は、次のようになります。
　【例】　害虫が殖える。ばらが殖える。預金が殖える。利子が殖える。財産が殖える。品種が殖える。家畜が殖える。

［コメント］
　例えば、「家畜を殖やす」と「家畜を増やす」などは、その意味合いが微妙に異なってきますので、解釈上又は表記上、注意を要します。前者は自家で家畜の子を産ませて頭数をふやす意であり、後者は他から家畜を買い入れて頭数をふやす意となります。
　また、「借金がふえる」は、「借金が増える」と書くべきでしょう。そもそも、「殖える」は、どちらかと言えば、「預金が殖える」、「利子が殖える」、「財産が殖える」という具合に良い方向にふえることを意味するものですから、「借金が殖える」という表現には大いに違和感があります。

[2] 「吹く」、「噴く」は、どう使い分けるのか？

1 「吹く」は、風が起こる、粉・かび・芽などが出る、口から息を出す、息を強く出して鳴らす、おおげさなことを言うなどの意で用いられます。

また、比喩的にも用いられます。
用例は、次のようになります。
【例】 風が吹く。餅菓子が粉を吹いている。柳が芽吹いてきた。息を吹く。笛を吹く。大ぼらを吹く。先輩風を吹かす。

2 「噴く」は、狭い口や細い管などから水や湯が勢いよく出る、内から外へ勢いよく出す意で用いられます。
用例は、次のようになります。
【例】 火山がマグマを噴き出す。温泉が噴き上げる。鯨が潮を噴く。蒸気を噴き出す。思わず噴き出す。お湯が噴きこぼれる。

［コメント］
「吹き込む」は、本来、隙間（「透き間」でもいい。）から風や雨などが入ってくる意ですが、比喩的に、前もって教え込む、教唆する、レコーダーなどに録音する意で用いられています。
また、「吹き替え」は、映画などで観客に分からないように代役をさせること、外国映画のセリフを日本語に替えることなどの意で用いられます。

［3］「副本」、「複本」は、どう使い分けるのか？

1 「副本」は、原本どおりの文書で、正本の控えとして作成される文書の意で用いられます。「副本」は、まず原本があってそれに基づいて作成される謄本とは異なり、初めから正本と同じ内容のものとして正本と同時に作成されます。
用例は、次のようになります。
【例】 戸籍の副本。登記申請書の副本。

2 「複本」は、一つの手形関係又は小切手関係を表すために作成、発行される数通の同一内容の手形証券又は小切手証券のことです。
用例は、次のようになります。
【例】 手形の複本。小切手の複本。

［コメント］
「原本」は、一般に、「写し」などに対し「もととなる文書」の意

ですが、法律用語としての「原本」は、一定の内容を表示する確定的なものとして作成された最初の文書のことを指します。
　また、一般の国語辞典では「副本」と「複本」は同義のように書かれていますが、法律用語としては「副本」が「正本」に対する語として用いられています。
　「正本」と「副本」は、原本から同時に同じ内容のものとして作成され、その上で、その決定権限のある者が「正本」、「副本」を決定し、それぞれの用途で取り扱っていくのが一般です。
　「正本」は、作成方法としては「原本」の「写し」ですが、「正本」として決定を受けた以上、法令上原本と同一の効力を有し、「副本」に対しては「原本」そのものの存在となるものと言えます。

[4] 「附則」、「付則」は、どちらで書くのか？

　結論から言えば、公用文では「附則」と書きます。
　「附」、「付」は共に常用漢字であって、どちらも用いることができますが、文部科学省用字用語例（平成２３年３月）において「附」を用いる語として次の５語を限定的に掲げています。
　　【例】　附属、寄附、附則、附帯、附置

　このことから、公用文においては、上記５語については「附」を用い、他の「付記、付与、付録、交付、給付、添付」などは「付」を用いて書くのが原則になっています。
　したがって、法令でも「附則」を用いますが、新聞などでは「付則」を用いていますので、惑わされないよう注意しましょう。

[5] 「払拭」、「払しょく」は、どちらで書くのか？

　結論から言えば、公用文では「払拭」と全て漢字で書きます。
　「拭」は、旧常用漢字表では表外字であったため、「払しょく」と漢字と平仮名で書いてきましたが、現行常用漢字表で「ショク、ふく、ぬぐう」の音訓で新たに常用漢字として採用されたのです。
　「払拭」は、文字どおり、払い拭うこと、すっかり取り除くことです。用例は、次のようになります。
　　【例】　古臭いイメージを払拭する。政治色を払拭する。不信感を

払拭する。

［6］「舟」、「船」は、どう使い分けるのか？

　「舟」、「船」は、共に水上の乗り物ですが、その違いに公的に明確な基準はありません。両者は、表現上、かなり感覚的に交錯して用いられていますが、慣例的表現を除くほか、一般的に「フネ」という場合は「船」であり、「舟」は特別な場合に用いられていると言えるでしょう。

1　「舟」は、小さな型で、主に手でこぐ、仕掛けの簡単な水上の乗り物のことです。
　　用例は、次のようになります。
　【例】　小舟。渡し舟。丸木舟。助け舟。乗りかかった舟。

2　「船」は、「舟」よりも大型で、エンジンが付いて複雑な構造をした水上の乗り物のことです。
　　用例は、次のようになります。
　【例】　船で南方の島に行く。船で帰国する。船着き場。大船に乗った気持ち。

　［コメント］
　　前記のような一応の意味の違いはあるものの、「舟遊び・船遊び」、「舟形・船形」、「釣り舟・釣り船」、「舟祭り、船祭り」などのように双方の書き方が行われています。いずれも間違いではなく、書き手のイメージによるものと言えます。

［7］「奮う」、「震う」、「振るう」は、どう使い分けるのか？

1　「奮う」は、心が勇み立つ、気力が盛り上がる、気力を盛り上げる意で用いられます。
　　用例は、次のようになります。
　【例】　勇気を奮う。精神を奮い起こす。奮い立つ。

2　「震う」は、恐ろしさや寒さなどで身体が小刻みに揺れ動く、細

かく速く揺れ動く意で用いられます。
用例は、次のようになります。
【例】 身震い。寒さに震える。声を震わせる。大地が震い動く。

3 「振るう」は、振り動かす、十分力を発揮する、勢いが盛んになる意で用いられます。また、比喩的に、奇抜である意で用いられることもあります。
用例は、次のようになります。
【例】 刀を振るう。腕を振るう。熱弁を振るう。士気が振るう。事業が振るわない。言うことが振るっている。その理由が振るっている。

［コメント］
「奮う」の派生語として「奮って」という副詞があり、「奮って御参加ください」などと用いられています。
「シンドウ」には、「振動」、「震動」がありますが、一般的には「振動」を、地震の場合には「震動」を用います。
また、「振るう」（自動詞・他動詞）の送り仮名については、「振る」（他動詞）との対応で「るう」と送るので、注意しましょう。
なお、**他動詞・自動詞**については、【あ】の項の［6］を参照してください。

【へ】

[1] 「別状」、「別条」は、どう使い分けるのか?

1 「別状」は、普通と違った様子、通常と変わった状態のことです。
用例は、次のようになります。
【例】 命に別状はないようである。外見には別状はなかった。

2 「別条」は、他と変わった事柄、普通と変わった事柄のことです。
用例は、次のようになります。
【例】 別条なく毎日を過ごす。旅に行かせても別条ない。

[コメント]
「別状」と「別条」の決定的に異なる点は、「別状」が「別の状態」の意であるのに対し、「別条」は「別の事柄」の意であることです。

[2] 「偏」、「遍」、「編」は、どう使い分けるのか?

1 「偏」は、片方に寄ること、中正でないことです。また、左右に文字を組み合わせて出来た一つの漢字のおおむね左側の部分をいいます。
用例は、次のようになります。
【例】 偏愛。偏屈。偏見。偏光。偏在。偏食。不偏。偏差値。偏頭痛。人偏。

2 「遍」は、広く隅々まで行き渡ることです。また、回数を数える語としても用いられます。
用例は、次のようになります。
【例】 遍在。遍歴。遍路。普遍。満遍なく。一遍だけ行く。何遍も行く。

3 「編」は、糸状のものを組み合わせて物を作ること、文章を集めつづって書物を作ること、物事を集めて並べることです。

用例は、次のようになります。
【例】 籠を編む。法令集を編集する。歌謡曲を編曲する。編隊を組む。専門課程に編入する。政界再編。

［３］ 「編成」、「編制」、「編製」は、どう使い分けるのか？

1 「編成」は、多くの人や物を集めてまとまりある一つの組織にすることです。
　用例は、次のようになります。
【例】 予算の編成。番組を編成する。１０人編成の合唱団。５両編成の電車。

2 「編制」は、全体を分割して系統的な単位として組織することです。
用例は、次のとおりです。
【例】 学級を編制する。消防団を編制する。旅団を編制して戦う。

3 「編製」は、主として法令で用いられる語であって、戸籍を作る場合や選挙人名簿を作る場合に用いられています。
　用例は、次のようになります。
【例】 ……新たに戸籍を<u>編製</u>するときは、その者及びこれと氏を同じくする子ごとに、これを<u>編製</u>する。（戸籍法第６条）
　　　選挙人名簿は、……その投票区ごとに<u>編製</u>しなければならない。（公職選挙法第２０条第２項）

［４］ 「変体」、「変態」は、どう使い分けるのか？

1 「変体」は、普通の形、体裁と違っていること、また、そのもののことです。
　用例は、次のようになります。
【例】 変体仮名。変体漢字。変体詩。

2 「変態」は、変わった形や状態のこと、動物が発育の過程で時期によって形態を変えること、植物の根、茎、葉などが本来のものとは異なる状態になりそのまま種として固定すること、性行動が異常なことです。

用例は、次のようになります。
【例】 昆虫の変態。かえるの変態。変態葉。変態性欲。

【ほ】

[1]「……の方」、「……のほう」は、どちらで書くのか？

　「……のホウ」の「ホウ」を漢字で書くのか平仮名で書くのかという問題です。全ての国語辞典が等しく明らかにしているわけではありませんが、「方」を実質名詞と形式名詞とに分けて説明している国語辞典があります。

　本書では、この国語辞典に従い、実質名詞と形式名詞とに分けて使用したほうが読み間違いも避けられるという考え方から、実質名詞の場合は「……の方」と漢字で書き、形式名詞の場合は「……のほう」と平仮名で書くことを原則とするという立場を採りたいと考えます（本書は、この原則で記述している。）。

1　「……の方」は、方位、方向、方角という本来の意味の名詞（実質名詞）として用いる場合の表記です。
　　用例は、次のようになります。
　　【例】　東の方へ進む。私の方を向いてください。学校の方で火事がありました。

2　「……のほう」は、漠然として「この辺り」の意、物事の方面・部類の意、並べて考えられる幾つかの一つの意など、方向、方角という本来の意を失って他の意に転じてしまっている、いわゆる形式名詞として用いる場合の表記です。
　　用例は、次のようになります。
　　【例】　顔のほうを見る。勉強のほうは終わったの。彼は甘党のほうだ。断ったほうがよい。私のほうが間違いでした。こちらの花のほうが美しい。

［コメント］
　前文で「方」を実質名詞と形式名詞とに分けて使用したほうが読み間違いも避けられると述べました。これは、例えば、「彼が甘党の方だとは知らなかった」という文があった場合、「方」は人を敬

意をもって言う場合に「かた」という読みで用いられますので、「ほう」と「かた」を読み間違ったり、読み方を迷ったりする場合もあることなどを指しています。前記の文の用例の場合は、どちらとも取れますが、文の前後で判断するしかありません。

　このような面倒は避けるべきであるというのが本書の立場です。なお、**形式名詞**については、【う】の項の[6]を参照してください。

[2] 「外」、「他」、「ほか」は、どう使い分けるのか？

1　「外」は、物や場所のそとがわのこと、物や場所の範囲を出たところのこと、本来のもの又は姿でないことです。「外」の音訓は「ガイ、ゲ、そと、ほか、はずす、はずれる」ですが、このうち「ほか」と読む場合の「外」は、それと異なるもの・こと・ひと、物事や思考の範囲を出たところ、本来のもの・姿でない意で用いられています。

　用例は、次のようになります。
　【例】　外の会社の職員。外の部屋で仕事をする。思いの外に到着が早かった。恋は思案の外。想像の外の事件が起こる。殊の外。課長外3名。

2　「他」は、自分以外のもの、話題になっているもの以外のものの意で用いられます。「他」の音訓は、旧常用漢字表では「タ」しかありませんでしたが、現行常用漢字表で「ほか」の字訓が新たに加えられました。

　用例は、次のようになります。
　【例】　他の人。他の意見。他を探す。他から連れてくる。他に質問ありますか。他ならない君のことだ。

3　「ほか」は、その範囲から外れたところの意で用いられる形式名詞の場合、また、下に打ち消しの語を伴い、それ以外に手段・方法がない意で用いられる副助詞の場合で、「外」、「他」の本来の意を離れて、これらの漢字を用いることができないときに用いられる表記の仕方です。

　用例は、次のようになります。
　【例】　そのほか。特別の場合を除くほか。思いのほか。車で行く

よりほかない。お手上げというほかない。我慢するよりほかない。

［コメント］
　「外」、「他」には、前記のような厳然とした使い分けがありますが、法令においては、「法令における漢字使用等について」（平成２２年１１月３０日内閣法制局長官制定）において「外・他」は、次の事例のように平仮名の「ほか」で統一することにしています。法令においては、解釈上、「外」、「他」を使い分ける実益が余りないことによるものと思われます。
　【例】　第３条に定めるものを除く<u>ほか</u>、……。この条例に定めるものの<u>ほか</u>、……。

　また、一般公用文においても、「外」、「他」を「ほか」の字訓で用いても「そと」、「タ」などと誤読されるおそれがあるような場合は、「ほか」と平仮名で書くほうが適切と言えるでしょう。
　なお、**副助詞**とは、様々な語に付いて、その語に副詞の性質を帯びさせる助詞のことです。
　形式名詞については、【う】の項の［６］を参照してください。

［３］「欲しい」、「ほしい」は、どう使い分けるのか？

　「ホシイ」を漢字で書くか、平仮名で書くかという問題ですが、実は、公用文では品詞の違いで必ず使い分けることになっています。
　この使い分けについては、間違いが散見されますので、注意が必要です。

１　「欲しい」は、自分の物にしたいと思うこと、手に入れたいと思うこととして、**本来の形容詞**として用いる場合の表記です。このような場合は、必ず漢字で書かなければなりません。
　用例は、次のようになります。
　【例】　お金が欲しい。かっこいい車が欲しい。この本が欲しい。

２　「ほしい」は、動詞の連用形に接続助詞の「て」が付いた語に付いて、相手に自分の望むことを求める気持ちを表す**補助形容詞**として「ほ

しい」と書く場合の表記です。このような場合は、必ず「……てほしい」と平仮名で書きます。
　用例は、次のようになります。
　【例】　もっと頑張ってほしい。お金を返してほしい。愛してほしい。見てほしい。

［コメント］
　「**補助形容詞**」とは、もともと形容詞である語が本来の意味と自主語である性質を失って、専ら附属的に働く助動詞と同じように用いられるものをいいます。この補助形容詞には、他に次のようなものがあり、原則として平仮名で書くことになっているのです。
　【例】　何も食べてない。もう行ってよい。

[4]　「保障」、「保証」は、どう使い分けるのか？

1　「保障」は、ある状態や地位が危害を受けないよう責任を持って守ることです。
　用例は、次のようになります。
　【例】　安全を保障する。人権を保障する。生活を保障する。社会保障。

2　「保証」は、人や物について確かさを請け合うこと、また、債務者に代わってその義務履行の責任を負うことです。
　用例は、次のようになります。
　【例】　身元を保証する。品質を保証する。将来を保証する。保証期間。連帯保証。保証書。

[5]　「捕捉」、「捕そく」は、どちらで書くのか？

　結論から言えば、公用文では「捕捉」と全て漢字で書きます。
　「捉」は、旧常用漢字表では表外字であったため、「捕そく」と漢字と平仮名で書いてきましたが、現行常用漢字表で「ソク、とらえる」の音訓で新たに常用漢字として採用されたのです。
　「捕捉」は、文字どおり、とらえること、つかまえることです。
　用例は、次のようになります。

【例】 実態は捕捉し難い。未納者を捕捉する業務。租税捕捉率。

［6］ 「補塡」、「補てん」は、どちらで書くのか？

　結論から言えば、公用文では「補塡」と全て漢字で書きます。
　「塡」は、旧常用漢字表では表外字であったため、「補てん」と漢字と平仮名で書いてきましたが、現行常用漢字表で「テン」の字音で新たに常用漢字として採用されたのです。
　「補塡」は、不足をうずめ補うこと、補い埋めることです。
　用例は、次のようになります。
　　【例】 赤字を補塡する。損失を補塡する。欠員を補塡する。欠点を補塡して余りある。

［7］ 「程」、「ほど」は、どちらで書くのか？

　大まかに言えば、独立して物事の程度を意味する本来の名詞（実質名詞）として用いる場合のみ漢字で「程」と書き、その他の形式名詞や助詞として用いる場合は全て「ほど」と平仮名で書くのが原則です。

1　実質名詞の「程」は、独立した名詞として、物事の程度、時間的な程度、空間的な程度又は身分に関する程度を表す場合に用いられます。
　　用例は、次のようになります。
　　【例】 実力の程。真偽の程。ふざけるにも程がある。初めの程。5時間余りの程に。食事する程もなく。あの山までどれ程ありますか。程近い所に友人が住んでいます。身の程を知る。

2　形式名詞としての「ほど」は、本来の意味を離れて、「……のほど」の表記で、こと、しだい、様子の意で用いられますが、ほとんど明確な意味をなさず、慣例的に用いられているにすぎません（なくても文意は成り立つ。）。
　　用例は、次のようになります。
　　【例】 御親切のほどを厚く御礼申し上げます。覚悟のほどを見せる。実力のほどは分かりません。くれぐれも御自愛のほどを

お祈りいたします。

3 　助詞としての「ほど」は、①時間・数量を表す語に付いてそれらの程度を、②「これ・それ・あれ・どれ」に付いて甚だしい程度を、③名詞や動詞に付いて程度を比較する基準を、④下に打ち消しの語を伴って最高の程度であることを、⑤動詞や形容詞などの活用語を受けて変化や程度に比例して結果が現れる意を、それぞれ表すために用いられています。

　前掲①から⑤までの用例は、それぞれ次のようになります。
　【例】
　　①1か月ほど旅行に出掛けます。3キロほどの荷物。
　　②これほどつらいことはない。それほどやっても報いられない。あれほど激しい火事を知らない。どれほど頑張ればいいのか分からない。
　　③例年の夏は今年の夏ほど暑くない。君が言うほど事は簡単ではない。泣きたいほどつらかった。
　　④友人ほど頼りになるものはない。火事ほど恐ろしいものはない。
　　⑤努力すればするほど成績が上がる。美しければ美しいほど見たくなる。

[コメント]

　助詞とは、品詞の一つで、常に他の語の後に付いて使われる語のうち、活用しない語をいいます。この助詞は、一般に、格助詞、副助詞、係助詞、間投助詞、接続助詞などに分類されます。前記3の「ほど」は、副助詞と呼ばれるものです。

　この助詞を平仮名で書くことについては、「公用文における漢字使用等について」(平成22年11月30日内閣訓令第1号)に「助動詞及び助詞は、仮名で書く」とあり、「三日ほど経過した」などの用例が示されています。

　なお、「**形式名詞**」については、【う】の項の[6]を参照してください。

ほりゅう（りゅうほ）

[8]「保留」、「留保」は、どう使い分けるのか？

1 「保留」は、決定、実行などを抑えとどめておくことです。後掲2の「留保」と異なり、一般用語として用いられます。
　用例は、次のようになります。
　【例】　態度を保留する。返事を保留しておく。意思表示を保留する。

2 「留保」は、その場で決めないで差し控えること、権利や義務の一部を残しておくことです。法令に基づく行為について用いられます。
　用例は、次のようになります。
　【例】　返答を留保する。権利を留保する。契約事項の履行を留保する。侵害留保の原則。

［コメント］
　「留保」は、経済用語として、利益の「内部留保」、「社内留保」などと用いられることもあります。
　また、特別な用法として、「留保」は、国際法上、多国間で結ぶ条約の特定の締結国が条約の特定の条項を自国に適用しないという制限を加える意思表示をすることの意で用いられています。

【ま】

［1］「参る」、「まいる」は、どちらで書くのか？

　「マイる」を漢字で書くのか平仮名で書くのかという問題です。これらはどちらでもいいわけではなく、明確な使い分けの原則があります。世間の一般文書ではともかく、公用文では誤用は許されませんので、使い分けの原則をしっかり把握しておきましょう。

1　「参る」は、本来の動詞であって、お参りをする、参拝する、負ける、降参する、閉口する、死ぬ、異性に心を奪われる、などの多彩な意味で用いられます。また、動詞「来る」、「行く」の謙譲語として「参上する」意で用いられます。つまり、これらの場合の「参る」は、飽くまで本来の動詞ですので漢字で書くということです。
　　用例としては、次のようになります。
　　【例】（本来の動詞として用いられる例）神社に参る。ライバルに参った。この物価高には参る。やっと参ったらしい。あの小顔の女性に参った。
　　　（「来る」、「行く」の謙譲語の例）市役所から参りました。私が参りましょう。

2　「まいる」は、前掲1の「参る」と異なり、実質的な意味を表さない補助動詞として、動詞の連用形に付いて「……（て）まいります」という形で用いられ、謙譲的な丁寧さを表しています。動詞の附属品とも言える補助動詞は、原則として平仮名で書くことになっているということです。
　　用例は、次のようになります。
　　【例】あの事件について書い<u>てまいりました</u>。市長に結果を報告し<u>てまいります</u>。この図を参考にし<u>てまいりたい</u>。市民祭に参加し<u>てまいります</u>。

[コメント]

　前掲1の「来る」、「行く」の謙譲語として漢字で「参る」を用いる場合と前掲2の動詞の連用形に付いて謙譲的丁寧語として平仮名で「まいる」を用いる場合との区別は分かりにくいかもしれません。このことを逆に説明すると、前掲2の場合は、例えば、「書く」や「報告する」という動詞の連用形に付いて、補助動詞として「○○てまいります」とへりくだって表現するものです。一方、前掲1のほうは、動詞の「来る」、「行く」をもともと謙譲語である動詞の「参る」に言い換えることによって謙譲的表現にするという違いがあります。この場合の「参る」は飽くまで**本来の動詞であって補助動詞ではない**ので、漢字で書くことになるのです。

　なお、**補助動詞については、【あ】の項の[4]を参照してください。**

[2] 「真面目」、「まじめ」は、どちらで書くのか？

　結論から言えば、公用文では「真面目」と漢字で書きます。
　「真面目」の「面」については、常用漢字表の音訓欄に「メン、おも、おもて、つら」があるのみで、「ジ」はありません。
　普通、常用漢字表の音訓欄にない音訓では、その漢字を用いることはできません。
　このような場合、一般的には平仮名書きとなりますが、常用漢字表の「**付表**」に熟字訓（特別な読み方をする熟語）として**例外の漢字表記の語**が116語掲げられており、その中に「真面目」があるのです。
　他に、意気地、田舎、大人、風邪、仮名、玄人、老舗、上手、時計、友達、博士（はかせ）、一人、眼鏡、浴衣、若人など、日常的によく使われる例外の漢字表記の語が多数ありますので、確認しておく必要があります。
　「真面目」の用例は、次のようになります。
　【例】　真面目な人。真面目に話します。彼は真面目になった。

[3] 「交じる」、「混じる」は、どう使い分けるのか？

1　「交じる（交ぜる）」は、ある物の中に、別のものがそれぞれ**溶け合わないで**入り込んでいく、また、入り込んでいる状態のことです。
　この場合、交じっているものは、容易に判別又は区別ができます。

用例は、次のようになります。
　【例】　若手にベテランが交じっているチーム。男女が交じる。日本語は漢字仮名交じり文で表す。綿が交じっている。交ぜ織り。

2　「混じる（混ぜる）」は、ある物の中に、別のものがそれぞれ**溶け合って**入り込んでいく、また、入り込んでいる状態のことです。この場合、混じっているものは、容易に判別又は区別ができません。
　用例は、次のようになります。
　【例】　酢に酒が混じっている味。雑音が混じって聞き取りにくい。セメントと砂を混ぜる。黒と白の絵の具を混ぜて灰色を作る。

［4］「町」、「街」は、どう使い分けるのか？

1　「町」は、人家が多く集まっている所、住宅や商店が密集している地域のことです。また、地方公共団体の一つである町、市や特別区の中の小区画の呼び名としても用いられています。
　用例は、次のようになります。
　【例】　町と村。町ぐるみの歓迎。町役場。町に行く。町外れ。下町。

2　「街」は、行政区画などとは関係なく、商店などが並んでいるにぎやかな地域、にぎやかな道筋のことです。
　用例は、次のようになります。
　【例】　街角。街を吹く風。学生の街。街の灯り。街道（かいどう）。

［コメント］
　【つ】の項の［5］の［コメント］でも述べましたように、一つの行政施策として用いられる「まちづくり」の「まち」は、「町」や「街」の意味ではなく、地域全体の意味を持った抽象的なものとして用いているので平仮名書きが適切と考えます。
　ちなみに、この場合の「つくり」も工業的（ハード的）な意味合いの「作り」や「造り」ではなく、ソフト的な意味合いの語として用いられていますので、やはり平仮名で書くのが適切でしょう。

[5] 「丸い」、「円い」は、どう使い分けるのか？

1 「丸い」は、立体的な球形のことです。転じて、全部、完全などの意味で用いられるほか、角がない、円満であるなどの意味でも用いられています。
　用例は、次のようになります。
　【例】　丸い頭。丸い山。丸太。丸木舟。丸坊主。丸三日。丸写し。丸洗い。丸焼け。丸暗記。性格が丸い人。丸く治める。

2 「円い」は、平面的な円形のことです。転じて、「丸い」と同じように、角がない、円満であるなどの意で用いられます。
　用例は、次のようになります。
　【例】　円く輪になる。円い窓。円い鏡。円い人柄。円い性格の人。

［コメント］
　角がない、円満であるなどの意は「丸い」と「円い」に共通しますが、どちらを用いるか迷うような場合は、「まるい性格」などと平仮名書きにすることも一案でしょう。
　また、「丸さ」「円さ」、「丸み」「円み」など類似の名詞がありますが、「まるめる」という動詞は「丸める」だけであって、「円める」という動詞は存在しません。

[6] 「回り」、「周り」は、どう使い分けるのか？

1 「回り」は、そのものの外側、付近、辺りのことです。
　用例は、次のようになります。
　【例】　身の回り。胴回り。幹回り。

2 「周り」は、物を囲んでいる外側の所、周囲、周辺のことです。
　用例は、次のようになります。
　【例】　池の周り。地球の周り。周りの人。周りの期待に応えたい。

［コメント］
　「回り」、「周り」は、その物の付近、周囲という意味では同じで、

その使い分けが明確でない場合があります。しかし、「胴回り」「首回り」など寸法に関することや「身の回り」などは、慣用として「回り」が用いられ、「周り」は「周囲」、「周辺」という意味の場合に限って用いられます。

　また、決定的な相違点は、「回り」には「回る、回す」という動詞が存在しますが、「周り」には「周る、周す」などという動詞は存在しないということです。

　したがって、「回る、回す」の動詞から次のような用例が多様に生まれて、様々に用いられています。

　【例】　太陽の周りを地球が回る。酒が回る。飲み屋に回る。回り合わせ。回り舞台。遠回り。回り道。回り持ち。一回り成長した。回し者。回し飲み。

[7] 「慢」、「漫」は、どう使い分けるのか？

1　「慢」は、心が緩んで怠ける、おごり高ぶる、動きがのろいなどの意があり、次のような熟語を成しています。
　【例】　緩慢。怠慢。傲慢。高慢。自慢。慢心。我慢（仏教用語）。慢性。

2　「漫」は、一面に広がっている、とりとめがない、締まりがない、深い訳もないなどの意があり、次のような熟語を成しています。
　【例】　散漫。放漫。冗漫。漫画。漫才。漫然。漫談。漫遊。

［コメント］
　「慢」と「漫」の文字の「偏（左側）」に注目すれば、「慢」は「心（立心偏）」、「漫」は「水（三水偏）」です。それぞれの文字は、心、水それぞれが伸び広がって締まりがない意を表していますから、「慢」が「高慢・自慢」などに、「漫」が「散漫・放漫」などに用いられているのです。この違いを理解すれば間違えることはないでしょう。

【み】

［１］（接尾語）「……み」、「……味」は、どちらで書くのか？

　結論から言えば、公用文では「弱み」、「甘み」、「辛み」、「有り難み」、「悲しみ」というように、接尾語の「み」は、平仮名で書きます。
　一般に、「甘味」、「辛味」と書いてあるのを見受けます。一見これはこれでよさそうですが、この場合の「味」は当て字にすぎません。
　そもそも、「味」の訓読みは「あじ」であって、「甘味」、「辛味」は、訓読み＋音読みで、重箱読みとは逆の「湯桶（ゆとう）読み」ということになります。
　なお、**接尾語**については、【な】の項の［６］を参照してください。

［２］「未到」、「未踏」は、どう使い分けるのか？

１　「未到」は、まだ誰も行き着いた人がいないこと、誰も到達したことがないことです。主として、業績や記録に関して「前人未到……」の形で用いられます。
　　用例は、次のようになります。
　　【例】　科学には前人未到の分野がある。前人未到の記録に挑む。

２　「未踏」は、まだ誰も足を踏み入れたことがないこと、まだ誰も行ったことがないことです。主として、土地に関して「人跡未踏……」の形で用いられます。
　　用例は、次のようになります。
　　【例】　アマゾン流域には人跡未踏の秘境がある。人跡未踏の奥地を探検する。

［３］「見做す」、「みなす」は、どちらで書くのか？

　結論から言えば、公用文では「みなす」と平仮名で書きます。「做」が表外字であるため、全て平仮名で書くことになっているのです。
　「みなす」は、一般に、仮にそうだと定める、（見て）それと判断す

る意で用いられていますが、法令文においては、実際は A ≠ B（A は B でない）であることを前提にして一定の法律関係において A = B（A は B である）として取り扱うことにするときに用いられます。これは、断定であり、類似の法令用語の「推定する」とは異なって、結果次第で覆すようなことなどは予定されていません。

用例は、次のようになります。
　【例】　悪質ないたずらとみなす。同一のものとみなす。承認を受けたものとみなす。届け出たものとみなす。

［4］「見る」、「みる」は、どちらで書くのか？

「ミる」を「見る」と漢字で書くか、「みる」と平仮名で書くか迷うことが多々あります。

そこは、まず、本動詞として用いるときは漢字で、補助動詞として用いるときは平仮名で書くというように割り切っても間違いではありません。

1　「見る」は、現に目によって物をみることのほか、目以外の感覚で物事を捉えるときにも用いられます。また、調べる、評価する、判断する、世話をする、事態や現象が存在するなどの多様な意味で用いられています。

　主な用例は、次のようになります。
　【例】　新聞を見る。湯加減を見る。味を見る。景気動向を見る。事態を重く見る。顔色を見る。親の面倒を見る。泣きを見る。意見の一致を見る。

2　「みる」は、「……て（で）みる」という補助動詞の形で、ある動作を試しにする意を表す場合、また、「……してみると、……してみたら、……してみれば」という補助動詞の形で条件を表す場合に用いられます。

　用例は、次のようになります。
　① 「……て（で）みる」の用例
　【例】　海に行ってみる。小説を書いてみる。魚を食べてみる。本を読んでみる。問題を調べてみる。意見を言ってみる。散歩しないでみた。教えないでみる。

② 「……してみると、……してみたら、……してみれば」の用例
【例】 学校へ行ってみると授業中だった。教えてみたらよくできた。調べてみればよく分かるはず。

［コメント］
「……て（で）みる」を平仮名で書くことについては、「公用文における漢字使用等について」（平成２２年１１月３０日内閣訓令第１号）に仮名で書くものとして「見てみる」の用例が掲げられています。
「みる」には、「見る」のほかに「診る、観る、看る、視る」などがありますが、この中で「診る」以外は全て表外音訓になりますので、用いることができません。
「診る」は、診察する意で「患者を診る、脈を診る」などと用いられています。
なお、**補助動詞**については、【あ】の［４］を参照してください。

［５］「皆」、「みんな」は、どちらで書くのか？

「皆」は、常用漢字表の音訓欄に「カイ、みな」しかありませんので、「みんな」と表記したければ、平仮名で書くほかありません。「皆んな」というような表記を時折見受けますが、これは間違いです。
用例は、次のようになります。
【例】 「みんな」――みんな元気です。みんなで山に行こう。
「皆」――皆さんで応援してください。皆が賛成です。

【む】

［1］「貪る」、「むさぼる」は、どちらで書くのか？

　結論から言えば、公用文では「貪る」と書きます。
　旧常用漢字表では、「貪」は表外字でしたが、現行常用漢字表で「ドン、むさぼる」という音訓で新たに常用漢字として採用されたのです。
　「貪る」は、欲深く望む、飽くことなく欲しがる、欲張るなどの意で用いられます。熟語には「貪欲」、「貪食」などがあります。
　用例は、次のようになります。
　　【例】　惰眠を貪る。利益を貪る。貪るように食う。

［2］「無暗に」、「むやみに」は、どちらで書くのか？

　結論から言えば、公用文では「むやみに」と平仮名で書きます。
　「無暗に」を「むやみに」と読むのは、いわゆる重箱読みで当て字にすぎません。「むやみに」は、前後を考えないで、理非を分別しないで、度を越して、などの意で用いられます。
　用例は、次のようになります。
　　【例】　むやみに要求してはならない。むやみに暑い。むやみに言い触らす。

［3］「無論」、「むろん」は、どちらで書くのか？

　結論から言えば、公用文では「無論」と漢字で書きます。
　「無論」は、言うまでもなく、もちろんの意で用いられる副詞です。
　用例は、次のようになります。
　　【例】　無論御承知のことと存じますが……。君のほうが無論正しい。

　［コメント］
　公用文で用いられる副詞については、「公用文における漢字使用等について」（平成２２年１１月３０日内閣訓令第１号）に「原則

むろん

として、漢字で書く」ものとして37の語例が掲げられており、この中に「無論」があります。

　常用漢字が用いられ、その音訓も表外音訓でなければ、公用文で用いられる副詞は、大方、漢字で書くという認識で間違いなさそうです。

【め】

[1]（接尾語）「……め」、「……目」は、どちらで書くのか？

　結論から言えば、公用文では「少なめ」、「長め」、「細め」、「早め」、「多め」、「厚め」というように、形容詞の語幹に付いて性質、傾向、程度を表す接尾語の「め」は、平仮名で書きます。一般に、「少な目」、「長目」などと書いてあるのを見受けますが、この場合の「目」はあて字にすぎません。

　　[コメント]
　　同じ接尾語の「め」でも、三日目、5人目、落ち目、死に目などと漢字の「目」で書く場合もあります。詳細については、次項［2］の1を参照してください。
　　なお、**接尾語**については、【な】の項の［6］を参照してください。

[2]「目」、「眼」は、どう使い分けるのか？

1　「目」は、人や動物の物を見るための眼球と視神経から成る視覚器官のことをいいます。常用漢字表の音訓欄には「モク、ボク、め」とあります。
　「目」は、本来の物を見る器官としての意味のほかに、接尾語として次のような用い方があります。
　①　数を表す語に付いて、順序を示す──三つ目。3番目。3人目。
　②　動詞の連用形に付いて、その状態やその箇所などを示す──弱り目。控え目。変わり目。縫い目。死に目。結び目。

　また、「目」には比喩的な用法や慣用句が多く、次のような用例があります。
　　【例】　目が肥える。目が据わる。目に留まる。目が離せない。目に余る。目に浮かぶ。目の色を変える。読者の目が厳しい。

2　「眼」は、本来、両方の目を指し、目の白い部分と黒い部分を合

わせた眼球のことです。「眼」には、そもそも「め」という字訓はなく、常用漢字表の音訓欄には「ガン、ゲン、まなこ」とあるだけです。ただし、常用漢字表の付表に、例外的な用法として「眼鏡（めがね）」が掲げられており、この場合のみ「め」の字訓が許されているのです。

「眼」は、熟語としては「眼科」、「眼球」、「眼中」、「眼力」、「着眼」、「開眼（かいげん）」などと多用されていますが、「眼（まなこ）」は、物を見る「め」に限定されており、この場合の用例は、次のようになります。

　【例】　どんぐり眼。寝ぼけ眼。血眼。眼を開く。眼を転ずる。

[3]（助数詞）「名」、「人」は、どう使い分けるのか？

「名」、「人」は、共に人の数を表す助数詞として用いられます。このうち、「名」は何らかの敬意を表す必要がある場合などに用いられ、「人」はそのような必要がなく、専ら人数だけを表せばいい場合に用いられる傾向にあります。

したがって、このような傾向から、法令やこれに準ずる文書、学術的な文書などでは「人」が用いられるのが普通です。

用例は、次のようになります。

　【例】　「名」──参加者は３名になります。欠席者は３名様です。会長１名を選出。若干名。数名の応募がありました。

　　　　　「人」──委員は１０人以内とする。参加者は３０人を限度とする。数人の応募があった。数人の遭難者が確認された。

[4]「明快」、「明解」は、どう使い分けるのか？

1　「明快」は、さっぱりしていて心持ちのいいこと、筋道が明らかですっきりしていることです。

用例は、次のようになります。

　【例】　明快な受け答え。単純明快。明快な説明。論旨明快。

2　「明解」は、要領よくはっきり解釈すること、また、その分かりやすい解釈のことです。

用例は、次のようになります。

　【例】　明解な注釈。字義明解。

［5］「明瞭」、「めいりょう」は、どちらで書くのか？

　結論から言えば、公用文では「明瞭」と全て漢字で書きます。
　「瞭」は、旧常用漢字表では表外字でしたので、公用文では全て平仮名で「めいりょう」と書いてきましたが、現行常用漢字表で「リョウ」の字音で新たに常用漢字として採用されたのです。
　したがって、公用文においては「明瞭」と表記することになります。「明瞭」は、明らかである、はっきりしている、明白であるという意で用いられています。
　用例は、次のようになります。
　　【例】　明瞭な発音。意識は明瞭である。簡単明瞭。

［コメント］
　公用文においては、常用漢字表・同表音訓表の範囲内で書き表せないものは、一定の基準によって書換え、言い換えを行うことになっています。
　その基準の第一は、表外字は仮名書きにすることです。
　そこで、他に言い換える語がない熟語については、その全てが表外字であれば全て平仮名で、その一部が表外字である場合はその語だけを平仮名で書くのが普通ですが、「明瞭」の「瞭」が表外字であった旧常用漢字表の時代には「漢字をはずしても意味のとおる使いなれたものは、そのままかな書きとする」とあり、「でんぷん、めいりょう、あっせん」という事例が示されています（「公用文改善の趣旨徹底について（依命通達）」（昭和２７年４月４日内閣閣甲第１６号）の「公用文作成の要領」）。
　この事例の３語のうち、「めいりょう」は本項で述べたように「明瞭」と書けるようになり、「でんぷん」は「でん粉」と書くのが一般になっています。ただし、「斡旋」は「斡」が表外字ですが、現在も「あっ旋」とは書かず、「あっせん」と全て平仮名で書くことになっています。

[6] 「眼鏡」、「めがね」は、どちらで書くのか？

　結論から言えば、公用文では「眼鏡」というように漢字で書きます。
　本来、「眼」には「め」という字訓はなく、常用漢字表の音訓欄には「ガン、ゲン、まなこ」とあるのみですが、その付表に熟字訓（特別な読み方をする熟語）として例外的に許容されている語が１１６語掲げられており、「眼鏡」もこの中にあるのです。この常用漢字表の「付表」にも目を通しておきましょう。
　「眼鏡」は、本来、人の不完全な視力を調整したり、目の保護をしたりする道具ですが、比喩的に、ものの善悪・可否を考え定める意など、いろいろな意味で多用されています。
　用例は、次のようになります。
　　【例】　眼鏡を掛ける。眼鏡店。しゃれた眼鏡。眼鏡が狂う。眼鏡越し。眼鏡違い。教授の眼鏡にかなう。色眼鏡で人を見る。

[7] 「巡る」、「めぐる」は、どちらで書くのか？

　「メグる」は、一般に、物の周囲をぐるりと回ることですが、これはどちらで書くかという問題ではなく、公用文においては、意味の違いから漢字と平仮名で使い分けることになっているのです。

１　「巡る」は、本来の意味で、物の周りをぐるりと回ること、周りを囲むこと、あちこちと順々に回り歩くことです。
　　用例は、次のようになります。
　　【例】　池の周りを巡る。奥の細道を巡り歩く。再び巡り合う。

２　「めぐる」は、実際に物の周りを巡るのではなく、抽象的にある事柄を中心として、それに関連することを言う場合に用いられます。この場合、意味が「関連する、関する」という語に近く、「巡る」の本来の意味から離れるため平仮名で書くこととしたと推測されます。これは、公用文での慣例的原則とでもいうべきものです。
　　用例は、次のようになります。
　　【例】　日本の将来をめぐる諸問題。地球温暖化問題をめぐる議論。省庁の文書管理をめぐって討論が行われた。

[8]「目処」、「めど」、「目途」は、どちらで書くのか？

　「目処」と「目途」は、ほとんど同じ意味であって、目当て、大体の見当、見込み、目標の意で用いられています。「目途」は「モクト」と読みますが、「目処」には「メド」という字訓はないので「めど」と平仮名で書くしかありません。
　「めど」と「目途」は、意味はほとんど同じでもそれぞれ慣例的な表現がありますので、それに従って使い分けることになるでしょう。
　なお、「目途」は文語的表現であって、「めど」と比べて改まった硬い感じがすることは否めません。
　用例は、次のようになります。
　　【例】「めど」——めどがつく。めどが立たない。5時頃をめどとして終了する。
　　　　　「目途」——年末完成を目途とする。2年後を目途として財政再建を図る。

【も】

[1] 「儲ける」、「もうける」は、どちらで書くのか？

　結論から言えば、公用文では全て平仮名で「もうける」と書きます。「儲」は、表外字ですので、公用文では平仮名で書くことになります。
　「もうける」は、（予想外に、思いがけず）利益を得る、得をすること、また、子供を得ることです。
　用例は、次のようになります。
　　【例】　株で金をもうける。もうけ口。丸もうけ。二男一女をもうける。

[2] 「妄信」、「盲信」は、どう使い分けるのか？

　「妄信」、「盲信」は、似通った意味の語で、現在は、専ら「妄信」のほうが使われています。
　これらの微妙な意味の違い、用例を示せば、次のとおりです。

1　「妄信」は、むやみに信じ込むこと、理由もなく信じることです。また、そのような誤った信念も意味します。
　　そもそも、「妄」は、つつしまないこと、みだりなことで、妄想、妄言などの熟語があり、でたらめ、いつわりの意で、虚妄などの熟語があります。
　　用例は、次のようになります。
　　【例】　薬の効能を妄信する。宣伝文句を妄信する。伝聞を妄信して失敗する。

2　「盲信」は、訳も分からず信じ込むこと、善悪を考えず信じることです。
　　そもそも、「盲」は、目の見えないことで、盲目、盲点などの熟語があり、客観的で冷静な識別・判断ができないことで、盲愛、盲従などの熟語があります。
　　用例は、次のようになります。

【例】　教えを盲信する。盲信して疑わない。

［3］「勿論」、「もちろん」は、どちらで書くのか？

　　結論から言えば、公用文では「もちろん」と平仮名で書きます。
　「勿」が表外字であるため用いることができませんので、「もち論」と書くか、「もちろん」と書くかということになりますが、熟語で漢字を外しても意味の通る使い慣れた語はそのまま仮名書きにするという傾向にあるため、「あっせん」などと同様に、全て平仮名で「もちろん」と書くのが一般です（このことについては、【め】の項の［5］の［コメント］を参照）。
　　なお、「もちろん」は品詞から言えば副詞であって、いうまでもなく、無論という意でよく用いられています。
　　用例は、次のようになります。
　　【例】　もちろん私が参ります。彼が優秀であることはもちろんのことです。

［4］「以て」、「もって」は、どちらで書くのか？

　　結論から言えば、公用文では「もって」と平仮名で書きます。
　　常用漢字表上、「以」の音訓欄には「イ」しかなく、「もって」の字訓はありません。したがって、公用文においては「もって」と表記することになりますが、いずれにしろ、文語的表現ですので、他に言い換えられるのであればそのほうが現代的で柔らかに感じられると思われます。
　　品詞としては①前の文を受ける形で接続詞として、それによって、それについて、その上に、などの意で、また、②「をもって」の形で格助詞のように、…で、…によって、…を使って、…のゆえに、…のために、などの意で多様に用いられます。
　　用例は、次のようになります。
　　【例】　……。もって、今期はこのような政策を講ずることとなる。これをもって閉会とします。文書をもって通知します。皆様の御協力をもって無事終わりました。

［5］「専ら」、「もっぱら」は、どちらで書くのか？

　結論から言えば、公用文では「専ら」と漢字で書きます。
　「専」は、「セン、もっぱら」という音訓があり、公用文の原則として副詞は漢字で書くということから、「専ら」と漢字で書くのです。
　「公用文における漢字使用等について」（平成２２年１１月３０日内閣訓令第１号）に「次のような副詞及び連体詞は、原則として、漢字で書く」とあり、その事例の中に「専ら」が掲げられています。
　「専ら」は、そのことばかり、それを主として、全く、などの意で用いられています。
　用例は、次のようになります。
　　【例】　専ら公用に用いる。専ら家にいる。専ら仕事に励む。専らのうわさ。

［6］「下」、「元」、「本」、「基」は、どう使い分けるのか？

　これら４語は、時折、紛らわしいことがあります。その意味をわきまえてしっかり使い分けましょう。

１　「下（もと）」は、本来、物の下の部分をいい、あるものの支配や影響の及ぶ範囲、ある条件や根拠の及ぶ範囲のこと、また、手段の意で「…によって」の意味で用いられます。
　　用例は、次のようになります。
　【例】　日本国の旗の下。灯台下暗し。壮大な構想の下。先生の指導の下に。市長の指示の下に行動する。法の下の平等。一撃の下に倒す。

２　「元（もと）」は、本来、物事の始めの意で、資本、資金、元金、原価など「元手」になるものの意で用いられます。また、「元……」の形で「以前」の意でも用いられます。
　　用例は、次のようになります。
　【例】　元の形に戻せ。元へ遡る。出版元。起業は元が掛かる。元も子もない。元市長。元の住所。元のさやに納まる。

3 「本(もと)」は、「末(すえ)」の反対語で、本来、木や茎の根の部分のことです。転じて、物事の成り立ちの最も大切なところのことを意味します。
　用例は、次のようになります。
　【例】 政治の本を正す。人口は国家繁栄の本。本を尋ねる。生きる本になるもの。

4 「基(もと)」は、物事の成り立つ土台、根底のことです。転じて、何かをするときの助けとして用いる物事を指します。
　用例は、次のようになります。
　【例】 事実を基に論ずる。資料を基にして計画表を作成する。調査に基づく。基肥。

[コメント]
　「親モト」、「手モト」の「モト」には、従前、「許」が用いられ、「親許」、「手許」と書いていましたが、常用漢字表上、「許」には「もと」の字訓はありません。
　したがって、現在は、「親元」、「手元」と書き換えることになっていますので、注意してください。

[7]「元請」、「元請け」は、どちらで書くのか？

　結論から言えば、公用文では「元請」と書きます。
　「公用文における漢字使用等について」(平成22年11月30日内閣訓令第1号)の「送り仮名の付け方について」の項に、活用のない語(名詞など)であって読み間違えるおそれのない語にあっては「送り仮名の付け方」(昭和48年6月18日内閣告示第2号)の「許容」を適用して送り仮名を省くものとするとあり、186語の事例が掲げてあります。
　本来、送り仮名の付け方の原則からすれば「元請け」と表記すべきところですが、「元請」はその186語の事例の中にあるのです。
　したがって、公用文においては「元請」と表記することになります。
　なお、「元請」は「元請負」の略で、注文主から直接仕事を引き受けること、また、その業者のことであって、「下請」との対で用いられます。

用例は、次のようになります。
【例】 元請業者。元請が更に下請に出す。

［8］「者」、「物」、「もの」は、どう使い分けるのか？

「者」、「物」、「もの」の3語は、全て「モノ」と読みますが、特に法令では特別な意味で厳密に使い分けることになっています。もちろん、一般公用文でもしっかり使い分けなければなりません。

1 「者」は、一般に、人・人間について用います。法令では、法律上の人格を有するもの（自然人と法人）について用いることになっています。自然人とは我々人間のことをいいますが、法的に人格を与えられた団体である法人も、いわゆる擬人化されて「人扱い」されているということです。
　用例は、次のようになります。
　【例】 次の条件に該当する者。資格を有する者。75歳以上の者。若者。

2 「物」は、いわゆる有体物、つまり、我々が触れたり、見たりすることができる形を備えた物体について用います。一般に、品物、物質、物件などについて用いられますが、慣用句として対象を具体的に指さず、漠然と捉えていう場合にも用いられています。
　用例は、次のようになります。
　【例】 物の価値。物を運ぶ。食べ物。部屋にある物。物売り。大物。物入り。物音。物置。物好き。物知り。物持ち。物笑い。物腰。物思い。

3 「もの」は、一般に、抽象的な存在・対象について用います。つまり、上記の「者」、「物」のいずれにも該当しない存在・対象について用いられます。法令では、特に、法的な人格を有しない団体又は人格を有する団体と人格を有しない団体を一緒にいう場合に「もの」が用いられます。
　また、「公用文における漢字使用等について」（平成22年11月30日内閣訓令第1号）に、原則として平仮名で書く例として「正しいものと認める」という事例が掲げてあります。これは、本来の

意味を失い、他の意味に転じてしまった形式名詞は仮名で書くという原則によるものです。

「もの」と書くべき用例は、以上のほか多々あり、次のようになります。これらの「もの」は、全て形式名詞です。

【例】
よく頑張ったものだ。人の言うことはよく聞くものだ。
そんなことがあるものか。本当かどうか分かったものではない。
もう行ったものと思われます。よく頑張ったものと見える。
妻というものは有り難いものだ。参加したものとする。

［コメント］
形式名詞については、【う】の項の［6］を参照してください。
なお、「もの」は、法令では特殊な用い方をする場合があります。つまり、英語文法でいう関係代名詞的な用法で、先行する語を受けて「……であって、……であるもの」という一連の形で、一定の者や事物を更に限定するような場合に用いられます。
用例は、次のようになります。

【例】
市内に住所を有する<u>者であって</u>、年齢が４０歳以上である<u>もの</u>
市が施工する<u>工事であって</u>、その費用が１億円以上である<u>もの</u>

前記用例の「もの」は、「説明のための"もの"」ともいわれ、**いかなる場合も必ず平仮名で書くこととされています。**この用法は、他の「もの」の用法とは全く趣を異にするものですので、法令文・公用文を書く人は心得ておく必要があります。

［9］「模様」、「もよう」は、どちらで書くのか？

「模様」は、本来、織物や工芸品などに施した絵や図案・図柄のことですが、物事の様子、有様、状況の意でも用いられます。
このような意味で用いるときは、「模様」と漢字で書くことになります。
用例は、次のようになります。

【例】 唐草模様。派手な模様。空模様。荒れ模様。模様替え。模様眺め。

[コメント]

本来の意味で用いる場合は実質名詞として「模様」で差し支えありませんが、次のように本来の意味を離れて「……らしい」という意味で推測するような場合は形式名詞となりますので、「もよう」と平仮名で書くことになります。

【例】 運動会は中止になる<u>もよう</u>である。登頂は成功した<u>もよう</u>です。

なお、**形式名詞**については、【う】の項の[6]を参照してください。

[10] 「貰う」、「もらう」は、どちらで書くのか？

結論から言えば、公用文では「もらう」と平仮名で書きます。

「貰」は表外字であり、公用文ではいかなる場合も用いることはできません。「もらう」は、他人の物事を自分の物事にすること、また、勝利を自分のものにする意でも用いられます。

なお、動詞の連用形に助詞「て（で）」が付いた形に付く補助動詞として用いる「もらう」も、当然、平仮名で書きます（**補助動詞**については、【あ】の項の[4]を参照）。

用例は、次のようになります。

【例】 （動詞の場合）本をもらう。お金をもらった。病気をもらう。この勝負はもらった。

（補助動詞の場合）手伝ってもらう。切ってもらう。誘ってもらう。手をつないでもらう。

[11] 「漏れる」、「洩れる」は、どちらで書くのか？

結論から言えば、公用文では「漏れる」と書きます。「洩れる」の「洩」は表外字であって、公用文では用いることができません。

「漏」は、本来、屋根から雨がもる意ですが、転じて、液体がもれ出る、機密が世間に聞こえる、言いもらす、取りもらす、心の中のことをつい口に出す、などの意で用いられます。

用例は、次のようになります。

【例】 秘密が漏れる。明かりが漏れる。水が漏れる。重要なこと

を言い漏らす。取り漏らす。つい思いのたけを漏らしてしまった。

【や】

［１］ 「易い」、「やすい」は、どちらで書くのか？

　結論から言えば、公用文では「やすい」と平仮名で書きます。
　「易」は、常用漢字表上、「エキ、イ、やさしい」という音訓があるのみで、「やすい」という字訓はありません。
　「やすい」は、動詞の連用形に付いて、するのが容易である、そういう傾向がある、などの意で用いられています。
　「易」は、「易しい問題」などと書くことができることから、「……し易い」と書くような誤りを犯しがちですので注意が必要です。
　用例は、次のようになります。
　　【例】　この文章は読みやすい。あの人はくみしやすい。書きやすいペン。風邪をひきやすい体質。間違いやすい問題。

［２］ 「野生」、「野性」は、どう使い分けるのか？

１　「野生」は、動植物が山野で自然のままに生長すること、また、その動植物のことです。逆に言えば、人の手で飼われたり、栽培されたりしていないことです。
　　用例は、次のようになります。
　　【例】　野生の鳥。野生の馬。野生の猛獣。野生の植物。野生の草花。

２　「野性」は、自然・本能のままの粗野な性質のことです。前掲１の「野生」が動物や植物に用いられるのに対して、「野性」は専ら動物に用いられ、時には人間にも用いられることがあります。もっとも、人間に用いるときは、粗野ではあるものの精かんな感じを与えるなどと、いい意味で用いられています。
　　用例は、次のようになります。
　　【例】　野性に目覚める。野性に返ったような行動。野性的な魅力。野性味豊かな人。

［3］「止むを得ない」、「やむを得ない」は、どちらで書くのか？

　結論から言えば、公用文では「やむを得ない」と書きます。
　「止」については、常用漢字表の音訓欄には「シ、とまる、とめる」しかなく、「やむ」という字訓はないのです。
　「やむを得ない」は、仕方がない、そうする以外に手がないなどの意味で多用されていますが、その表記に注意しましょう。
　用例は、次のようになります。
　【例】　やむを得ない事情で承諾した。拒否されてもやむを得ない。やむを得ず受諾した。やむを得ず解雇した。

［4］「柔らかい」、「軟らかい」は、どう使い分けるのか？

1　「柔らかい」は、手で押すとへこんだりしなったりするが、すぐに元の形に戻るようなやわらかさのことです。そもそも、「柔」は、「剛（ゴウ）」の反対語で、しなやかな様、穏やかな様などを表します。
　用例は、次のようになります。
　【例】　柔らかい布団。柔らかい身のこなし。物柔らかな態度。柔らかい葉。柔らかい日ざし。人当たりが柔らかい。柔らかみのある人柄。

2　「軟らかい」は、手で押すとへこんだりしなったりするが、そのまま容易に元に戻らないやわらかさのことです。そもそも、「軟」は、「硬（コウ）」の反対語で、ぐんにゃりしている様、硬い手応えのない様などを表します。また、比喩的に、堅苦しくない様、くだけている様などを表します。
　用例は、次のようになります。
　【例】　軟らかい御飯。軟らかい土。地盤が軟らかい。軟らかい木材。表情が軟らかい。軟らかい話。

［コメント］
　「柔らかい」と「軟らかい」は、「柔軟」という熟語があるぐらいで、その使い分けははっきりしないところがあります。

やわらかい

　前掲2の「軟らかい」の用例中の「表情が軟らかい」は、「柔和（ニュウワ）な表情」という表現があることからして「表情が柔らかい」としてもおかしくありません。

　迷うようなときは、「柔よく剛を制す」、「剛の者」、「軟弱」、「硬軟合わせ持つ人」、「硬軟両様の構え」などの成句を念頭において使い分けていくしかありません。

　なお、動詞としての「やわらぐ」、「やわらげる」は、「和らぐ」、「和らげる」というように、「和」を用いて書きますので、注意してください。

【ゆ】

［１］「優生」、「優性」、「優勢」は、どう使い分けるのか？

1　「優生」は、医学的には優良な生命・生体のことですが、専門的に言えば、遺伝的に優良な形質を保持しようとすること、良質の形質を保って子孫の素質を優れたものにすることです。
　　用例は、次のようになります。
　　【例】　優生学。優生保護法。

2　「優性」は、文字どおり優れた性質のことですが、生物学的には対立形質を持つ両親の交配で、その雑種第一代に現れるほうの形質のことです。反対語は、【れ】の項の［２］に掲げる「劣性」です。
　　用例は、次のようになります。
　　【例】　優性の法則。優性遺伝。優性突然変異。

3　「優勢」は、勢いが他より優れていること、勝負ごとなどで形勢が他より勝っていることです。反対語は、【れ】の項の［２］に掲げる「劣勢」です。
　　用例は、次のようになります。
　　【例】　優勢勝ち。優勢な敵軍。優勢に試合を進める。

［コメント］
　前掲１の用例に掲げた「優生保護法」は、人道的な問題で1996年に改正され、現在は「母体保護法」と改称されて、専ら母体の保護を目的とした法律として施行されています。
　なお、「優」については、常用漢字表の音訓欄に「ユウ、やさしい、すぐれる」とあり、「まさる」はありません。よく「優る」という表記を見受けますが、「……よりまさる」は「……より勝る」が正しい表記です。

［2］「故」、「ゆえ」は、どちらで書くのか？

　「故」の本来の意味は、理由、原因、訳その他これらに準ずることです。これらの本来の意味で「ユエ」を用いる場合に限って漢字で「故」と書きます。これが本来の意味で用いられる実質名詞としての「故」だからです。
　用例は、次のようになります。
　【例】　故あってアメリカに行くことになった。故もなく返品はできません。故ありげな廃家。

　一方、上述の本来の意味を離れて**形式名詞**となった「ユエ」や**接続詞**として用いられる「ユエ」は、次のように、全て「ゆえ」と平仮名で書きます。
① 　名詞などの体言・動詞などの活用語の連体形に付いて用いる形式名詞の「ゆえ」は、「……のため」「……だから」の意を表します。
　　用例は、次のようになります。
　【例】　君ゆえに。一部の反対のゆえにはかどらない。急いで行くゆえ後を頼む。
② 　接続詞として、文頭などに用いられる「ゆえに」「それゆえに」「そのゆえに」の表現で用いられます。これは、「接続詞は、一部の例外を除いて、原則として仮名で書く」という表記の基準によるものです（「公用文における漢字使用等について」（平成２２年１１月３０日内閣訓令第１号））。
　　用例は、次のようになります。
　【例】　ゆえに、この事業は取りやめとなります。
　　　　それゆえに、子供は大切な財産と言えます。

［コメント］
［**実質名詞**か**形式名詞**かどうかの判断の仕方について］
　　①の場合のように、それが本来の意味を離れた形式名詞かどうかの判断に迷うときは、その「ゆえ」の部分に本来の意味の「理由、原因、訳」のいずれかを代入してみましょう。その上で、文意が成り立たなければ、その「ゆえ」は形式名詞ということになり、平仮名で書くべきであると判断できます。

なお、**形式名詞**については、【う】の項の［6］を参照してください。

［3］「浴衣」、「ゆかた」は、どちらで書くのか？

結論から言えば、公用文では「浴衣」というように漢字で書きます。
本来、常用漢字表の音訓欄には、「浴」については「ヨク、あびる、あびせる」とあり、「衣」については「イ、ころも」とあるのみですが、その常用漢字表の**付表**に熟字訓（特別な読み方をする熟語）として例外的に許容されている語が116語掲げられており、「浴衣」もこの中にあるのです。この常用漢字表の「付表」にも目を通しておきましょう。
「浴衣（ゆかた）」は、「湯帷子（ゆかたびら）」の略で、主に白地に藍色で柄を染めた、夏に着る木綿の単衣（ひとえ）のことで、入浴時又は入浴後に着る着物としてこの名があります。
用例は、次のようになります。
【例】 浴衣掛け。浴衣地。浴衣染。

［4］「行方」、「ゆくえ」は、どちらで書くのか？

結論から言えば、公用文では「行方」というように漢字で書きます。
本来、常用漢字表の音訓欄には、「方」については「ホウ、かた」とあるのみですが、その常用漢字表の**付表**に熟字訓（特別な読み方をする熟語）として例外的に許容されている語が116語掲げられており、「行方」もこの中にあるのです。この常用漢字表の「付表」にも目を通しておきましょう。
「行方」は、進んで行く先、行くべき方向、行く末、前途、将来のことです。
用例は、次のようになります。
【例】 行方なし。行方不明。君の行方が心配だ。

［5］「委ねる」、「ゆだねる」は、どちらで書くのか？

結論から言えば、公用文では「委ねる」と漢字で書きます。
旧常用漢字表では、「委」の音訓として「イ」しか認めていません

ゆだねる

　でしたが、現行常用漢字表で「ゆだねる」の字訓が新たに追加されたのです。
　したがって、公用文においては「委ねる」と表記することになります。「委ねる」は、人にまかせる、委任する意で用いられます。
　用例は、次のようになります。
　　【例】　身を委ねる。部下に裁決を委ねる。第三者委員会に判断を委ねる。

【よ】

［１］「良い」、「善い」、「よい」は、どう使い分けるのか？

1　「良い」は、性質、機能、状態などが他のものより優れていることです。また、適当である、好ましい、十分である、承認できるなどの意で用いられます。
　　用例は、次のようになります。
　　【例】　人が良い。調子が良い。良い音が出る。良い機会。環境が良い。良い友達。良い体調で臨める。手際が良い。出来が良い。良い提案だ。

2　「善い」は、道徳的に見て立派である、また、正しいの意で用いられます。
　　用例は、次のようになります。
　　【例】　善い行い。世の中のために善いことをする。善い悪いの分別がない。善いにつけ悪いにつけ。善しあし。

3　「よい」は、「……てよい」、「……でよい」の形で用いる場合の補助形容詞としての表記法で、必ず平仮名で書きます。この「よい」は、「良い」、「善い」の本来の意味を離れ、差し支えない、構わないなどの意味に転じているので、「……て良い」、「……で良い」などとは書けないのです。
　　用例は、次のようになります。
　　【例】　連絡してよい。帰ってよい。行かないでよい。掃除をしないでよい。

［コメント］
　「よい」は、一般に、改まったときや書き言葉として用いられ、日常の話し言葉としては「いい」が用いられる傾向にあります。
　そこで、文章に「いい」と書きたければ、「良い」、「善い」には「いい」という字訓はありませんので、平仮名で書くしかありません。
　なお、**補助形容詞については、【ほ】の項の［３］を参照してく**

ださい。

[2]「用件」、「要件」は、どう使い分けるのか？

1 「用件」は、用向きの事柄、なすべき用事、伝えるべき事柄の意で用いられます。
　用例は、次のようになります。
　【例】　大事な用件。用件を済ます。用件を伝える。御用件は何ですか。

2 「要件」は、大切な事柄、必要な条件のことです。
　用例は、次のようになります。
　【例】　要件を満たす。要件を書き出す。成立要件。構成要件。

[3]「要項」、「要綱」は、どう使い分けるのか？

1 「要項」は、必要な事項、大切な事柄、また、それを書き表したもののことです。
　用例は、次のようになります。
　【例】　募集要項。入学試験の要項。市民祭の実施要項をまとめる。

2 「要綱」は、物事の根本となる大切な事柄、また、それをまとめたもののことです。「要項」が現実的かつ具体的に必要な事項を意味するのに対し、「要綱」は重要な大綱すなわち物事の大筋を要約したものを意味します。
　用例は、次のようになります。
　【例】　新しい政策の要綱を示す。法案の要綱。行政指導要綱。

[コメント]
　行政機関において、公文書の題名として「○○○○要項」、「○○○○要綱」などが用いられることが多いですが、その使い分けに公式の基準があるわけではありません。使い分ける必要があるならば、前記の意味の違いを参考にして、自庁内で公文例規程などによってその基準を決めればいいのです。
　ただし、法制執務の分野では、単に「要綱」と言えば、「指導要綱」

を指すこととなるのが一般的です。例えば、「宅地開発指導要綱」など、地方公共団体が行政指導の準拠となるものとして定める内部的な取決めのことです。これは、条文構成などの法令形式を採っていても**法令ではない**ので外部に対して法的な拘束力はなく、飽くまで行政指導を行うための手順を定めたものと言えます。

［4］「用談」、「要談」は、どう使い分けるのか？

1　「用談」は、仕事などの用件についての話合い、用向きの話のことです。
　　用例は、次のようになります。
　　【例】　ただ今用談中です。用談のため出掛ける。用談の申入れがあった。

2　「要談」は、重要な事柄についての話合い、大事な相談のことです。
　　用例は、次のようになります。
　　【例】　市長は要談中です。関係者と要談を交わす。

［5］「漸く」、「ようやく」は、どちらで書くのか？

　結論から言えば、公用文では「ようやく」と平仮名で書きます。
　「漸」は、常用漢字表上、「ゼン」の字音のみで、「ようやく」という字訓はありませんので、公用文では平仮名で書くほかありません。
　「ようやく」は、物事が遅滞ぎみでどうにかこうにか実現する様子などを表す場合に用いられる副詞です。
　用例は、次のようになります。
　【例】　ようやく救援が始まります。電車がようやく動き出しました。

［6］「用量」、「容量」は、どう使い分けるのか？

1　「用量」は、用いるべき量、特に薬剤の1回分又は1日の使用分量の意で用いられます。
　　用例は、次のようになります。
　　【例】　薬剤の用量は厳格に守るべきだ。1回の用量。用量を誤っ

た。用量を超えて服用しないこと。

2 「容量」は、器物の中に受け入れられる分量のことです。容器の容積又はある物体が一定の条件の下で受け入れられる物理量、つまり、熱容量や電気容量などを指して用いられています。
　用例は、次のようになります。
　【例】　この箱の容量。積荷の容量。容量が小さい。バッテリーの容量。

[7]　「読む」、「詠む」は、どう使い分けるのか？

1 「読む」は、文字や文を声を出して言うこと、文字、符号、表情を見て理解すること、数を数えることです。このような意味から比喩的にも用いられています。
　用例は、次のようになります。
　【例】　書物を読む。統計を読む。人の心を読む。さばを読む。読みが深い。

2 「詠む」は、詩歌を作ること、ある事柄や情景等を和歌や俳句などの形式で表現することです。
　用例は、次のようになります。
　【例】　短歌を詠む。俳句を詠む会。和歌に詠まれた名所。詠み人知らず。

[8]　「……より」、「……から」は、どう使い分けるのか？

　「より」と「から」の使い分けについては、【か】の項の［12］を参照してください。

[9]　「喜び」、「慶び」は、どちらで書くのか？

　結論から言えば、公用文では「喜び」と書きます。
　「慶」は、常用漢字表上、「ケイ」の字音のみで、「よろこび」という字訓はありませんので、公用文では「喜び」と書くほかありません。
　語源学的には、「喜」は音楽を聞いて口を開き笑い楽しむことから「喜

ぶ、うれしい」意を表し、「慶」は祭りや祝い事の贈物として鹿の皮を持っていく意を表すことから「めでたい・お祝い」の意に通ずるものと言えます。

したがって、私信であるなら、これらの意を踏まえてどちらを用いても差し支えありませんが、公用文では「お喜び」で統一しておきましょう。

用例は、次のようになります。
　【例】　この度の新庁舎の御落成につきましては、心からお喜び申し上げます。

【ら】

[1] （接尾語）「……ら」、「……等」は、どちらで書くのか？

　接尾語として名詞に付いて「○○ラ」と表す「ラ」であれば、公用文では必ず平仮名の「ら」を用いて、例えば「子供ら」と書きます。そもそも、常用漢字表上、「等」には「ら」という字訓はなく、「トウ、ひとしい」という音訓だけがあるのみです。
　接尾語としての「ら」は、名詞に付いて複数を表したり、親愛・謙譲・蔑視、あるいはおよその場所を表したりするときに用いられます。
　用例は、次のようになります。
　　【例】　子供らは元気だ。我らは貧しい。お前らの来る所ではない。
　　　　　そこらで休もう。

［コメント］
　「等」は、ひとしいこと、同じであることを表すほか、等級など順位、階級を表すときに用いられます。また、前記の「ら」と同様に、複数を表したり、同類の他を省略する語として「英仏等の先進国」というように用いられたりしています。
　なお、法令においては、「○○等」という表現は、略称規定において事物の略称として用いられることはあっても、条文中に何の断わりもなくいきなり用いられることはありません。法令において、同類の他を省略したいときは、「○○その他のこれに準ずる……」というように、少しでも厳密さを持つ表現をするのです。

[2] 「拉致」、「ら致」は、どちらで書くのか？

　結論から言えば、公用文では「拉致」と全て漢字で書きます。
　「拉」は、旧常用漢字表では表外字でしたので、かつては公用文では平仮名で「ら致」と書くか、「ら」の振り仮名を付けた漢字を用いて書くしかありませんでしたが、現行常用漢字表で「ラ」の字音で新たに常用漢字として採用されたのです。
　したがって、公用文においては「拉致」と表記することになります。

「拉致」は、無理に連れて行くという意で用いられています。
用例は、次のようになります。
　【例】　何者かに拉致される。拉致問題。

［3］「乱用」、「濫用」は、どちらで書くのか？

　結論から言えば、公用文では「濫用」と書きます。
　「濫」は、「氾濫」という熟語に用いられているように、そもそも、水があふれる意であることから、むやみに、度が過ぎる、みだりにの意があって、「濫伐」、「濫費」、「濫用」などと用いられています。これに対して、「乱」は、みだれる、みだすの意であって、「乱戦」、「混乱」、「反乱」などと用いるのが一般です。
　したがって、みだりに用いる、むやみに用いるという意であれば、「濫用」と書くべきでしょう。
　用例は、次のようになります。
　【例】　職権を濫用する。権利を濫用してはならない。

　［コメント］
　一般の国語辞典において、「濫用」と「乱用」の使い分けは、必ずしも明確になっていません。新聞などでは「濫」は用いないと取り決めていますので、「乱用」を採用しています。これは、漢字の意味の厳密さというよりも漢字の親しみやすさからの選択でしょう。

【り】

［１］ 「領収証」、「領収書」は、どちらで書くのか？

　結論から言えば、「領収証」、「領収書」のどちらで書いても差し支えありません。国語辞典のほとんどは、「領収書」を見出しに出して、類似語として「領収証」を記載しています。
　「領収書」は、金銭を領収したあかしとして支払者に渡す書付であり、俗に「受取り」などとも呼ばれています。こちらが一般的であり、これで十分証拠の機能を果たすものです。
　そこで、金銭を領収したあかしであるとするならば、その意義のとおりに「証」を用いて書こうとするのが「領収証」という表記であろうと考えられます。
　要するに、両者とも金銭を領収した証拠の機能を果たすものですが、「領収書」は書付であることに、「領収証」は証拠であることに重きを置いた表記であるということでしょう。

［２］ 「両用」、「両様」は、どう使い分けるのか？

１　「両用」は、二つの方面に利用できること、二通りに用いることができることです。類似語として「兼用」があります。
　　用例は、次のようになります。
　　【例】　水陸両用。晴雨に両用する傘。

２　「両様」は、二つの様式、二通り、２様のことです。
　　用例は、次のようになります。
　　【例】　両様の意味を持つ言葉。和戦両様の構えの作戦を採る。

【れ】

［1］「齢」、「令」は、どちらで書くのか？

　この両者は、どちらで書くのかという選択の問題ではありません。ここに取り上げたのは、一般に、年令、高令、樹令などと「令」のあて字で表記されていることが多いからです。
　「年齢」、「高齢」の「齢」は「とし」、「よわい」の意味であり、歯の生え具合や磨滅の程度で人や動物の年の違いが分かるので「歯」を用いてあるのです。
　一方、「令」は、そもそも神のお告げのことであることから、転じて長上からの言い付け、指図の意味となって「命令、指令、号令」などと用いられる語で、「齢」とは全く異なる意味を持つ語です。
　したがって、「年齢」を「年令」などと書くのは全くの俗用であって、公文書などでは許されません。
　「年齢」は、「年齢２５歳」というように、日頃からしっかりと「齢」を用いて書きましょう。
　ちなみに、「２５才」の「才」もあて字であって俗用にすぎませんので、しっかりと正字で「２５歳」と書きましょう。
　なお、「歳」と「才」については、【さ】の項の［1］を参照してください。

［2］「劣性」、「劣勢」は、どう使い分けるのか？

　1　「劣性」は、文字どおり劣っている性質のことですが、生物学的には対立形質を持つ両親の交配で、その雑種第一代では隠されてしまう形質のことです。反対語は、【ゆ】の項の［1］に掲げる「優性」です。
　　　用例は、次のようになります。
　　　【例】　劣性遺伝。

　2　「劣勢」は、勢力が劣っていること、勢いが弱いこと、不利な状態にあることです。反対語は、【ゆ】の項の［1］に掲げる「優勢」

です。
　　用例は、次のようになります。
　　【例】　今は劣勢の状態にある。劣勢をばん回する。劣勢を跳ね返す。

［3］「連携」、「連係」は、どう使い分けるのか？

1　「連携」は、同じ目的を持つ者が互いに連絡を取りながら、協力し合って物事を行うことです。
　　用例は、次のようになります。
　　【例】　両者連携して推進する。市民と連携して政策を進める。

2　「連係」は、切れ目なくつながって次に及ぶこと、連ねつなぐこと、また、そのつながりの意です。
　　用例は、次のようになります。
　　【例】　連係動作。連係プレー。連係を保つ。

【ろ】

［１］ 「路地」、「露地」、「路次」は、どう使い分けるのか？

1　「路地」は、人家の間の狭い道路、門内や庭内の細い通路のことです。
　　用例は、次のようになります。
　　【例】　路地裏。裏町の路地を行く。横町の路地を抜ける。広い庭に縦横の路地がある。

2　「露地」は、屋根のない露出した地面、草庵式の茶室の庭園や通路のことです。また、特殊な意味で、仏教で俗界を離れた静かな境地を指す語として用いられています。
　　用例は、次のようになります。
　　【例】　露地栽培。露地物のいちご。外露地。内露地。

3　「路次」は、道すがら、道中、道筋のことです。かなり文語的な表現であって、同義語に「途次」があります。
　　用例は、次のようになります。
　　【例】　帰郷の路次で出会う。路次すがら語る。

［２］ 「漏洩」、「漏えい」は、どちらで書くのか？

　結論から言えば、公用文では「漏えい」と書きます。
　「洩」は、表外字ですので、原則として、公用文では用いることができません。ただし、振り仮名を振るなどの手を打てば漢字使用が許されます。
　用例は、次のようになります。
　　【例】　機密漏えいの事件。個人情報の漏えいは禁じられています。

ろんじる（ろんずる）

[3] 「論じる」、「論ずる」は、どちらで書くのか？

　これらの語は、どちらかが間違いということではありません。ただし、あえて両者の違いをいえば、「論じる」は話し言葉であって、「論ずる」は少し改まった書き言葉であるという点でしょう（当然、活用の仕方も異なる。）。
　したがって、書き言葉として公用文で用いるときは、例えば、「新年度の政策を委員会で論ずることとした」というように、「論ずる」を用いたほうがいいでしょう。
　このようなことは、公用文でよく用いる「講じる」と「講ずる」、「応じる」と「応ずる」などについても同じことが言えます。これらの語も、どちらかといえば前者が話し言葉で、後者が書き言葉です。

【わ】

［1］「分かる」、「解る」、「判る」は、どちらで書くのか？

　　結論から言えば、公用文では「分かる」と書きます。
　　常用漢字表上、「解る」の「解」は「カイ、ゲ、とく、とかす、とける」、「判る」の「判」は「ハン、バン」の音訓であって、両者とも「わかる」の字訓はありません。
　　「分」は、そもそも区別をつける意を表しており、したがって、「分かる」は、物事の意味、内容、区別などが理解できること、更に転じて、世情に通じ、融通性がある意で用いられています。
　　なお、一般の国語辞典では、「分かる、解る、判る」を一緒に見出しに出して、その使い分けは明確に示していません。字訓を別にすれば、「解る」は「解き明かす」意味からきた「わかる」、「判る」は「優劣、是非のけじめをつける」意味からきた「わかる」であって、それぞれ若干のニュアンスの違いがありますが、現代の公用文等においては、このようなニュアンスの使い分けは必要ないということでしょう。
　　「分かる」の用例は、次のようになります。
　　　【例】　漢字の意味が分かる。フランス語が分かる。犯人が分かる。試験の結果が分かる。話の分かる人だ。彼はものの分かった人です。案外分かっていない。

［2］「我が……」、「わが……」は、どちらで書くのか？

　　結論から言えば、公用文では「我が……」と漢字で書きます。
　　「公用文における漢字使用等について」（平成２２年１１月３０日内閣訓令第１号）に漢字で書く連体詞の例として「我が」が掲げられています。
　　ちなみに、**連体詞**とは、品詞の一つで、体言（名詞などの活用しない語）の修飾だけを役目とする品詞をいいます。
　　漢字で書く連体詞としては、「我が」のほかに「明くる、大きな、来る、去る、小さな」の用例が掲げられています。

わかれる−わきまえる

［3］「分かれる」、「別れる」は、どう使い分けるのか？

1　「分かれる」は、一つであったものが二つ以上のものに区分されること、区別が生じることです。
　　用例は、次のようになります。
　　【例】　二組に分かれる。道が分かれている。等級が5段階に分かれる。5章に分かれる論文。運命の分かれ道。

2　「別れる」は、一緒にいた者又は特別な関係にあった者の間が離れることです。「別れる」は、別離を意味し、まれに愛犬などとの別れにも用いられますが、主として人と人の別れに用いられます。
　　用例は、次のようになります。
　　【例】　家族と別れて住む。親友と別れることになった。夫婦別れ。生き別れ。

［コメント］
　「分かれ道」と「別れ道」、「分かれ目」と「別れ目」という表記もまたあり得ます。「分かれ道」は本道から分かれて出た道又は二つ以上に分かれた道であり、「別れ道」は人と別れて行く道です。また、「分かれ目」は分かれる所、境目を表し、「別れ目」は人と人が別れるその分岐点の状態、時点を表します。
　ちなみに、「分かれる」（自動詞）に「かれる」と送り仮名を送るのは、「分ける」（他動詞）との対応からであって、「別れる」にはこのような対応がありませんので活用語尾の「れる」だけ送るということになります。送り仮名の違いについても、注意が必要です。
　なお、**他動詞・自動詞**については、【あ】の項の［6］を参照してください。

［4］「弁える」、「わきまえる」は、どちらで書くのか？

　結論から言えば、公用文では「わきまえる」と平仮名で書きます。
　「弁」は、常用漢字表上、「ベン」という字音があるのみで、「わきまえる」という字訓はありません。
　「わきまえる」は、ものの道理を十分に知る、よく判断して振る舞う、

ものの区別を知るの意で用いられています。
　用例は、次のようになります。
　【例】　礼儀をわきまえる。場所柄をわきまえない振る舞い。身の程をわきまえる。善しあしをわきまえる。

［5］「湧く」、「沸く」は、どう使い分けるのか？

1　「湧く」は、地下水などが地中から出ること、物事が次々と現れ出ること、虫などが自然に発生すること、感情・考えなどが生ずることです。
　用例は、次のようになります。
　【例】　温泉が湧く。多くの観客が出口から湧き出てくる。いなごの大群が湧く。だんだん勇気が湧いてきた。興味が湧（沸）く。拍手が湧（沸）く。

2　「沸く」は、水が熱せられて湯になること、発酵すること、盛んに起こること、興奮して騒ぎ立てること、熱狂することです。
　用例は、次のようになります。
　【例】　湯が沸く。風呂が沸く。甘酒が沸く。ぬかみそが沸く。興味が沸（湧）く。すばらしい演技に場内が沸く。

［コメント］
　「湧く」の「湧」は、旧常用漢字表では表外字でしたが、現行常用漢字表で新たに常用漢字として採用されたのです。ただし、同じ意味の「涌く」の「涌」は現在も表外字ですので、公用文には用いることはできません。
　また、「湧く」と「沸く」は、その「わく」状態において使い分けられる場合もあります。例えば、普通は「拍手が湧く」でいいですが、熱狂的な拍手であれば「拍手が沸く」となり、じわじわと興味がわくのであれば「興味が湧く」でいいですが、激しく沸騰するような興味であれば「興味が沸く」となるでしょう。

わけ

［6］「訳」、「わけ」は、どちらで書くのか？

　「訳」の本来の意味は、意味、道理、理由などです。これらの本来の意味で「ワケ」を用いる場合に限って漢字で「訳」と書きます。これが本来の意味で用いられる実質名詞としての「訳」だからです。
　用例は、次のようになります。
　【例】　訳あってアメリカに行くことになった。訳もなく返品はできません。訳の分からない話。訳の分かる人。

　一方、前記の本来の意味が薄れて形式名詞となった「ワケ」は、次のように、全て「わけ」と平仮名で書きます。
① 「……わけだ」、「……わけである」という形で、帰結として当然そうなる、そうなったということを表す場合
　　用例は、次のようになります。
　【例】　それでは当然みんなが笑うわけだ。それで希望がかなったというわけだ。それでは損害が生じるので、みんなが反対するわけである。
② 「……わけにはいかない」、「……わけではない」で、帰結として当然否定されるべきであることを表す場合
　　用例は、次のようになります。
　【例】　賛成するわけにはいかない。受け取るわけにはいかない。怠けているわけではない。

［コメント］
　［**実質名詞か形式名詞**かどうかの判断の仕方について］
　前掲①と②の場合のように、それが本来の意味が薄れた形式名詞かどうかの判断に迷うときは、その「わけ」の部分に本来の意味の「理由、原因」のいずれかを直接代入してみましょう。その上で、文意が成り立たなければ、その「わけ」は形式名詞ということになり、平仮名で書くべきであると判断できます。
　なお、**形式名詞**については、【う】の項の［6］を参照してください。

［7］「技（わざ）」、「業（わざ）」は、どう使い分けるのか？

1　「技」は、仕方、方法、技術のことです。また、武道、相撲などで、相手に仕掛ける一定の型の動作を表します。
　　用例は、次のようになります。
　　【例】　技を磨く。技を競う。技を掛ける。足技。寝技。大技。小技。

2　「業」は、行い、振る舞い、有様、動き、仕事など多様な意味で用いられます。
　　用例は、次のようになります。
　　【例】　神業。離れ業。人間業とは思えない。至難の業である。荒業。軽業。

［8］「僅か」、「わずか」は、どちらで書くのか？

　結論から言えば、公用文では「僅か」と漢字で書きます。
　旧常用漢字表では「僅」は表外字でしたが、現行常用漢字表で「キン、わずか」の音訓で常用漢字として追加されたのです。
　したがって、公用文においては「僅か」と表記することになります。
　「僅か」は、数量、程度、価値、時間などが非常に少ない状態、ほんの少しのことです。また、やっと、辛うじての意で用いられます。
　用例は、次のようになります。
　　【例】　僅かな時間で終わった。僅か3人で仕上げた。僅かに息をしている。

［9］「煩う」、「患う」は、どう使い分けるのか？

1　「煩う」は、思い悩む、心で苦しむ、難渋することです。また、動詞の連用形に付いて、……するのにうまくいかない、……に困る意で用いられます。
　　用例は、次のようになります。
　　【例】　思い煩う。言い煩う。他人を煩わす。煩わしい仕事。

2　「患う」は、病気になることです。

用例は、次のようになります。
【例】 肺を患う。長く患っている。

［10］「……（に）亘り」、「……（に）わたり」は、どちらで書くのか？

　結論から言えば、公用文では「……（に）わたり」と平仮名で書きます。
　「ある期間中続く、ある範囲に広く及ぶ」意の「亘る」の「亘」は表外字であって、公用文では用いることはできません。だからと言って、「渡」の漢字を当てて「……に渡って」と表記することは、全く意味が違うためにできません。
　したがって、「……（に）わたり」と平仮名で書くことになります。
　用例は、次のようになります。
【例】 数日にわたって戦闘が続いた。東西にわたって普及する。津々浦々にわたって広まった。

［11］「詫びる」、「わびる」は、どちらで書くのか？

　結論から言えば、公用文では「わびる」と平仮名で書きます。
　「詫びる」の「詫」は、表外字であって公用文では用いることができません。「わびる」は、謝る、謝罪することです。
　用例は、次のようになります。
【例】 無礼をわびる。おわび申し上げます。

［12］「割当て」、「割当」は、どちらで書くのか？

　結論から言えば、公用文では「割当て」と送り仮名を付けて書きます。
　「割当て」は、そもそも、「割り当てる」という動詞が名詞になった語ですが、名詞になってもまだ動詞的なニュアンスが残っている名詞と言えます。このように、名詞になっても動詞的なニュアンスが残っている名詞の仲間に「手当て」、「手引き」など多数あります。
　ちなみに、「割当て」の同義語としては、配当、分担などがあります。
　なお、似た語の「割合」には送り仮名は付けませんので、これとの対比で覚えておけば忘れないでしょう。

用例は、次のようになります。
　【例】　仕事の割当てをする。負担金の割当てが来た。

［コメント］
　「手当て」については【て】の項の［１］を、「手引き」については【て】の項の［１１］を参照してください。

［13］「割に……」、「わりに……」は、どちらで書くのか？

　結論から言えば、公用文では「割に」と漢字で書きます。
　「割に」は、品詞としては副詞であって、わりあいに、わりと、という意で用いられています。
　用例は、次のようになります。
　【例】　割に面白い本です。割に難しい問題でした。割に簡単な仕事です。この本は、割にためになりました。

資料編

＜公用文における漢字使用等について＞

○内閣訓令第 1 号

　　　　　　　　　　　　　　　　　　　　　　各行政機関
　　　　　公用文における漢字使用等について
　政府は、本日、内閣告示第 2 号をもって、「常用漢字表」を告示した。
　今後、各行政機関が作成する公用文における漢字使用等については、別紙によるものとする。
　なお、昭和 56 年内閣訓令第 1 号は、廃止する。
　平成 22 年 11 月 30 日　　　　　　　　　　内閣総理大臣　菅　　直人

（別紙）

　　　　　　　　公用文における漢字使用等について

1　漢字使用について
(1)　公用文における漢字使用は、「常用漢字表」（平成 22 年内閣告示第 2 号）の本表及び付表（表の見方及び使い方を含む。）によるものとする。
　　なお、字体については通用字体を用いるものとする。
(2)　「常用漢字表」の本表に掲げる音訓によって語を書き表すに当たっては、次の事項に留意する。
　ア　次のような代名詞は、原則として、漢字で書く。
　　　【例】俺　彼　誰　何　僕　私　我々
　イ　次のような副詞及び連体詞は、原則として、漢字で書く。
　　　【例】（副詞）
　　　　余り　至って　大いに　恐らく　概して　必ず　必ずしも
　　　　辛うじて　極めて　殊に　更に　実に　少なくとも　少し
　　　　既に　全て　切に　大して　絶えず　互いに　直ちに
　　　　例えば　次いで　努めて　常に　特に　突然　初めて
　　　　果たして　甚だ　再び　全く　無論　最も　専ら　僅か
　　　　割に

（連体詞）
　　　明くる　大きな　来る　去る　小さな　我が（国）
　　ただし、次のような副詞は、原則として、仮名で書く。
　　　【例】　かなり　ふと　やはり　よほど
ウ　次の接頭語は、その接頭語が付く語を漢字で書く場合は、原則として、漢字で書き、その接頭語が付く語を仮名で書く場合は、原則として、仮名で書く。
　　　【例】　<u>御</u>案内（御＋案内）　<u>御</u>挨拶（御＋挨拶）
　　　　　　　ごもっとも（ご＋もっとも）
エ　次のような接尾語は、原則として、仮名で書く。
　　　【例】　げ（惜し<u>げ</u>もなく）　ども（私<u>ども</u>）　ぶる（偉<u>ぶる</u>）
　　　　　　　み（弱<u>み</u>）　め（少な<u>め</u>）
オ　次のような接続詞は、原則として、仮名で書く。
　　　【例】　おって　かつ　したがって　ただし　ついては　ところが　ところで　また　ゆえに
　　ただし、次の4語は、原則として、漢字で書く。
　　　　　　　及び　並びに　又は　若しくは
カ　助動詞及び助詞は、仮名で書く。
　　　【例】　ない（現地には、行か<u>ない</u>。）
　　　　　　　ようだ（それ以外に方法がない<u>ようだ</u>。）
　　　　　　　ぐらい（二十歳<u>ぐらい</u>の人）
　　　　　　　だけ（調査した<u>だけ</u>である。）
　　　　　　　ほど（三日<u>ほど</u>経過した。）
キ　次のような語句を、（　）の中に示した例のように用いるときは、原則として、仮名で書く。
　　　【例】　ある（その点に問題が<u>ある</u>。）
　　　　　　　いる（ここに関係者が<u>いる</u>。）
　　　　　　　こと（許可しない<u>こと</u>がある。）
　　　　　　　できる（だれでも利用が<u>できる</u>。）
　　　　　　　とおり（次の<u>とおり</u>である。）
　　　　　　　とき（事故の<u>とき</u>は連絡する。）
　　　　　　　ところ（現在の<u>ところ</u>差し支えない。）
　　　　　　　とも（説明すると<u>とも</u>に意見を聞く。）
　　　　　　　ない（欠点が<u>ない</u>。）

公用文における漢字使用等について

　　　　　なる（合計すると1万円に<u>なる</u>。）
　　　　　ほか（その<u>ほか</u>…、特別の場合を除く<u>ほか</u>…）
　　　　　もの（正しい<u>もの</u>と認める。）
　　　　　ゆえ（一部の反対の<u>ゆえ</u>にはかどらない。）
　　　　　わけ（賛成する<u>わけ</u>にはいかない。）
　　　………かもしれない（間違い<u>かもしれない</u>。）
　　　………てあげる（図書を貸し<u>てあげる</u>。）
　　　………ていく（負担が増え<u>ていく</u>。）
　　　………ていただく（報告し<u>ていただく</u>。）
　　　………ておく（通知し<u>ておく</u>。）
　　　………てください（問題点を話し<u>てください</u>。）
　　　………てくる（寒くなっ<u>てくる</u>。）
　　　………てしまう（書い<u>てしまう</u>。）
　　　………てみる（見<u>てみる</u>。）
　　　………てよい（連絡し<u>てよい</u>。）
　　　………にすぎない（調査だけ<u>にすぎない</u>。）
　　　………について（これ<u>について</u>考慮する。）

2　送り仮名の付け方について
(1)　公用文における送り仮名の付け方は、原則として、「送り仮名の付け方」（昭和48年内閣告示第2号）の本文の通則1から通則6までの「本則」・「例外」、通則7及び「付表の語」（1のなお書きを除く。）によるものとする。

　　ただし、複合の語（「送り仮名の付け方」の本文の通則7を適用する語を除く。）のうち、活用のない語であって読み間違えるおそれのない語については、「送り仮名の付け方」の本文の通則6の「許容」を適用して送り仮名を省くものとする。なお、これに該当する語は、次のとおりとする。

　　　　明渡し　預り金　言渡し　入替え　植付け　魚釣用具
　　　　受入れ　受皿　受持ち　受渡し　渦巻　打合せ　打合せ会
　　　　打切り　内払　移替え　埋立て　売上げ　売惜しみ　売出し
　　　　売場　売払い　売渡し　売行き　縁組　追越し　置場　贈物
　　　　帯留　折詰　買上げ　買入れ　買受け　買換え　買占め

買取り 買戻し 買物 書換え 格付 掛金 貸切り 貸金
貸越し 貸倒れ 貸出し 貸付け 借入れ 借受け 借換え
刈取り 缶切 期限付 切上げ 切替え 切下げ 切捨て
切土 切取り 切離し 靴下留 組合せ 組入れ 組替え
組立て くみ取便所 繰上げ 繰入れ 繰替え 繰越し
繰下げ 繰延べ 繰戻し 差押え 差止め 差引き 差戻し
砂糖漬 下請 締切り 条件付 仕分 据置き 据付け
捨場 座込み 栓抜 備置き 備付け 染物 田植 立会い
立入り 立替え 立札 月掛 付添い 月払 積卸し
積替え 積込み 積出し 積立て 積付け 釣合い 釣鐘
釣銭 釣針 手続 問合せ 届出 取上げ 取扱い 取卸し
取替え 取決め 取崩し 取消し 取壊し 取下げ 取締り
取調べ 取立て 取次ぎ 取付け 取戻し 投売り 抜取り
飲物 乗換え 乗組み 話合い 払込み 払下げ 払出し
払戻し 払渡し 払渡済み 貼付け 引上げ 引揚げ
引受け 引起し 引換え 引込み 引下げ 引締め 引継ぎ
引取り 引渡し 日雇 歩留り 船着場 不払 賦払
振出し 前払 巻付け 巻取り 見合せ 見積り 見習
未払 申合せ 申合せ事項 申入れ 申込み 申立て 申出
持家 持込み 持分 元請 戻入れ 催物 盛土 焼付け
雇入れ 雇主 譲受け 譲渡し 呼出し 読替え 割当て
割増し 割戻し

(2)　(1)にかかわらず、必要と認める場合は、「送り仮名の付け方」の本文の通則2、通則4及び通則6((1)のただし書の適用がある場合を除く。)の「許容」並びに「付表の語」の1のなお書きを適用して差し支えない。

3　その他
(1)　1及び2は、固有名詞を対象とするものではない。
(2)　専門用語又は特殊用語を書き表す場合など、特別な漢字使用等を必要とする場合には、1及び2によらなくてもよい。
(3)　専門用語等で読みにくいと思われるような場合は、必要に応じて、振り仮名を用いる等、適切な配慮をするものとする。

4 法令における取扱い

　法令における漢字使用等については、別途、内閣法制局からの通知による。

＜法令における漢字使用等について＞

　平成22年11月30日付け内閣告示第2号をもって「常用漢字表」が告示され、同日付け内閣訓令第1号「公用文における漢字使用等について」が定められたことに伴い、法令における漢字使用等について、次のように定める。
　平成２２年１１月３０日

内閣法制局長官　梶田信一郎

法令における漢字使用等について

1　漢字使用について
(1)　法令における漢字使用は、次の(2)から(6)までにおいて特別の定めをするもののほか、「常用漢字表」（平成22年内閣告示第2号。以下「常用漢字表」という。）の本表及び付表（表の見方及び使い方を含む。）並びに「公用文における漢字使用等について」（平成22年内閣訓令第1号）の別紙の1「漢字使用について」の(2)によるものとする。また、字体については、通用字体を用いるものとする。
　　　なお、常用漢字表により漢字で表記することとなったものとしては、次のようなものがある。
　　　　挨拶　宛先　椅子　咽喉　隠蔽　鍵　覚醒　崖　玩具　毀損　亀裂　禁錮　舷　拳銃　勾留　柵　失踪　焼酎　処方箋　腎臓　進捗　整頓　脊柱　遡及　堆積　貼付　賭博　剥奪　破綻　汎用　氾濫　膝　肘　払拭　閉塞　捕捉　補填　哺乳類　蜜蜂　明瞭　湧出　拉致　賄賂　関わる　鑑みる　遡る　全て
(2)　次のものは、常用漢字表により、（　）の中の表記ができることとなったが、引き続きそれぞれ下線を付けて示した表記を用いるものとする。
　　　　<u>壊</u>滅（潰滅）　　<u>壊</u>乱（潰乱）　　決<u>壊</u>（決潰）
　　　　広<u>範</u>（広汎）　　全<u>壊</u>（全潰）　　倒<u>壊</u>（倒潰）
　　　　破<u>棄</u>（破毀）　　崩<u>壊</u>（崩潰）　　理<u>屈</u>（理窟）
(3)　次のものは、常用漢字表により、下線を付けて示した表記がで

法令における漢字使用等について

きることとなったので、（　）の中の表記に代えて、それぞれ下線を付けて示した表記を用いるものとする。

　　<u>臆説</u>（憶説）　<u>臆測</u>（憶測）　<u>肝腎</u>（肝心）

(4)　次のものは、常用漢字表にあるものであっても、仮名で表記するものとする。

```
虞  ⎫
    ⎬ → おそれ
恐れ ⎭
且つ            →  かつ
従って（接続詞） →  したがって
但し            →  ただし
但書            →  ただし書
外  ⎫
    ⎬ → ほか
他  ⎭
又              →  また（ただし、「または」は「又は」と
                    表記する。）
因る            →  よる
```

(5)　常用漢字表にない漢字で表記する言葉及び常用漢字表にない漢字を構成要素として表記する言葉並びに常用漢字表にない音訓を用いる言葉の使用については、次によるものとする。

　ア　専門用語等であって、他に言い換える言葉がなく、しかも仮名で表記すると理解することが困難であると認められるようなものについては、その漢字をそのまま用いてこれに振り仮名を付ける。

【例】
暗渠（きょ）　按（あん）分　蛾（が）　瑕疵（かし）　管渠（きょ）　涵（かん）養　強姦（かん）
砒（ひ）素　埠（ふ）頭

　イ　次のものは、仮名で表記する。
　　　拘わらず　　　→　かかわらず
　　　此　　　　　　→　この
　　　之　　　　　　→　これ
　　　其　　　　　　→　その

　　　　煙草　　　　　→　たばこ
　　　　為　　　　　　→　ため
　　　　以て　　　　　→　もって
　　　　等（ら）　　　→　ら
　　　　猥褻　　　　　→　わいせつ
　ウ　仮名書きにする際、単語の一部だけを仮名に改める方法は、できるだけ避ける。
　　【例】
　　　　斡旋　　　　　→　あっせん（「あっ旋」は用いない。）
　　　　煉瓦　　　　　→　れんが（「れん瓦」は用いない。）
　　　ただし、次の例のように一部に漢字を用いた方が分かりやすい場合は、この限りでない。
　　【例】
　　　　あへん煙　えん堤　救じゅつ　橋りょう　し尿
　　　　出えん　じん肺　ため池　ちんでん池　でん粉
　　　　てん末　と畜　ばい煙　排せつ　封かん　へき地
　　　　らく印　漏えい
　エ　常用漢字表にない漢字又は音訓を仮名書きにする場合には、仮名の部分に傍点を付けることはしない。
(6)　次のものは、（　）の中に示すように取り扱うものとする。
　　　　匕首（用いない。「あいくち」を用いる。）
　　　　委棄（用いない。）
　　　　慰藉料（用いない。「慰謝料」を用いる。）
　　　　溢水（用いない。）
　　　　違背（用いない。「違反」を用いる。）
　　　　印顆（用いない。）
　　　　湮滅（用いない。「隠滅」を用いる。）
　　　　苑地（用いない。「園地」を用いる。）
　　　　汚穢（用いない。）
　　　　解止（用いない。）
　　　　戒示（用いない。）
　　　　灰燼（用いない。）
　　　　改訂・改定（「改訂」は書物などの内容に手を加えて正すことという意味についてのみ用いる。それ以外の場合は「改定」を用いる。）

開披（用いない。）
牙保（用いない。）
勧解（用いない。）
監守（用いない。）
管守（用いない。「保管」を用いる。）
陥穽（用いない。）
干与・干預（用いない。「関与」を用いる。）
義捐（用いない。）
汽鑵（用いない。「ボイラー」を用いる。）
技監（特別な理由がある場合以外は用いない。）
規正・規整・規制（「規正」はある事柄を規律して公正な姿に当てはめることという意味についてのみ、「規整」はある事柄を規律して一定の枠に納め整えることという意味についてのみ、それぞれ用いる。それ以外の場合は「規制」を用いる。）
覊束（用いない。）
吃水（用いない。「喫水」を用いる。）
規程（法令の名称としては、原則として用いない。「規則」を用いる。）
欺瞞（用いない。）
欺罔（用いない。）
狭隘（用いない。）
饗応（用いない。「供応」を用いる。）
驚愕（用いない。）
魚艙（用いない。「魚倉」を用いる。）
紀律（特別な理由がある場合以外は用いない。「規律」を用いる。）
空気槽（用いない。「空気タンク」を用いる。）
具有（用いない。）
繋船（用いない。「係船」を用いる。）
繋属（用いない。「係属」を用いる。）
計理（用いない。「経理」を用いる。）
繋留（用いない。「係留」を用いる。）
懈怠（用いない。）
牽連（用いない。「関連」を用いる。）
溝渠（特別な理由がある場合以外は用いない。）

交叉点（用いない。「交差点」を用いる。）
更代（用いない。「交代」を用いる。）
弘報（用いない。「広報」を用いる。）
骨牌（用いない。「かるた類」を用いる。）
戸扉（用いない。）
誤謬（用いない。）
詐偽（用いない。「偽り」を用いる。）
鑿井（用いない。）
作製・作成（「作製」は製作（物品を作ること）という意味についてのみ用いる。それ以外の場合は「作成」を用いる。）
左の（「次の」という意味では用いない。）
鎖鑰（用いない。）
撒水管（用いない。「散水管」を用いる。）
旨趣（用いない。「趣旨」を用いる。）
枝条（用いない。）
首魁（用いない。「首謀者」を用いる。）
酒精（用いない。「アルコール」を用いる。）
鬚髯（用いない。）
醇化（用いない。「純化」を用いる。）
竣功（特別な理由がある場合以外は用いない。「完成」を用いる。）
傷痍（用いない。）
焼燬（用いない。）
銷却（用いない。「消却」を用いる。）
情況（特別な理由がある場合以外は用いない。「状況」を用いる。）
檣頭（用いない。「マストトップ」を用いる。）
証標（用いない。）
証憑・憑拠（用いない。「証拠」を用いる。）
牆壁（用いない。）
塵埃（用いない。）
塵芥（用いない。）
侵蝕（用いない。「侵食」を用いる。）
成規（用いない。）
窃用（用いない。「盗用」を用いる。）
船渠（用いない。「ドック」を用いる。）
洗滌（用いない。「洗浄」を用いる。）

僣窃（用いない。）
総轄（用いない。「総括」を用いる。）
齟齬（用いない。）
疏明（用いない。「疎明」を用いる。）
稠密（用いない。）
通事（用いない。「通訳人」を用いる。）
定繋港（用いない。「定係港」を用いる。）
呈示（用いない。「提示」を用いる。）
停年（用いない。「定年」を用いる。）
捺印（用いない。「押印」を用いる。）
売淫（用いない。「売春」を用いる。）
配付・配布（「配付」は交付税及び譲与税配付金特別会計のような特別な場合についてのみ用いる。それ以外の場合は「配布」を用いる。）
蕃殖（用いない。「繁殖」を用いる。）
版図（用いない。）
誹毀（用いない。）
彼此（用いない。）
標示（特別な理由がある場合以外は用いない。「表示」を用いる。）
紊乱（用いない。）
編綴（用いない。）
房室（用いない。）
膨脹（用いない。「膨張」を用いる。）
法例（用いない。）
輔助（用いない。「補助」を用いる。）
満限に達する（特別な理由がある場合以外は用いない。「満了する」を用いる。）
宥恕（用いない。）
輸贏（用いない。）
踰越（用いない。）
油槽（用いない。「油タンク」を用いる。）
落磐（用いない。「落盤」を用いる。）
臨検・立入検査（「臨検」は犯則事件の調査の場合についてのみ用いる。それ以外の場合は「立入検査」を用いる。）
鄰佑（用いない。）

狼狽（用いない。）
和諧（用いない。「和解」を用いる。）

2 送り仮名の付け方について
 (1) 単独の語
  ア 活用のある語は、「送り仮名の付け方」（昭和48年内閣告示第2号の「送り仮名の付け方」をいう。以下同じ。）の本文の通則1の「本則」・「例外」及び通則2の「本則」の送り仮名の付け方による。
  イ 活用のない語は、「送り仮名の付け方」の本文の通則3から通則5までの「本則」・「例外」の送り仮名の付け方による。
  ［備考］ 表に記入したり記号的に用いたりする場合には、次の例に示すように、原則として、（ ）の中の送り仮名を省く。
  【例】
   晴（れ） 曇（り） 問（い） 答（え） 終（わり） 生（まれ）
 (2) 複合の語
  ア イに該当する語を除き、原則として、「送り仮名の付け方」の本文の通則6の「本則」の送り仮名の付け方による。ただし、活用のない語で読み間違えるおそれのない語については、「送り仮名の付け方」の本文の通則6の「許容」の送り仮名の付け方により、次の例に示すように送り仮名を省く。
  【例】
   明渡し 預り金 言渡し 入替え 植付け 魚釣用具 受入れ 受皿 受持ち 受渡し 渦巻 打合せ 打合せ会 打切り 内払 移替え 埋立て 売上げ 売惜しみ 売出し 売場 売払い 売渡し 売行き 縁組 追越し 置場 贈物 帯留 折詰 買上げ 買入れ 買受け 買換え 買占め 買取り 買戻し 買物 書換え 格付 掛金 貸切り 貸金 貸越し 貸倒れ 貸出し 貸付け 借入れ 借受け 借換え 刈取り 缶切 期限付 切上げ 切替え 切下げ 切捨て 切土 切取り 切離し 靴下留 組合せ 組入れ 組替え 組立て くみ取便所 繰上げ 繰入れ 繰替え 繰越し 繰下げ 繰延べ 繰戻し 差押え 差止め 差引き 差戻し 砂糖漬 下請 締切り 条件付 仕分 据置き 据付け 捨場 座込み 栓抜 備置き 備付け 染物 田植 立会い 立入り 立替え 立札 月掛

付添い　月払　積卸し　積替え　積込み　積出し　積立て　積付け　釣合い　釣鐘　釣銭　釣針　手続　問合せ　届出　取上げ　取扱い　取卸し　取替え　取決め　取崩し　取消し　取壊し　取下げ　取締り　取調べ　取立て　取次ぎ　取付け　取戻し　投売り　抜取り　飲物　乗換え　乗組み　話合い　払込み　払下げ　払出し　払戻し　払渡し　払渡済み　貼付け　引上げ　引揚げ　引受け　引起し　引換え　引込み　引下げ　引締め　引継ぎ　引取り　引渡し　日雇　歩留り　船着場　不払　賦払　振出し　前払　巻付け　巻取り　見合せ　見積り　見習　未払　申合せ　申合せ事項　申入れ　申込み　申立て　申出　持家　持込み　持分　元請　戻入れ　催物　盛土　焼付け　雇入れ　雇主　譲受け　譲渡し　呼出し　読替え　割当て　割増し　割戻し

イ　活用のない語で慣用が固定していると認められる次の例に示すような語については、「送り仮名の付け方」の本文の通則７により、送り仮名を付けない。

【例】

合図　合服　合間　預入金　編上靴　植木　（進退）伺　浮袋　浮世絵　受入額　受入先　受入年月日　請負　受付　受付係　受取　受取人　受払金　打切補償　埋立区域　埋立事業　埋立地　裏書　売上（高）　売掛金　売出発行　売手　売主　売値　売渡価格　売渡先　絵巻物　襟巻　沖合　置物　奥書　奥付　押売　押出機　覚書　（博多）織　折返線　織元　織物　卸売　買上品　買受人　買掛金　外貨建債権　概算払　買手　買主　買値　書付　書留　過誤払　貸方　貸越金　貸室　貸席　貸倒引当金　貸出金　貸出票　貸付（金）　貸主　貸船　貸本　貸間　貸家　箇条書　貸渡業　肩書　借入（金）　借受人　借方　借越金　刈取機　借主　仮渡金　缶詰　気付　切手　切符　切替組合員　切替日　くじ引　組合　組入金　組立工　倉敷料　繰上償還　繰入金　繰入限度額　繰入率　繰替金　繰越（金）　繰延資産　消印　月賦払　現金払　小売　小売（商）　小切手　木立　小包　子守　献立　先取特権　作付面積　挿絵　差押（命令）　座敷　指図　差出人　差引勘定　差引簿　刺身　試合　仕上機械　仕上工　仕入価格　仕掛花火　仕掛品　敷網　敷居　敷石　敷金　敷地　敷布　敷物　軸受　下請工事　仕出屋　仕

立券　仕立物　<u>仕立屋</u>　質入証券　支払　支払元受高　<u>字引</u>　仕向地　<u>事務取扱</u>　事務引継　締切日　所得割　新株買付契約書　据置（期間）　（支出）済（額）　<u>関取</u>　備付品　<u>（型絵）染</u>　ただし書　立会演説　立会人　立入検査　<u>立場</u>　竜巻　立替金　立替払　建具　建坪　建値　建前　<u>建物</u>　棚卸資産　（条件）付（採用）　月掛貯金　付添人　漬物　積卸施設　積出地　<u>積立（金）</u>　積荷　詰所　釣堀　<u>手当</u>　出入口　出来高払　手付金　手引　手引書　手回品　手持品　灯台守　<u>頭取</u>　（欠席）届　留置電報　<u>取扱（所）</u>　<u>取扱（注意）</u>　取入口　取替品　取組　取消処分　（麻薬）取締法　<u>取締役</u>　取立金　取立訴訟　<u>取次（店）</u>　取付工事　取引　<u>取引（所）</u>　取戻請求権　問屋　仲買　仲立業　投売品　<u>並木</u>　縄張　荷扱場　荷受人　荷造機　荷造費　<u>（春慶）塗</u>　（休暇）願　乗合船　乗合旅客　<u>乗換（駅）</u>　<u>乗組（員）</u>　<u>場合</u>　羽織　履物　葉巻　払込（金）　払下品　払出金　払戻金　払戻証書　払渡金　払渡郵便局　<u>番組</u>　<u>番付</u>　控室　引当金　<u>引受（時刻）</u>　<u>引受（人）</u>　<u>引換（券）</u>　<u>（代金）引換</u>　引継事業　引継調書　引取経費　引取税　引渡（人）　<u>日付</u>　引込線　瓶詰　<u>歩合</u>　封切館　福引（券）　船積貨物　<u>踏切</u>　<u>振替</u>　振込金　<u>振出（人）</u>　不渡手形　分割払　<u>（鎌倉）彫</u>　掘抜井戸　前受金　前貸金　巻上機　<u>巻紙</u>　巻尺　巻物　<u>待合（室）</u>　見返物資　見込額　見込数量　見込納付　水張検査　<u>水引</u>　<u>見積（書）</u>　見取図　見習工　未払勘定　未払年金　見舞品　名義書換　<u>申込（書）</u>　申立人　持込禁止　元売業者　<u>物置</u>　<u>物語</u>　物干場　<u>（備前）焼</u>　<u>役割</u>　屋敷　雇入契約　雇止手当　<u>夕立</u>　譲受人　湯沸器　呼出符号　読替規定　陸揚地　陸揚量　<u>両替</u>　<u>割合</u>　割当額　割高　<u>割引</u>　割増金　割戻金　割安

［備考１］　下線を付けた語は、「送り仮名の付け方」の本文の通則７において例示された語である。

［備考２］　「売上（高）」、「（博多）織」などのようにして掲げたものは、（　）の中を他の漢字で置き換えた場合にも、「送り仮名の付け方」の本文の通則７を適用する。

(3)　付表の語

　「送り仮名の付け方」の本文の付表の語（１のなお書きを除く。）の送り仮名の付け方による。

3 その他
 (1) 1及び2は、固有名詞を対象とするものではない。
 (2) 1及び2については、これらを専門用語及び特殊用語に適用するに当たって、必要と認める場合は、特別の考慮を加える余地があるものとする。

　　附　　則
1　この決定は、平成22年11月30日から施行する。
2　この決定は、法律については次回国会（常会）に提出するものから、政令については平成23年1月1日以後最初の閣議に提出するものから、それぞれ適用する。
3　新たな法律又は政令を起案する場合のほか、既存の法律又は政令の改正について起案する場合（文語体の法律又は勅令を文体を変えないで改正する場合を除く。）にも、この決定を適用する。なお、この決定を適用した結果、改正されない部分に用いられている語の表記と改正される部分に用いられるこれと同一の内容を表す語の表記とが異なることとなっても、差し支えない。
4　署名の閣議に提出される条約については平成23年1月1日以後最初の閣議に提出されるものから、国会に提出される条約（平成23年1月1日以後最初の閣議より前に署名の閣議に提出された条約であって日本語が正文であるものを除く。）については次回国会（常会）に提出するものから、それぞれこの決定を適用する。なお、条約の改正についても、この決定を適用した結果、改正されない部分に用いられている語の表記と改正される部分に用いられるこれと同一の内容を表す語の表記とが異なることとなっても、差し支えない。

【注記】
　平成22年11月30日付け内閣法制局長官決定をもって「法令における漢字使用等について」が定められたことに伴い、従前の昭和29年11月25日付け法制局総発第89号の「法令用語改善の実施要領」（同実施要領の別紙「法令用語改正要領」を含む。）及び昭和56年10月1日付け内閣法制局総発第141号の「法令における漢字使用等について」は、平成22年11月30日付けで廃止されました。

資料編

＜常 用 漢 字 表＞

○内閣告示第2号
　一般の社会生活において現代の国語を書き表すための漢字使用の目安を、次の表のように定める。
　なお、昭和56年内閣告示第1号は、廃止する。
　　平成22年11月30日

　　　　　　　　　　　　　　　　　　　内閣総理大臣　菅　直人

常用漢字表

　　前　書　き
1　この表は、法令、公用文書、新聞、雑誌、放送など、一般の社会生活において、現代の国語を書き表す場合の漢字使用の目安を示すものである。
2　この表は、科学、技術、芸術その他の各種専門分野や個々人の表記にまで及ぼそうとするものではない。ただし、専門分野の語であっても、一般の社会生活と密接に関連する語の表記については、この表を参考とすることが望ましい。
3　この表は、都道府県名に用いる漢字及びそれに準じる漢字を除き、固有名詞を対象とするものではない。
4　この表は、過去の著作や文書における漢字使用を否定するものではない。
5　この表の運用に当たっては、個々の事情に応じて適切な考慮を加える余地のあるものである。

表の見方及び使い方（略）
（付）字体についての解説（略）

常用漢字表

本　表（抄）（漢字のみ掲載）

【あ】

亜　哀　挨　愛　曖　悪　握　圧　扱　宛　嵐　安　案
暗

【い】

以　衣　位　囲　医　依　委　威　為　畏　胃　尉　異
移　萎　偉　椅　彙　意　違　維　慰　遺　緯　域　育
一　壱　逸　茨　芋　引　印　因　咽　姻　員　院　淫
陰　飲　隠　韻

【う】

右　宇　羽　雨　唄　鬱　畝　浦　運　雲

【え】

永　泳　英　映　栄　営　詠　影　鋭　衛　易　疫　益
液　駅　悦　越　謁　閲　円　延　沿　炎　宴　怨　媛
援　園　煙　猿　遠　鉛　塩　演　縁　艶

【お】

汚　王　凹　央　応　往　押　旺　欧　殴　桜　翁　奥
横　岡　屋　億　憶　臆　虞　乙　俺　卸　音　恩　温
穏

資料編

【か】

苛 禍 賀 海 諧 垣 閣 活 干 勘 寛 環 顔 願
河 暇 芽 悔 懐 骸 隔 括 刈 乾 勧 館 頑
果 嫁 画 拐 壊 概 較 潟 陥 閑 還 眼
価 過 我 怪 潰 蓋 該 郭 顎 掛 釜 看 間 憾 玩
佳 渦 瓦 改 解 慨 殻 額 株 巻 款 緩 岩
花 貨 牙 戒 楷 街 核 楽 轄 官 敢 歓 含 岸
何 菓 蚊 快 会 階 格 岳 褐 肝 換 関 丸
仮 荷 稼 灰 開 涯 革 学 滑 完 堪 慣 艦
可 箇 回 絵 害 崖 拡 穫 葛 缶 喚 管 鑑
加 家 歌 介 械 劾 角 嚇 割 汗 寒 漢 韓
火 夏 寡 餓 皆 外 各 獲 渇 甘 貫 感 観
化 架 靴 餓 皆 外 各 獲 渇 甘 貫 感 観
下 科 靴 雅 界 貝 柿 確 喝 刊 患 幹 簡

【き】

紀 幾 技 喫 休 給 魚
季 喜 騎 吉 旧 球 距
祈 亀 機 菊 丘 救 許
奇 規 輝 議 弓 宮 虚
汽 寄 畿 犠 及 糾 挙
忌 基 器 擬 久 級 拠
希 帰 旗 戯 九 急 拒
岐 鬼 毀 儀 虐 泣 居
気 飢 棄 疑 逆 究 巨
机 起 貴 義 脚 求 去
危 記 棋 欺 客 臼 牛
伎 既 期 偽 却 朽 窮
企 軌 揮 宜 詰 吸 嗅

常用漢字表

御　漁　凶　共　叫　狂　京　享　供　協　況　峡　挟
狭　恐　恭　胸　脅　強　教　郷　境　橋　矯　鏡　競
響　驚　仰　暁　業　凝　曲　局　極　玉　巾　斤　均
近　金　菌　勤　琴　筋　僅　禁　緊　錦　謹　襟　吟
　　銀

【く】

区　句　苦　駆　具　惧　愚　空　偶　遇　隅　串　屈
掘　窟　熊　繰　君　訓　勲　薫　軍　郡　群

【け】

兄　刑　形　系　径　茎　係　型　契　計　恵　啓　掲
渓　経　蛍　敬　景　軽　傾　携　継　詣　慶　憬　稽
憩　警　鶏　芸　迎　鯨　隙　劇　撃　激　桁　欠　穴
血　決　結　傑　潔　月　犬　件　見　券　肩　建　研
県　倹　兼　剣　拳　軒　健　険　圏　堅　検　嫌　献
絹　遣　権　憲　賢　謙　鍵　繭　顕　験　懸　元　幻
玄　言　弦　限　原　現　舷　減　源　厳

【こ】

己　戸　古　呼　固　孤　弧　股　虎　故　枯　個　庫
湖　雇　誇　鼓　顧　五　互　午　呉　後　娯　悟　広
碁　語　誤　護　口　工　公　勾　孔　功　巧　抗　甲
交　光　向　后　好　江　考　行　坑　孝　攻　更

資料編

香 慌 鋼 刻 恨
郊 喉 衡 谷 昆
荒 黄 興 告 困
紅 梗 稿 克 今
皇 控 酵 豪 頃
洪 康 綱 傲 込
恒 高 構 剛 駒 墾 懇
厚 降 鉱 拷 骨 魂
侯 貢 溝 号 獄 痕 紺
肯 航 絞 乞 穀 混
拘 耕 硬 購 黒 婚
幸 校 硬 購 黒 婚
効 候 港 講 国 根

【さ】

再 菜 財 冊 参
才 細 剤 咲 山 暫
挫 斎 材 錯 三 斬
座 祭 在 搾 皿 残
鎖 済 埼 酢 雑 酸 賛
詐 採 際 策 擦 撮 算 散 傘
差 彩 載 索
唆 宰 塞 昨 殺 傘
砂 砕 催 削 拶 産
査 砕 債 作 刹 惨
沙 采 債 作 刹 惨
佐 妻 裁 崎 刷 蚕
左 災 最 罪 札 桟

【し】

死 姿 試 耳 餌 嫉 斜 寂
旨 肢 嗣 次 磁 湿 赦 弱
矢 祉 歯 寺 辞 執 捨 若
市 枝 詞 字 慈 室 疾 射 爵
四 姉 紫 示 滋 室 者 釈
司 始 視 諮 時 失 舎 酌
史 刺 脂 賜 持 叱 車 借
仕 使 紙 摯 侍 軸 写 社 尺
氏 私 恣 雌 侍 軸 写 蛇
止 志 師 誌 事 識 芝 邪
支 伺 施 飼 児 式 実 謝
子 至 指 資 似 鹿 質 遮
士 糸 思 詩 自 璽 漆 煮

趣周集渋述準如肖称硝賞常食臣針人
種秀衆従出順女抄祥焦衝剰拭伸真親
腫舟就重熟循緒床症憧浄色申浸薪
酒州週住柔縮純緒匠消晶障醸心振震
珠囚習充宿粛准殉署召将彰城譲尻娠審
殊収羞習粛淑庶暑少宵掌乗醸心振震審
首終汁十宿巡書盾升昭訟照詳状乗辱唇新腎
狩袖修十祝巡小沼紹奨照条錠壌織神慎尋
取需襲叔祝瞬旬所除松章傷丈縄嘱信診陣
朱授臭蹴叔瞬初徐昇涉象上蒸触侵森迅
守呪秋醜縦春処叙承商証鐘畳飾辛進尽
主受拾酬獣俊遵序招唱詔礁場殖身仁
手寿宗愁銃術潤助尚笑粧償情植芯深刃

【す】

須図水吹垂炊帥粋衰推酔遂睡
穂随髄枢崇数据杉裾寸

【せ】

瀬是井世正生成西声制姓征性

資料編

勢 石籍 千旋選
晴 斥績絶栓遷
婿 夕積舌扇線繕
盛 税跡説染潜膳
清 醒整責節洗銭漸
逝 請整惜摂浅箋禅
凄 静隻雪泉践然
牲 誓脊接設宣専詮善
星 製席窃先羨全
政 精析拙占煎鮮
斉 誠昔折仙戦繊
青 聖赤切川船薦

【そ】
礎 挿僧像速尊
遡 捜装造捉孫
塑 倉葬藻息村
訴 送痩騒則存
疎 草喪霜促率
組 荘創燥束卒
粗 相窓操踪即続
措 奏爽踪即賊
素 曽槽臓属
租 争曹遭贈族
祖 早掃総蔵俗
阻 壮巣層憎測遜
狙 双桑想増側損

【た】
耐 滞拓担男
体 隊卓旦団
対 貸沢丹鍛
太 替択誰誕
駄 逮宅棚綻
惰 袋滝奪端
堕 堆題脱嘆
唾 泰第達短
妥 帯台但淡壇
打 退代濁探暖
汰 胎大諾胆弾
多 怠戴濯炭断
他 待態託単段

常用漢字表

【ち】

畜 宙 弔 朝 勅
竹 沖 丁 鳥 直
緻 虫 貯 頂 懲
置 仲 著 釣 聴 調
稚 中 駐 著 調
痴 嫡 鋳 彫 潮 鎮
遅 着 酎 張 澄
致 茶 衷 帳 嘲 賃
恥 窒 柱 挑 徴 陳
値 秩 昼 長 跳 朕
知 築 注 町 腸 珍
池 蓄 抽 兆 超 沈
地 逐 忠 庁 貼 捗

【つ】

追 椎 墜 通 痛 塚 漬 坪 爪 鶴

【て】

庭 摘 点 展 添 転
訂 笛 店 典
帝 的 天
貞 諦 撤
亭 締 徹 電
邸 艇 鉄 殿
抵 程 哲 伝
底 提 迭 田
定 堤 溺 填
弟 偵 敵
廷 停 適
呈
低 逓 滴

【と】

度 唐 痘 騰 匿 屯
努 凍 湯 闘 峠 届
奴 逃 倒 棟 藤 瞳 突
土 到 塔 搭 謄 導 凸
賭 東 陶 糖 頭 働 銅 読 栃
塗 豆 盗 踏 道 独
渡 悼 稲 童 毒
都 投 統 堂 篤 曇 丼
途 当 党 稲 童
徒 灯 透 筒 動 徳 鈍
妬 冬 討 等 胴 督 貪
吐 刀 桃 答 洞 得 頓
斗 怒 島 登 同 特 豚

【な】
那 奈 内 梨 謎 鍋 南 軟 難

【に】
二 尼 弐 匂 肉 虹 日 入 乳 尿 任 妊 忍
認

【ね】
寧 熱 年 念 捻 粘 燃

【の】
悩 納 能 脳 農 濃

【は】
把 波 派 破 覇 馬 婆 罵 拝 杯 背 肺 俳
配 排 敗 廃 輩 売 倍 梅 培 陪 媒 買 賠
白 伯 拍 泊 迫 剝 舶 博 薄 麦 漠 縛 爆
箱 箸 畑 肌 八 鉢 発 髪 伐 抜 罰 閥 反
半 氾 犯 帆 汎 伴 判 坂 阪 板 版 班 畔
般 販 斑 飯 搬 煩 頒 範 繁 藩 晩 番 蛮
盤

【ひ】
比 皮 妃 否 批 彼 披 肥 非 卑 飛 疲 秘

鼻評敏
微俵票頻
備表賓
美貧
眉氷浜
尾百品
避姫描猫
罷筆
碑泌病
費必秒苗
扉匹標
悲肘漂瓶
被膝

【ふ】
赴部払聞
負武覆文
訃侮複分
附腐福奮
阜賦復墳憤
怖膚複噴
府敷幅噴
扶腐副霧
布普服粉
付富伏紛
父符風物
夫婦封仏
不浮舞沸

【へ】
餅編
蔽遍
弊偏
幣変
塀返
閉辺
陛片
柄蔑
並別
併癖
兵壁勉
平壁便
丙米弁

【ほ】
方峰坊棒墨
簿倣忙帽僕
暮俸忙帽僕
慕胞乏傍睦僕
墓泡縫望牧
募法褒剖紡朴盆
母放飽冒木凡
舗抱豊飽北翻
補宝蜂肪謀頬奔
捕奉報房膨謀本
哺邦訪防暴堀
保芳崩忘貌没
歩包砲妨貿撲

【ま】
麻 摩 磨 魔 毎 妹 枚 昧 埋 幕 膜 枕 又
末 抹 万 満 慢 漫

【み】
未 味 魅 岬 密 蜜 脈 妙 民 眠

【む】
矛 務 無 夢 霧 娘

【め】
名 命 明 迷 冥 盟 銘 鳴 滅 免 面 綿 麺

【も】
茂 模 毛 妄 盲 耗 猛 網 目 黙 門 紋 問

【や】
冶 夜 野 弥 厄 役 約 訳 薬 躍 闇

【ゆ】
由 油 喩 愉 諭 輸 癒 唯 友 有 勇 幽 悠
郵 湧 猶 裕 遊 雄 誘 憂 融 優

【よ】
与 予 余 誉 預 幼 用 羊 妖 洋 要 容 庸

揚 揺 葉 陽 溶 腰 様 瘍 踊 窯 養 擁 謡
曜 抑 沃 浴 欲 翌 翼

【ら】

拉 裸 羅 来 雷 頼 絡 落 酪 辣 乱 卵 覧
濫 藍 欄

【り】

吏 利 里 理 痢 裏 履 璃 離 陸 立 律 慄
略 柳 流 留 竜 粒 隆 硫 侶 旅 虜 慮 了
両 良 料 涼 猟 陵 量 僚 領 寮 療 瞭 糧
力 緑 林 厘 倫 輪 隣 臨

【る】

瑠 涙 累 塁 類

【れ】

令 礼 冷 励 戻 例 鈴 零 霊 隷 齢 麗 暦
歴 列 劣 烈 裂 恋 連 廉 練 錬

【ろ】

呂 炉 賂 路 露 老 労 弄 郎 朗 浪 廊 楼
漏 籠 六 録 麓 論

資料編

【わ】
和 話 賄 脇 惑 枠 湾 腕

付　表

※以下に挙げられている語を構成要素の一部とする熟語に用いてもかまわない。
例「河岸（かし）」→「魚河岸（うおがし）」
　「居士（こじ）」→「一言居士（いちげんこじ）」

あす	明日	かわせ	為替
あずき	小豆	かわら	河原/川原
あま	海女/海士	きのう	昨日
いおう	硫黄	きょう	今日
いくじ	意気地	くだもの	果物
いなか	田舎	くろうと	玄人
いぶき	息吹	けさ	今朝
うなばら	海原	けしき	景色
うば	乳母	ここち	心地
うわき	浮気	こじ	居士
うわつく	浮つく	ことし	今年
えがお	笑顔	さおとめ	早乙女
おじ	叔父/伯父	ざこ	雑魚
おとな	大人	さじき	桟敷
おとめ	乙女	さしつかえる	差し支える
おば	叔母/伯母	さつき	五月
おまわりさん	お巡りさん	さなえ	早苗
おみき	お神酒	さみだれ	五月雨
おもや	母屋/母家	しぐれ	時雨
かあさん	母さん	しっぽ	尻尾
かぐら	神楽	しない	竹刀
かし	河岸	しにせ	老舗
かじ	鍛冶	しばふ	芝生
かぜ	風邪	しみず	清水
かたず	固唾	しゃみせん	三味線
かな	仮名	じゃり	砂利
かや	蚊帳	じゅず	数珠

資料編

じょうず	上手	のりと	祝詞
しらが	白髪	はかせ	博士
しろうと	素人	はたち	二十 / 二十歳
しわす（「しはす」とも言う。）	師走	はつか	二十日
すきや	数寄屋 / 数奇屋	はとば	波止場
すもう	相撲	ひとり	一人
ぞうり	草履	ひより	日和
だし	山車	ふたり	二人
たち	太刀	ふつか	二日
たちのく	立ち退く	ふぶき	吹雪
たなばた	七夕	へた	下手
たび	足袋	へや	部屋
ちご	稚児	まいご	迷子
ついたち	一日	まじめ	真面目
つきやま	築山	まっか	真っ赤
つゆ	梅雨	まっさお	真っ青
でこぼこ	凸凹	みやげ	土産
てつだう	手伝う	むすこ	息子
てんません	伝馬船	めがね	眼鏡
とあみ	投網	もさ	猛者
とうさん	父さん	もみじ	紅葉
とえはたえ	十重二十重	もめん	木綿
どきょう	読経	もより	最寄り
とけい	時計	やおちょう	八百長
ともだち	友達	やおや	八百屋
なこうど	仲人	やまと	大和
なごり	名残	やよい	弥生
なだれ	雪崩	ゆかた	浴衣
にいさん	兄さん	ゆくえ	行方
ねえさん	姉さん	よせ	寄席
のら	野良	わこうど	若人

著者プロフィール

瀬口　至（せぐち・いたる）

　昭和１６年宮崎県えびの市生まれ。昭和４０年九州大学（文）を卒業と同時に（株）帝国地方行政学会（現「ぎょうせい」）に入社、編集部に所属。各種法令集、地方公共団体の例規集の編集に従事。編集部課長、北関東支社長、常務取締役編集部長を歴任。平成１５年から１０年間、市町村アカデミーの客員講師、客員教授を委嘱される。
　（株）ぎょうせい在職中に「図説法制執務入門（初版）」を共著、「図説文書事務入門（初版）」を編著。その間、全国の地方公共団体、大学、会社等から「法制執務」及び「文書事務」の講義を委託され、長年にわたって研修講師を務める。
　平成29年9月「文書事務研修の手引」、令和2年4月「詳解公用文の書き方」（いずれも夢の友出版）を出版する。

最新公用文用字用語ハンドブック
■間違いやすい用字用語の解説■

2019年　4月　5日　初版発行	2022年　2月15日　五版発行
2019年　9月10日　再版発行	2022年　6月30日　六版発行
2020年　6月10日　三版発行	2023年11月15日　七版発行
2021年　4月　5日　四版発行	

著　者　　瀬口　至

発　行　　株式会社　夢の友出版
　　　　　　　　　　東京都新宿区白銀町6-1-812（〒162-0816）
　　　　　　　　　　　　　電話・Fax　03-3266-1075
　　　　　　　　　　　URL　http://yume-tomo-editorial.com

本書のコピー、スキャン、デジタル化等の無断複製は法令により禁じられております。
落丁・乱丁本はお取り替えいたします。　　＊定価はカバーに表示
Ⓒ 2019 Itaru Seguchi, Printed in Japan　　　印刷　株式会社日本制作センター
ISBN978-4-906767-03-8　C0581

◆姉妹書〜好評発売中！

▶基礎から応用まで、公用文作成のあらゆる
疑問に分かりやすく答える待望の1冊。◀

詳解公用文の書き方

分かりやすく正確な公用文を書くために

瀬口 至 著

元・市町村アカデミー客員教授

①表記の原則や基準をマスターし、②豊富な例文で応用力を養い、③常用漢字表（本表・付表全文掲載）等の充実した巻末資料で検証する〜担当の皆さんが自信をもって文書作成ができる内容・構成にしました。また、実務にすぐに役立つよう、索引機能を持つ「事項目次」を設けました。是非、あなたの机上にも1冊。

A5判・ソフトカバー
本文 376頁
定価（本体 1,800円＋税）
ISBN978-4-906767-06-9
C3032

公用文においては、その表記の仕方に一定の原則があるのです。
　まず第1が、理解しやすくするための原則です。公用文は、国民・住民の誰もが読むことができ、かつ、分かりやすくなければなりません。
　第2が、その統一を図るための原則です。正確性や厳密性が要求される公用文の性質上、表記の仕方に不統一があることは好ましいことではありません。
　一つの地方公共団体ではもちろんのことですが、大きな視野で見れば、国と地方の行政機関でも公用文の表記の原則は統一を図るべきものと言えます。
　そこで、国から公用文における漢字使用、送り仮名、現代仮名遣い等の基準が種々出されており、大方の地方公共団体が国の示している基準を自分たちの団体の公用文表記の基準として採用し、活用しているのは、当然の成り行きなのです。
　本書は、このような観点から、特に押さえておきたい公用文の表記の原則をできるだけ詳細に解説しました。
　是非、日常の公務における公用文作成の手引書として御利用いただきたいと思います。
　本書は、皆様方の公用文作成のスキルを高め、分かりやすく正確な公用文を書くための一助となるものと確信しています。　（「はじめに」抄）

発行　**株式会社 夢の友出版**　東京都新宿区白銀町6−1−812　（〒162-0816）
電話・FAX 03−3266−1075　　　URL：http://yume-tomo-editorial.com

全国の書店又はネット書店でお求めください。